寅恪

陳寅恪印

陳寅恪集

柳如是別傳

（上）

生活·讀書·新知三聯書店

圖書在版編目（CIP）數據

陳寅恪集．柳如是別傳／陳寅恪著．—3 版．—北京：生活·讀書·新知三聯書店，2015.7 （2023.5 重印）
ISBN 978－7－108－05404－3

Ⅰ．①陳…　Ⅱ．①陳…　Ⅲ．①陳寅恪（1890 ～ 1969）－文集 ②柳如是（1618 ～ 1664）－傳記　Ⅳ．① C52　② K828.5

中國版本圖書館 CIP 數據核字（2015）第 131969 號

封面所用拓片文字節自一九二九年立於清華大學內
王國維紀念碑碑銘（陳寅恪撰文，林志鈞書丹）

陳寅恪集編者 陳美延
責任編輯 孫曉林 潘振平
封扉設計 陸智昌
版式設計 寧成春
責任印制 董歡
出版發行 生活·讀書·新知 三聯書店
（北京市東城區美術館東街二十二號）
郵　　編 一〇〇〇一〇
經　　銷 新華書店
印　　刷 北京新華印刷有限公司
版　　次 二〇〇一年一月北京第一版
二〇〇九年九月北京第二版
二〇一五年七月北京第三版
二〇二三年五月北京第二十一次印刷
開　　本 六三五毫米×九六五毫米 十六開
印　　數 一二一，三〇一－一二五，三〇〇部
字　　數 八二三千字 印張 七十八·七五
定　　價 二百七十八元（全三册）

出版說明

陳寅恪（一八九〇——一九六九），江西修水人。早年留學日本及歐美，先後就讀於德國柏林大學、瑞士蘇黎世大學、法國巴黎高等政治學校和美國哈佛大學。一九二五年受聘清華學校研究院導師，回國任教。後任清華大學中文、歷史系合聘教授，兼任中央研究院理事、歷史語言研究所研究員、第一組主任及故宫博物院理事等，其後當選為中央研究院院士。一九三七年「蘆溝橋事變」後挈全家離北平南行，先後任教於西南聯合大學、香港大學、廣西大學和燕京大學。一九四四年被選為英國科學院通訊院士。一九四二年後為教育部聘任教授。一九四六年回清華大學任教。一九四八年南遷廣州，任嶺南大學教授，一九五二年後為中山大學教授。一九五五年後并為中國科學院哲學社會科學學部委員。

陳寅恪集十三種十四冊，收入了現在所能找到的作者全部著述。其中寒柳堂集、金明館叢稿初編、金明館叢稿二編、隋唐制度淵源略論稿、唐代政治史述論稿、元白詩箋證稿、柳如是別傳七種，八十年代曾由上海古籍出版社出版。此次出版以上海古籍版為底本（隋唐制度淵源略論稿、唐代政治史述論稿二書原據三聯書店一九五七年版重印），内容基本不變。惟寒柳堂集增補了「寒柳堂記夢未定稿（補）」一文。詩集（原名陳寅恪詩集附唐篔詩存）和讀書札記一集（原名陳寅恪讀書札記舊唐書新唐書之部）八九十年代分別由清華大學出版社和上海古籍出版社出版，此次出版均有增補。書信集、讀書札記二集、讀書札記三集、講義及雜稿四種均為新輯。全書編輯體例如下：

一、所收內容，已發表的均保持發表時的原貌。經作者修改過的論著，則採用最後的修改本。未刊稿主要依據作者手跡錄出。

二、本集所收已刊、未刊著述均予校訂，凡體例不一或訛脫倒衍文字皆作改正。引文一般依現行點校本校核，如二十四史、資治通鑑等。尚無點校本行世的史籍史料，大多依通行本校核。少量作者批語、論述係針對原版本而來，則引文原貌酌情予以保留。以上改動均不出校記。

三、凡已刊論文、序跋、書信等均附初次發表之刊物及時間，未刊文稿盡量注明寫作時間。

四、根據作者生前願望，全書採用繁體字豎排。人名、地名、書名均不加符號注明。一般採用通行字，保留少數異體字。引文中凡為閱讀之便而補入被略去的內容時，補入文字加〔 〕，凡屬作者說明性文字則加（ ）。原稿不易辨識的文字以□示之。

陳寅恪集的出版曾得到季羨林、周一良、李慎之先生的指點，並獲得海內外學術文化界人士的熱情相助。在此，謹向所有關心、支持和參與了此項工作的朋友表示衷心的感謝，並誠懇地希望廣大讀者批評指正。

生活·讀書·新知三聯書店二〇〇〇年十二月

陳寅恪集總目

寫作本書時的陳寅恪與助手黃萱在
廣州中山大學寓所中工作
一九五七年三月八日

陳寅恪與夫人唐篔於中山大學東南區一號門前白色小路上散步

一九五七年三月八日

一九六三年夏，股骨頸骨折出院後與家人合影

後排右起：夫人唐篔、次女小彭、幼女美延

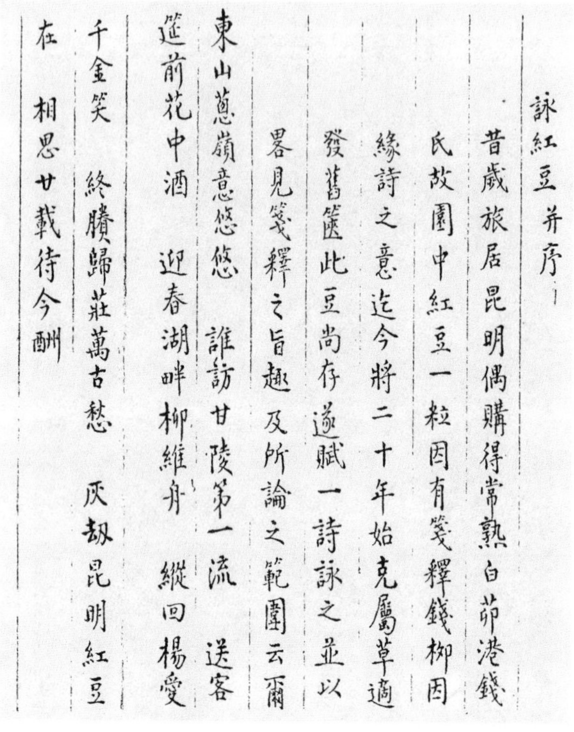

詠紅豆 并序

昔歲旅居昆明偶購得常熟白茆港錢氏故園中紅豆一粒因有箋釋錢柳因緣詩之意迄今將二十年始克屬草適發舊篋此豆尚存遂賦一詩詠之並以畧見箋釋之旨趣及所論之範圍云爾

東山葱嶺意悠悠　誰訪甘陵第一流　送客筵前花中酒　迎春湖畔柳維舟　縱回楊愛千金笑　終賸歸莊萬古愁　灰刼昆明紅豆在　相思廿載待今酬

本書第一章緣起中詩作「詠紅豆 并序」

唐篔手鈔謄正本

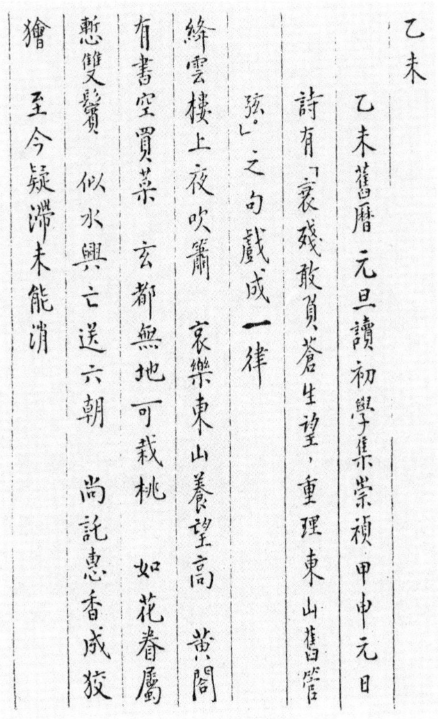

乙未

乙未舊曆元旦讀初學集崇禎甲申元日詩有「衰殘敢負蒼生望，重理東山舊管弦。」之句戲成一律

絳雲樓上夜吹簫　哀樂東山養望高　黄閣有書空買菜　玄都無地可栽桃　如花眷屬慙雙鬢　似水興亡送六朝　尚託惠香成狡獪　至今疑滯未能消

本書第一章緣起中詩作「乙未舊曆元旦讀初學集崇禎甲申元日詩有『衰殘敢負蒼生望，重理東山舊管弦』之句戲成一律」

唐篔手鈔謄正本

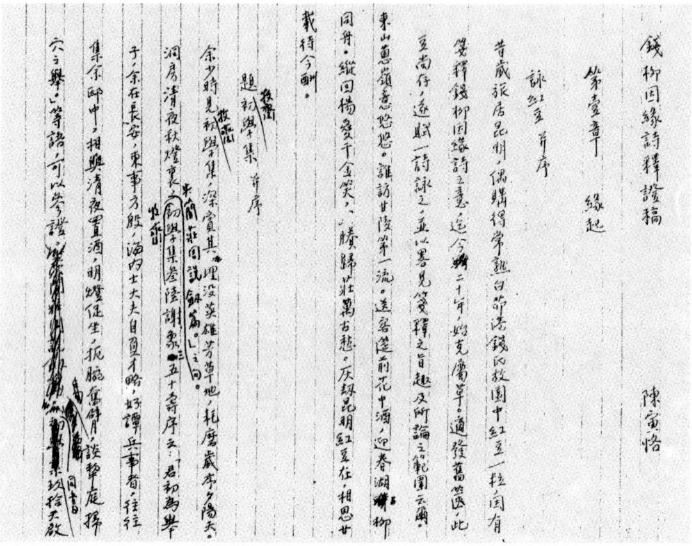
錢柳因緣詩釋證稿　陳寅恪

第壹章　緣起

詠紅豆　并序

昔歲旅居昆明，偶購得常熟白茆港錢氏故園中紅豆一粒，因有箋釋錢柳因緣詩之意，迄今二十年，始克屬草。適發舊篋，此豆尚存，遂賦一詩詠之，并以略見箋釋之旨趣及所論之範圍云爾。

東山葱嶺意悠悠。誰訪甘陵第一流。送客筵前花中酒，迎春湖上柳同舟。縱回楊愛千金笑，終賸歸莊萬古愁。灰劫昆明紅豆在，相思廿載待今酬。

題牧齋初學集　并序

余少時見牧齋初學集，深賞其「埋沒英雄芳草地，耗磨歲序夕陽天。洞房清夜秋燈裏，共簡莊周說劍篇。」之句。初學集叁陸謝象三五十壽序云：「君初為舉子，余在長安，東事方殷，海內士大夫自負才略，好譚兵事者，往往集余邸中，相與清夜置酒，明燈促坐，扼腕奮臂，談犂庭掃穴之舉。」等語，可以參證，[illegible]

「柳如是別傳」（原名「錢柳因緣詩釋證稿」）原稿首頁

陳寅恪口述　黃萱筆錄

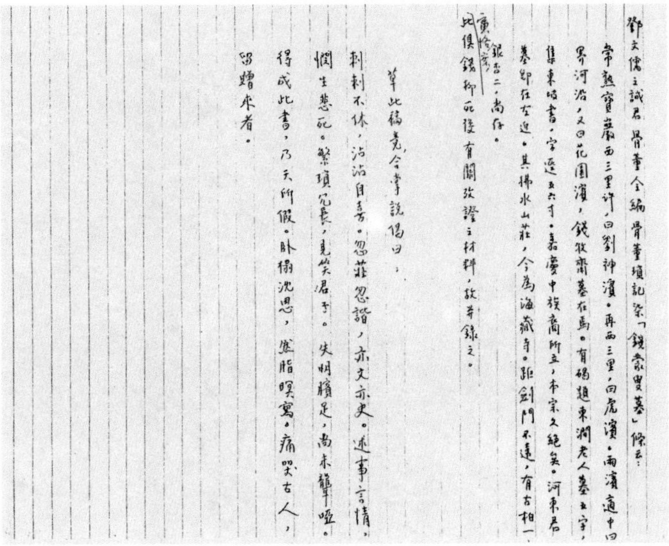

鄧文儒之誠君骨董全編骨董瑣記柒「錢蒙叟墓」條云：
常熟寶巖西三里許，曰劉神濱。再西三里，曰虎濱。兩濱適中曰
界河沿，又曰花園濱，錢牧齋墓在焉。有碣題東澗老人墓五字，
集東坡書，字逕五六寸。嘉慶中族裔所立，本宗久絕矣。河東君
墓即在左近。其拂水山莊，今為海藏寺。距劍門不遠，有古柏一，
寅恪案 銀杏二，尚存。
此俱錢柳死後有關攷證之材料，故并錄之。

草此稿竟，合掌說偈曰：
刺刺不休，沾沾自喜。忽莊忽諧，亦文亦史。述事言情，
憫生悲死。繁瑣冗長，見笑君子。失明臏足，尚未聾啞。
得成此書，乃天所假。臥榻沈思，然脂暝寫。痛哭古人，
留贈來者。

「柳如是別傳」原稿末頁

寫作本書時作者自用書——錢牧齋「有學集」扉頁書影

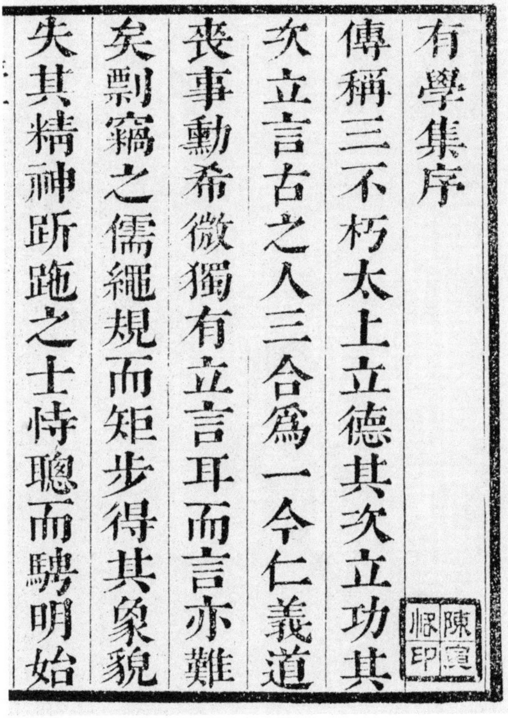

有學集序

傳稱三不朽太上立德其次立功其
次立言古之人三合爲一今仁義道
喪事勳希微獨有立言耳而言亦難
矣剽竊之儒繩規而矩步得其象貌
失其精神跅䟲之士恃聰而騁明始

「有學集」序書影

柳如是畫像
清余秋室繪

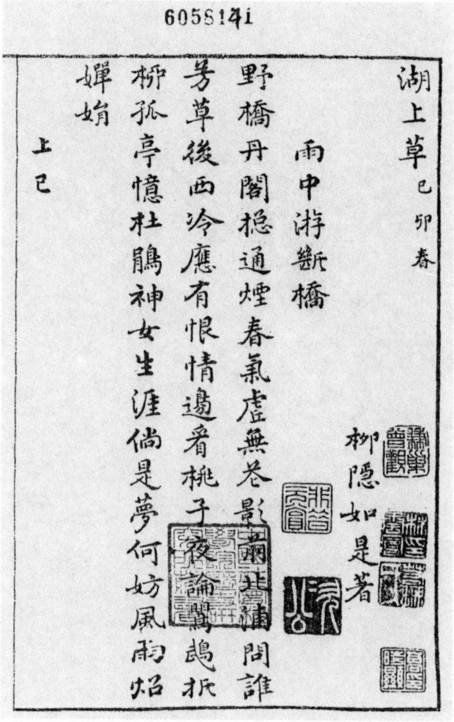

湖上草 己卯春

柳隱如是著

雨中游斷橋

野橋丹閣總通煙春氣虛無巷影前北浦問誰
芳草後西泠應有恨情邊看桃子夜論鸚鵡折
柳孤亭憶杜鵑神女生涯倘是夢何妨風雨炤
嬋娟

上 己

柳如是詩集「湖上草」書影

柳如是畫跡

「山水人物圖册」之四

柳如是畫跡

「山水人物圖册」之六

柳如是畫跡

「山水人物圖册」之七

柳如是畫跡

「山水人物圖册」之八

目次

附記

史家紀事自以用公元西曆爲便。但本稿所引資料，本皆陰曆。若事實發生在年末，即不能任意改換陽曆。且因近人所編明末陰陽曆對照表，多與當時人詩文集不合，不能完全依據也。又記述明末遺民之行事，而用清代紀元，於理於心，俱有未安。然若用永曆隆武等南明年號，則非習見，難於換算。如改用甲子，復不易推記。職是之故，本稿記事行文，往往多用清代紀元，實不獲已也。尚希讀者諒之。

錢柳逝世後三百年，歲次甲辰夏月，陳寅恪書於廣州金明館，時年七十五。

第一章 緣起

詠紅豆并序

昔歲旅居昆明，偶購得常熟白茆港錢氏故園中紅豆一粒，因有箋釋錢柳因緣詩之意，迄今二十年，始克屬草。適發舊篋，此豆尚存，遂賦一詩詠之，並以略見箋釋之旨趣及所論之範圍云爾。

東山葱嶺意悠悠。誰訪甘陵第一流。送客筵前花中酒，迎春湖上柳同舟。縱回楊愛千金笑，終賸歸莊萬古愁。灰劫昆明紅豆在，相思廿載待今酬。

題牧齋初學集并序

余少時見牧齋初學集，深賞其「埋沒英雄芳草地，耗磨歲序夕陽天。洞房清夜秋燈裏，共簡莊周說劍篇。」之句。（牧齋初學集叁陸「謝象三五十壽序」云：「君初爲舉子，余在長安，東事方殷，海內士大夫自負才略，好譚兵事者，往往集余邸中，相與清夜置酒，明燈促坐，扼腕奮臂，談犂庭掃穴之舉。」等語，可以參證。同書玖拾天啓元年浙江鄉試程錄中序文及策文第伍問，皆論東事及兵法。按之年月節候，又與詩意合。牧齋所謂「莊周說劒篇」者，當是指此錄而言也。）今重讀此詩，感賦一律。

早歲偷窺禁錮編。白頭重讀倍淒然。夕陽芳草要離冢，東海南山下潠田。（牧齋有學集壹叁東澗詩集下「病榻消寒雜詠」四十六首之四十四「銀牓南山煩遠祝，長筵朋酒爲君增。」句下自注云：「歸玄恭送春聯云，居東海之濱，如南山之壽。」寅恪案，阮吾山葵生茶餘客話壹貳「錢謙益壽聯」條記茲事，謂玄恭此聯，「無耻喪心，必蒙叟自爲。」則殊未詳考錢歸之交誼，疑其所不當疑者矣。又鄙意恆軒此聯，固用詩經孟子成語，但實從庾子山哀江南賦「畏南山之雨，忽踐秦庭。讓東海之濱，遂餐周粟。」脫胎而來。其所注意在「秦庭」「周粟」，暗寓惋惜之深旨，與牧齋降清，以著書修史自解之情事最爲切合。吾山拘執孟子詩經之典故，殊不悟其與史記列女傳及哀江南賦有關也。）誰使英雄休入彀，（明南都傾覆，牧齋隨例北遷，河東君獨留金陵。未幾牧齋南歸。然則河東君之志可以推知也。）轉悲遺逸得加年。（牧齋投筆集下後秋興之十二云：「苦恨孤臣一死遲。」）枯蘭衰柳終無負，莫詠柴桑擬古篇。

右錄二詩，所以見此書撰著之緣起也。

寅恪少時家居江寧頭條巷。是時海內尚稱乂安，而識者知其將變。寅恪雖年在童幼，然亦有所感觸，因欲縱觀所未見之書，以釋幽憂之思。伯舅山陰俞觚齋先生明震同寓頭條巷。兩家衡宇相望，往來便近。俞先生藏書不富，而頗有精本。如四十年前有正書局石印戚蓼生鈔八十回石頭記，其原本即先生官翰林日，以三十金得之於京師海王村書肆者也。一日寅恪偶在外家檢讀藏書，獲睹錢遵王曾所注牧齋詩集，大好之，遂匆匆讀誦一過，然實未能詳繹也。是後錢氏遺著盡出，雖幾悉讀之，然遊學四方，其研治範圍與中國文學無甚關係，故雖曾讀之，亦未深有所賞會也。丁丑歲蘆溝橋變起，隨校南遷昆明，大病幾死。稍癒之後，披覽報紙廣告，見有鬻舊書者，驅車往觀。鬻書主人出所藏書，實皆劣陋之本，無一可購者。當時主人接待殷勤，殊難酬其意，乃詢之曰，此諸書外，尚有他物欲售否？主人躊躇良久，應曰，曩歲旅居常熟白茆港錢氏舊園，拾得園中紅豆樹所結子一粒，常以自隨。今尚在囊中，願以此豆奉贈。寅恪聞之大喜，遂付重值，藉塞其望。自得此豆後，至今歲忽忽二十年，雖藏置篋笥，亦若存若亡，不復省視。然自此遂重讀錢集，不僅藉以溫舊夢，寄遐思，亦欲自驗所學之深淺也。蓋牧齋博通文史，旁涉梵夾道藏，寅恪平生才識學問固遠不逮昔賢，而研治領域，則有約略近似之處。豈意匪獨牧翁之高文雅什，多不得其解，即河東君之清詞麗句，亦有瞠目結舌，不知所云者。始知禀魯鈍之資，挾鄙陋之學，而欲尚論女俠名姝文宗國士於三百年之前，（可參雲間杜九高登春尺五樓詩集貳下「武靜先生席上贈錢牧齋宗伯」詩云：「帳內如花真俠客。」及顧云美苓「河東君傳」云：「宗伯大喜，謂天下風流佳麗，獨王修微楊宛叔與君鼎足而三。何可使許霞城茅止生專國士名姝之目。」）誠太不自量矣。雖然，披尋錢柳之篇什於殘闕毁禁之餘，往往窺見其孤懷遺恨，有可以令人感泣不能自已者焉。夫三戶亡秦之志，九章哀郢之辭，即發自當日之士大夫，猶應珍惜引申，以表彰我民族獨立之精神，自由之思想。何況出於婉孌倚門之少女，綢繆鼓瑟之小婦，而又爲當時迂腐者所深詆，後世輕薄者所厚誣之人哉！牧齋事蹟具載明清兩朝國史及私家著述，固有闕誤，然尚多可考。至於河東君本末，則不僅散在明清間人著述，以列入乾隆朝違礙書目中之故，多已亡佚不可得見，即諸家詩文筆記之有關河東君，而不在禁毁書籍之內者，亦大抵簡略錯誤，勦襲雷同。縱使出於同時作者，亦多有意諱飾詆誣，更加以後代人無知之虚妄揣測。故世所傳河東君之事蹟，多非眞實，殊有待發之覆。今撰此書，專考證河東君之本末，而取牧齋事蹟之有關者附之，以免喧賓奪主之嫌。起自初訪半野堂前之一段因緣，迄於殉家難後之附帶事件。並詳述河東君與陳臥子（子龍）程孟陽（嘉燧）謝象三（三賓）宋轅文（徵輿）李存我（待問）等之關係。寅恪以衰廢餘年，鈎索沈隱，延歷歲時，久未能就，觀下列諸詩，可以見暮齒著書之難有如此者，斯乃效再生緣之例，非做花月痕之體也。

乙未陽曆元旦作

紅碧裝盤歲又新。可憐炊竈盡勞薪。太沖嬌女詩書廢，孺仲賢妻藥裹親。食蛤那知天下事，然脂猶想柳前春。（河東君次牧翁「冬日泛舟」詩云：「春前柳欲窺青眼。」）炎方七見梅花笑，惆悵仙源最後身。

高樓冥想獨徘徊。歌哭無端紙一堆。天壤久銷奇女氣，江關誰省暮年哀。殘編點滴殘山淚，絕命從容絕代才。留得秋潭仙侶曲，（陳臥子集中有秋潭曲，宋讓木集中有秋塘曲。宋詩更是考證河東君前期事蹟之重要資料。陳宋兩詩全文見後詳引。）人間遺恨總難裁。

乙未舊曆元旦讀初學集「（崇禎）甲申元日」詩有：「衰殘敢負蒼生望，重理東山舊管絃。」之句，戲成一律

絳雲樓上夜吹簫。哀樂東山養望高。黃閣有書空買菜，玄都無地可栽桃。如花眷屬慙雙鬢，似水興亡送六朝。尚託惠香成狡獪，至今疑滯未能消。

箋釋錢柳因緣詩，完稿無期，黃毓祺案復有疑滯，感賦一詩

然脂暝寫費搜尋。楚些吳歈感恨深。紅豆有情春欲晚，黃扉無命陸終沈。機雲逝後英靈改，蘭萼來時麗藻存。拈出南冠一公案，可容遲暮細參論。

丙申五月六十七歲生日，曉瑩於市樓置酒，賦此奉謝

紅雲碧海映重樓。初度盲翁六七秋。織素心情還置酒，然脂功狀可封侯。（時方撰錢柳因緣詩釋證。）平生所學惟餘骨，晚歲爲詩欠砍頭。幸得梅花同一笑，嶺南已是八年留。

丁酉陽曆七月三日六十八初度，適在病中，時撰錢柳因緣詩釋證尚未成書，更不知何日可以刊布也，感賦一律

生辰病裏轉悠悠。證史箋詩又四秋。老牧淵通難作匹，阿雲格調更無儔。渡江好影花爭艷，填海雄心酒祓愁。珍重承天井中水，人間唯此是安流。

用前題意再賦一首。年來除從事著述外，稍以小説詞曲遣日，故詩語及之

歲月猶餘幾許存。欲將心事寄閒言。推尋衰柳枯蘭意，刻畫殘山賸水痕。故紙金樓銷白日，新鶯玉茗送黄昏。夷門醇酒知難貰，聊把清歌伴濁樽。

十年以來繼續草錢柳因緣詩釋證，至癸卯冬，粗告完畢。偶憶項蓮生（鴻祚）云：「不爲無益之事，何以遣有涯之生。」傷哉此語，實爲寅恪言之也。感賦二律

橫海樓船破浪秋。南風一夕抵瓜洲。石城故壘英雄盡，鐵鎖長江日夜流。惜別漁舟迷去住，封侯閨夢負綢繆。八篇和杜哀吟在，此恨綿綿死未休。

世局終銷病榻魂。謻臺文在未須言。高家門館恩誰報，陸氏莊園業不存。遺屬只餘傳慘恨，著書今與洗煩冤。明清痛史新兼舊，好事何人共討論。

此稿既以釋證錢柳因緣之詩爲題目，故略述釋證之範圍及義例。自來詁釋詩章，可別爲二。一爲考證本事，一爲解釋辭句。質言之，前者乃考今典，即當時之事實。後者乃釋古典，即舊籍之出處。牧齋之詩，有錢遵王曾所注初學集有學集。遵王與牧齋關係密切，雖抵觸時禁，宜有所諱。又深惡河東君，自不著其與牧齋有關事蹟。然綜觀兩集之注，其有關本事者，亦頗不少。茲略舉其最要者言之，如遵王初學集詩注壹陸丙舍詩集下「雪中楊伯祥館丈廷麟過訪山堂即事贈別」詩，「賈莊」注，詳述崇禎十年十一年與建州講欵及盧象昇殉難於賈莊之史實。同書壹柒移居詩集「茅止生挽詞十首」，其第貳首「武備新編」，第肆首「西玄」，分別注出止生以談兵遊長安，挾武備志進御事及止生妾陶楚生事。（可參列朝詩集丁下「茅待詔元儀」及閏集「陶楚生」兩小傳。）同卷「姚叔祥過明發堂，共論近代詞人，戲作絕句十六首。」其中「高楊」「文沈」「何李」「鍾譚」等人，皆注出其事蹟。又「鍾譚」注中云：「〔王〕微〔楊〕宛爲詞客，詎肯與〔鍾譚〕作後塵。公直以巾幗愧竟陵矣。」等語，可見牧齋論詩之旨也。同卷永遇樂詞「十六夜見月」，注中詳引薛國觀事。注末數語，其意或在爲吳昌時解脱。同書貳拾東山詩集叁「駕鵝行。聞潛山戰勝而作。」詩，「潛山戰」注，述崇禎十五年壬午起馬士英爲鳳督。九月己卯（明史貳肆莊烈帝本紀「己卯」作「辛卯」。是。）總兵劉良佐黄得功敗張獻忠將一堵牆於潛山。十月丙午劉良佐再破張獻忠於安慶等事。蓋遵王生當明季，外則建州，內則張李，兩事最所關心。涉及清室者，因有諱忌，不敢多所詮述。至張李本末，則不妨稍詳言之也。又同卷「送涂德公秀才戍辰州，兼簡石齋館丈。」一題，「戍辰州」注，言涂仲吉因論救黄道周，下詔獄，戍辰州事。注末云：「道周辨對，而斥之爲佞口，仲吉上言，而目之爲黨私。稽首王明，嘆息何所道哉？此公之深意，又當遇之于文辭之外者也。」遵王所謂文辭外之深意，自當直接得諸牧齋之口。有學集詩注貳秋槐支集「閩中徐存永陳開仲亂後過訪，各有詩見贈，次韻奉答。」四首之四，「沁雪」注，及「夏日讌新樂小侯」詩題下「新樂」注，遵王皆引本事及時人之文以釋之。同書肆絳雲餘燼集「哭稼軒留守相公詩」，「留守」注，述瞿式耜本末甚詳。同卷「孟陽冢孫念修自松圓過訪，口占送別二首。」第壹首「題詩」注，述牧齋訪松圓故居，題詩屋壁事。第貳首「聞詠」下注云：「山莊舊有聞詠亭，取老杜詩罷聞吳詠之句。」檢有學集壹捌「耦耕堂詩序」云：「天啓初，孟陽歸自澤潞，偕余棲拂水磵，泉活活循屋下，春水怒生，懸流噴激。孟陽樂之，爲亭以踞磵右，顔之曰聞詠。」遵王注可與此序相參證也。同書伍敬他老人集上「簡侯研德兼示記原」詩，附箋語，詳述侯峒曾本末及嘉定屠城事。豈因李成棟後又叛清降明，故不必爲之諱耶？同卷「路易（長？）公安卿置酒包山官舍，即席有作。」二首之一「懷羽翼」注，述路振飛事蹟。同書陸秋槐別集「左寧南畫像歌。爲柳敬亭作。」注中載左良玉本末甚詳，並及柳敬亭事。同卷「丙申春就醫秦淮，寓丁家水閣。」三十絶句，其第壹玖首「四乳」注，述倪讓倪岳父子本末。第貳壹首「紫淀」下載張文峙改名事。第貳捌首「史癡」「徐霖」注，言及兩人之逸聞。同卷「讀新修滕王閣詩文集，重題十首。」第柒首「石函」注云：「彭幼朔九日登高，寄懷虞山太史詩，石函君已鐫名久，有約龍沙共放歌。幼朔注曰，近有人發許旌陽石函記。虞山太史官地具載。其當在樵陽八百之列無疑。故落句及之。」檢同書壹壹紅豆二集「遵王賦胎仙閣看紅豆花詩。吟嘆之餘，走筆屬和。」詩後附錢曾原詩，有「八百樵陽有名記」句，當即用此事。同書捌長干塔光集「大觀太清樓二王法帖歌」中，「魯公孝經」注云：「公云，亂後於燕京見魯公所書孝經眞蹟，字畫儼如麻姑仙壇記。御府之珍，流落人間，可勝惋惜。」或可補絳雲樓題跋之遺。同書壹肆東澗詩集下「病榻消寒雜詠四十六首」其第壹叁首「壬午日鵝籠公有龍舟御席之寵」詩，注云：「鵝籠公謂陽羨也。」其第叁肆首「追憶庚辰冬半野堂文讌舊事」詩，「看場神鬼」注云：「公云，文讌詩，有老媪見紅袍烏帽三神坐絳雲樓下。」（寅恪案，范鍇華笑廎雜筆壹「黃梨洲先生批錢詩殘本」條，載太沖批語云：「愚謂此殆火神邪？」可發一笑！又崇禎十三年庚辰冬河東君初訪半野堂時，絳雲樓尚未建造。遵王所傳牧齋之語，初視之，疑指後來改建絳雲樓之處而言。細繹之，則知遵王有意或無意牽混牧齋殤子壽耇之言，增入「絳雲」二字，非牧齋原語所應有也。以增入此二字之故，梨洲遂有「火神」之說，可謂一誤再誤矣。詳見第伍章論東山詶和集河東君「春日我聞室作呈牧翁」詩節。）諸如此類，皆是其例。但在全部注本之中，究不以注釋當日本事爲通則也。至遵王初學集詩注壹捌東山詩集壹「有美一百韻，晦日鴛湖舟中作」詩「疎影詞」注，引河東君金明池「詠寒柳」詞及何士龍疎影「詠梅上牧翁」詞，並載陸勅先之語。則疑是陸氏所主張，實非出自遵王本意。其他有關年月地理人物，即使不涉及時禁，或河東君者，仍多不加注釋。質此之故，寅恪釋證錢柳之詩，於時地人三者考之較詳，蓋所以補遵王原注之缺也。但今上距錢柳作詩時已三百年，典籍多已禁毀亡佚，雖欲詳究，恐終多譌脫。若又不及今日爲之，則後來之難，或有更甚於今日者，此寅恪所以明知此類著作之不能完善，而不得不仍勉力爲之也。至於解釋古典故實，自以不能考知辭句之出處爲難，何況其作者又博雅如錢柳者乎？今觀遵王所注兩集，牧齋所用僻奧故實，遵王或未著明，或雖加注釋，復不免舛誤，或不切當。據王應奎海虞詩苑肆所載錢文學曾小傳略云：

> 曾字遵王，牧翁宗伯之族曾孫也。宗伯器之，授以詩法。君爲宗伯詩注，廋詞隱語悉發其覆，梵書道笈必溯其源，非親炙而得其傳者不能。

及同書伍所載陸文學貽典小傳云：

> 貽典字敕先，號覿庵。自少篤志墳典，師〔錢〕東澗〔謙益〕，而友〔馮〕鈍吟〔班〕，學問最有原

本。錢曾箋注東澗詩，僻事奧句，君搜訪佽助爲多。

夫遵王敕先皆牧齋門人，而注中未能考知牧齋之僻事奧句，即有所解釋，仍不免於錯誤或不切者，殆非「智過其師，乃堪傳授。」之人，此點可姑不置論。但兩人與牧齋晚年往來密切，東澗詩中時地人之本事，自應略加注明，而遵王之注多未涉及者，則由於遵王之無識，敕先不任其咎也。又觀有學集叁玖「復遵王書（論己所作詩）」云：

> 居恆妄想，願得一明眼人，爲我代下注脚。發皇心曲，以俟百世。今不意近得之於足下。

然則牧齋所屬望於遵王者甚厚。今觀遵王之注，則殊有負牧齋矣。抑更有可論者，解釋古典故實，自當引用最初出處，然最初出處，實不足以盡之，更須引其他非最初，而有關者，以補足之，始能通解作者遣辭用意之妙。如李壁王荊公詩注貳柒「張侍郎示東府新居詩，因而和酬。」二首之一「功謝蕭規慙漢第，恩從隗始詫燕臺。」之句下引蔡絛西清詩話（參郭紹虞校輯宋詩話輯佚上。）云：

> 熙寧初，張掞以二府初成，作詩賀荊公。公和之，以示陸農師（佃）。曰，「蕭規曹隨」，「高帝論功」，皆摭故實，而「請從隗始」，初無「恩」字。荊公笑曰，子善問也。韓退之鬭雞聯句，「感恩從隗始」。若無據，豈當對「功」字也。

寅恪案，王介甫此言可以見注釋詩中古典，得其正確出處之難。然史記漢書及昌黎集，皆屬古籍，雖出處有先後，猶不難尋檢得之。若錢柳因緣詩，則不僅有遠近出處之古典故實，更有兩人前後詩章之出處。若不能探河窮源，剝蕉至心，層次不紊，脈絡貫注，則兩人酬和諸作，其辭鋒針對，思旨印證之微妙，絕難通解也。試舉一例以明之，如東山詶和集壹河東君次韻答牧翁冬日泛舟詩中「莫爲盧家怨銀漢，年年河水向東流。」之句，與最初出處之玉臺新詠「歌詞」二首之二「河中之水向東流，洛陽女兒名莫愁」，「盧家蘭室桂爲梁」，「頭上金釵十二行」，「平頭奴子擎履箱」，「恨不嫁與東家王」等句及第貳出處之李義山詩集上「代（盧家堂內）應」云：

本來銀漢是紅牆。隔得盧家白玉堂。誰與王昌報消息，盡知三十六鴛鴦。

有關，固不待言。其實亦與東山詶和集壹牧翁「次韻答柳如是過訪山堂贈詩」：「但似王昌消息好，履箱擎了便相從。」有關。尤更與牧翁未見河東君之前，即初學集壹陸丙舍詩集「（崇禎十三年春間）觀美人手蹟，戲題絕句七首。」其三云：

蘭室桂爲梁。蠶書學採桑。幾番雲母紙，都惹鬱金香。（原注云：金壺記「蠶書，秋胡妻玩蠶而作。」河中之水歌「十四採桑南陌頭。」）

及同書壹柒移居詩集永遇樂詞「（崇禎十三年）八月十六夜有感」云：

銀漢紅牆，浮雲隔斷，玉簫吹裂。白玉堂前，鴛鴦六六，誰與王昌說。今宵二八，清輝香霧，還憶破瓜時節。（寅恪案，牧齋「觀美人手蹟」七首之五云：「牋紙劈桃花。銀鈎整復斜。

却憐波磔好，破體不成瓜。」原注云：「李羣玉詩，瓜字初分碧玉年。」）劇堪憐，明鏡青天，獨炤長門鬢髮。　莫愁未老，嫦娥孤另，相向共嗟圓闕。長嘆憑闌，低吟擁髻，暗與陰蛩切。單棲海燕，東流河水，十二金釵敲折。何日裏，竝肩攜手，雙雙拜月。

有密切關係。今之讀者，若不循次披尋，得其脈絡，則錢柳因緣之詩，必不能眞盡通解矣。（寅恪檢初學集壹柒移居詩集有「雜憶詩十首次韻」當賦成於崇禎十三年庚辰五月間。不知爲何人而作。豈爲楊宛叔而作耶？抑或與河東君有關耶？姑識此疑，以俟詳考。）職是之由，此書釋證錢柳之詩，止限於詳考本事。至於通常故實，則不加注解，即或遵王之注有所未備，如無大關係，則亦不補充，以免繁贅。但間有爲解說便利之故，不得不於通常出處，稍事徵引，亦必力求簡略。總而言之，詳其所應詳，略其所當略，斯爲寅恪釋證錢柳因緣詩之範圍及義例也。

復次，沈偶僧雄江丹崖尙質編輯之古今詞話，「詞話」類下云：

沈雄曰，花信樓頭風暗吹。紅欄橋外雨如絲。一枝憔悴無人見，肯與人間綰別離。離別經春又隔年。搖青漾碧有誰憐。春來羞共東風語，背却桃花獨自眠。此錢宗伯牧齋竹枝詞也。（寅恪案，此二詩乃初學集壹壹桑林詩集「柳枝十首」之第壹第貳兩首。作「竹枝詞」，誤。牧齋此詩乃崇禎十年丁丑初夏被逮北行途中所作。）宗伯以大手筆，不趨佻儉，（寅恪案，「儉」疑當作「險」。）而饒蘊藉，以崇詩古文之格。其永遇樂三四闋，偶一遊戲爲之。

又袁樸村景輅所編松陵詩徵肆沈雄小傳略云：

周勒山云，偶僧覃思著述，所輯詩餘箋體，足爲詞學指南。其自著綺語，亦超邁不羣。

樸村云，偶僧從虞山錢牧齋遊，詩詞俱有宗法。

寅恪案，沈氏爲牧齋弟子，故古今詞話中屢引牧齋之說。袁氏謂偶僧所著詩詞受牧齋影響。詩固牧齋所擅場，詞則非所措意。偶僧於其書中已明言之。（並可參古今詞話「詞品」上「錢謙益曰，張南湖少從王西樓刻意塡詞」條。）若如樸村之說，沈氏之詞亦與師門有關，則當非受之師父，而是從師母處傳得衣鉢耳。蓋河東君所作詩餘之傳於今者，明勝於牧齋之永遇樂諸闋，即可爲例證。偶僧詩不僅詩餘，河東君之書法，復非牧齋所能及。儻取錢柳以方趙管，則牧齋殊有愧子昂矣。偶僧詩詞僅見選本，未敢詳論。但觀王蘭泉昶國朝詞綜壹肆所錄偶僧詞二首，則周袁二氏之語，頗爲可信。寅恪別有所注意者，即蘭泉所選偶僧詞，浣溪沙「梨花」云：

壓帽花開香雪痕。一林輕素隔重門。拋殘歌舞種愁根。遙夜微茫凝月影，渾身清淺剩梅魂。溶溶院落共黃昏。

又云：

靜掩梨花深院門。養成閒恨費重昏。今宵又整昨宵魂。理夢天涯凭角枕，卸頭時候覆深樽。正添香處憶溫存。

沈氏之詞有何所指，自不能確言。然細繹語意，殊與河東君身世人品約略符合，令人不能無疑。東山詶和集壹牧翁所作「寒夕文讌，再疊前韻。是日我聞室落成，延河東君居之。」詩（自注：「涂月二日。」結語云：

今夕梅魂共誰語，任他疏影蘸寒流。（自注：「河東君寒柳詞云，約箇梅魂，與伊深憐低語。」）

若取偶僧之詞與牧翁之詩綜合觀之，其間關鎖貫通之處，大可玩味，恐非偶然也。至關於河東君詩餘之問題，俟後論之。茲附言及此，不敢辭傅會穿鑿之譏者，欲爲錢柳因緣添一公案，兼以博通人之一笑也。

第二章　河東君最初姓氏名字之推測及其附帶問題

大凡爲人作傳記，在中國典籍中，自司馬遷班固以下，皆首述傳主之姓氏名字。若燕北閒人之兒女英雄傳，其書中主人何玉鳳，至第壹玖回「恩怨了了慷慨捐生，變幻重重從容救死。」之末，始明白著其姓名。然此爲小説文人故作狡獪之筆，非史家之通則也。由是言之，此章自應先著河東君最初之姓氏及名字。但此問題殊不易解決，故不得不先作一假設，而證明此假設之材料，又大半與其他下列諸章有關，勢難悉數徵引於此章之中。兹爲折衷權宜之計，唯於此章中簡略節取此類材料之最有關字句，至其他部分，將於下列諸章詳録之。讀者儻能取下列諸章所列諸材料，與本章參互觀之，則幸甚矣。

明末人作詩詞，往往喜用本人或對方，或有關之他人姓氏，明著或暗藏於字句之中。斯殆當時之風氣如此，後來不甚多見者也。今姑不多所徵引，即就錢柳本人及同時有關諸人詩中，擇取數例，亦足以證明此點。如東山詶和集壹河東君「次韻答牧翁冬日泛舟詩」：「越歌聊感鄂君舟」，「春前柳欲窺青眼」，「年年河水向東流」等句，分藏「柳河東君」四字。（其實此詩「望斷浮雲西北樓」句中「雲」字即是河東君最初之名。茲暫不先及，詳見後文考證。）及同書同卷「春日我聞室作，呈牧翁。」詩：「此去柳花如夢裏，向來煙月是愁端。畫堂消息何人曉，」（「何」與「河」音同形近。）並「珍重君家蘭桂室，東風取次一憑闌。」等句，分藏「柳如是河東君」六字。又汪然明汝謙者，錢柳因緣之介紹人也。其事蹟著作及與錢柳之關係，俟第肆章詳述之，茲暫不涉及。但汪氏所著春星堂集叁遊草中，「余久出遊，柳如是校書過訪，舟泊關津而返，賦此致懷。」七律之後，載「無題」七律一首，當即爲柳而作者。此詩中「美女疑君是洛神」及「幾灣柳色隔香塵」等句，亦分藏「柳是」二字。（河東君又有「美人」之別號，汪氏因「人」字爲平聲，故改作仄聲之「女」字以協詩律。餘詳下論。）至若吳偉業梅村家藏藁伍捌詩話云：

> 黃媛介字皆令，嘉興人，儒家女也。能詩善畫。其夫楊興公（寅恪案，即世功。）聘後貧不能娶，流落吳門。媛介詩名日高，有以千金聘爲名人妾者，其兄堅持不肯。余詩曰，不知世有杜樊川。（寅恪案，家藏藁陸「題鴛湖閨詠」四首之二即此詩。此句上有「夫壻長楊須執戟」之句。）指其事也。媛介後客於牧齋柳夫人絳雲樓中。樓燬於火，牧齋亦牢落。嘗爲媛介詩序，有今昔之感。

則又稍變其例。蓋作者於「夫壻長楊須執戟」之句，雖已明著楊世功之姓，而於「不知世有杜樊川」之句，以有所隱諱之故，不便直標其人之名姓也。考「杜樊川」即「杜牧」，李義山詩集下「贈司勳杜十三員外」云：「杜牧司勳字牧之。清秋一首杜秋詩。前身應是梁江總，名總還曾字總持。」玉谿用樊川姓名及字爲戲，頗覺新穎，是以後人多喜詠之。梅村句中「杜樊川」三字，即暗指「牧」字。與吳氏同時江浙最顯著之名人，其以「牧」稱者，舍錢謙益外，更無他人。關於黃媛介之事蹟及其與錢柳往來詩詞文字，材料頗多，茲不詳述。據鄧漢儀天下名家詩觀初集壹貳「黃媛介」條云：

> 時時往來虞山，與柳夫人爲文字交，其兄開平不善也。

可以推知孝威言外之意。但世傳媛介與張天如溥一段故事，輾轉勦襲，不一而足。究其原始，當是出於王貽上士禛池北偶談壹貳「黃媛介詩」條。其文云：

> 少時，太倉張西銘溥聞其名，往求之。皆令時已許字楊氏，久客不歸，父兄屢勸之改字，不可。聞張言，即約某日會某所，設屏障觀之。既罷，語父兄曰，吾以張公名士，欲一見之。今觀其人，有才無命，可惜也。時張方入翰林，有重名。不逾年竟卒。皆令卒歸楊氏。

寅恪案，漁洋之說頗多疏誤，茲不暇辨。但據梅村家藏藁貳肆「清河家法述」云：

> 婁東庶常張西銘先生既歿之二十載，爲順治紀元之十有七年庚子十二月五日。（寅恪案，西銘卒於明崇禎十四年辛巳五月初八日。）先生夫人王氏命其嗣子永錫式似，壻吳孫祥綿祖，以僕陳三之罪來告。

及有學集捌肆「題張天如立嗣議」云：

天如之母夫人暨其夫人咸以爲允。

則是天如之卒，上距媛介窺見之時，不及一年。若依漁洋之説，黄見張之時，當在崇禎十三年庚辰六月以後。今據吴錢之文，復未發現西銘於此短時間，有喪妻繼娶之事，則西銘嫡配王氏必尚健在。天如之不能聘媛介爲妻，其理由明甚。（餘可參蔣逸雪編張溥年譜崇禎十二年己卯條所考。）漁洋之説殊不可通。或疑天如實欲聘媛介爲妾，則天如之姓名字號又皆與「杜樊川」不相應，且亦與上句明標楊世功之姓者，尤不相稱。駿公作詩，當不如此。觀梅村「題鴛湖閨詠」四首之二「絳雲樓閣斂空虚。女伴相依共索居。」之句，「索居」二字寓意頗深。（靳榮藩吴詩集覽壹貳上此詩後附評語云：「索居上有相依字，共字亦奇。」可見靳氏亦知梅村此句有所寓意也。）更可取鄧孝威「其兄開平不善也。」之語，參互並觀，其間有所不便顯言者，可以想見矣。

吾國人之名與字，其意義多相關聯，（號間亦與名相關，如謙益之號牧齋，即是一例，但此非原則也。）古人固如此，今人亦莫不然。此世所習知，不待例證。今檢關涉河東君之早期材料，往往見有「美人」之語。初頗不注意，以爲不過泛用「美人」二字，以形容河東君，别無其他專特之意義。此爲吾國之文人詞客，自詩經楚辭以降，所常爲者，殊不足異也。繼詳考其語義之有限制性，而不屬泛指之辭者，始恍然知河東君最初之名稱，必與「美人」二字有關，或即用「美人」爲其别號，亦未可知也。今試略舉數例以證明之。兹先舉「美人」二字之確指河東君，而不爲普通之形容語者。然後復取有關河東君之詩詞，詳繹其中所用「美人」二字之特殊性，依吾國名與字或別號意義關聯之例，推比測定河東君最初之名。更就此名所引出之其他問題，加以解釋，或亦足發前此未發之覆耶？

牧齋初學集壹陸丙舍詩集「觀美人手跡，戲題絕句七首。」云：

油素朝㯹帖，丹鉛夜較書。來禽晉內史，盧橘漢相如。

其二云：

花飛朱戶網，燕蹴綺窻塵。挾瑟歌盧女，臨池寫雒神。

其三云：

（詩見前。）

其四云：

芳樹風情在，簪花體格新。可知王逸少，不及衛夫人。

其五云：

（詩見前。）

其六云：

書樓新寶架，經卷舊金箱。定有千年蠹，能分紙上香。（原注：「用上官昭容書樓及南唐宮人寫心經事。」)

其七云：

好鳥難同命，芳蓮寡竝頭。生憎綠沈管，玉指鎭雙鈎。

寅恪案，此七首詩皆爲五言絶句。初讀之，以爲牧齋不過偶爲此體，未必別有深意。繼思之，始恍然知牧齋之用此體，蓋全效玉谿生「柳枝」五首之作。(見李義山詩集下。)所以爲此者，不僅因義山此詩所詠，與河東君之身分適合，且以此時河東君已改易姓氏爲柳也。或者牧齋更於此時已得見所賦金明池「詠寒柳」詞，並有感於此詞中「尚有燕臺佳句」之語，而與義山柳枝詩序中所言者，不無冥會耶？

又今杭州高氏藏明本河東君尺牘，其字體乃世俗所謂宋體字，而湖上草則爲依據手寫原本摹刻者。此草爲崇禎十二年己卯歲之作品。自其卷末逆數第貳題爲「出關外別汪然明」七律，首二句云：「游子天涯感塞鴻。故人相別又江楓。」乃秋季所作。可證此書刻成當在崇禎十二年己卯冬季。牧齋於十三年庚辰春初自得見之。然則牧齋所謂「美人手跡」可能即指湖上草而言也。此七首詩爲錢柳因緣中河東君過訪半野堂前重要材料之一，俟後詳論。今所注意者，即就七詩所詠觀之，可決定此「美人」之界說爲一年少工書，且已脫離其夫之姬妾，必非泛指之形容詞，自不待言。當崇禎十三年春初牧齋作詩時，此「美人」舍河東君外，恐無他人合此條件。更取明確爲河東君而作之詩以證之，尤可決定「美人」二字與河東君最初之名有關。如黃宗羲南雷詩歷貳「八哀」詩之五「錢牧齋宗伯」七律，中有「紅豆俄飄迷月露，美人欲絕指箏絃。」之句，自注云：「皆身後事。」（寅恪案，太沖自注所言，可參第伍章「論河東君殉家難」節。）及王昶所輯陳忠裕（子龍）全集拾「秋潭曲」。（原注：「偕（彭）燕又（賓），（宋）讓木（徵璧），楊姬（影憐）集西潭舟中作。」）其中有「明雲織夜紅紋多」（「雲」字可注意。）「銀燈照水龍欲愁」（「龍」字可注意。）「美人嬌對參差風。斜抱秋心江影中。」（「美人」及「影」字可注意。）「摘取霞文裁鳳紙。春蠶小字投秋水。」等句。此詩題下並附原案語云：

抱眞堂集：宋子與大樽（陳子龍字。）泛于秋塘，坐有校書。（寅恪案，此文乃宋徵璧含眞堂詩稿伍秋塘曲序文。王蘭泉引作「抱眞堂集」，與今所見本不同。）後稱柳夫人，有盛名。

原案語又云：

蓴鄉贅筆：柳如是初名楊影憐。流落北里，姿韻絕人。錢宗伯一見惑之，買爲妾，號曰河東君。（寅恪案，今檢名人筆記滙海中蓴鄉贅筆四卷本，未載此文。但申報館印董含三岡識略十卷本。第陸卷「拂水山莊」條之文，與王蘭泉所引蓴鄉贅筆相同。豈王氏所見者，異於名人筆記滙海本耶？）

今觀此明確爲河東君而作之詩，其中既以「美人」指河東君，則「美人」二字當是河東君之字或號，而其初必有一名，與此字或號相關者，此可依名與字或號相關之例推知也。考徐電發釚「本事詩」選錄程孟陽嘉燧「緪云詩」三首，其題下注云：

朱長孺〔鶴齡〕曰，孟陽此詩爲河東君作。

寅恪案，電發與長孺俱爲吳江人。同里交好，所記必有依據。又考長孺與牧齋關係至密。如牧齋有學集壹伍「吳江朱氏杜詩輯注序」云：

吳江朱子長孺館於荒村。

同書壹玖「歸玄恭恆軒集序」云：

丙申閏五月余與朱子長孺屏居田舍。余繙般若經，長孺箋杜詩。（寅恪案，可參朱鶴齡「李義山詩集箋注自序」云：「申酉之歲予箋杜詩于牧齋先生之紅豆山莊。」）

牧齋尺牘貳與毛子晉書第貳拾通云：

頃在吳門，見朱長孺杜詩箋注，與僕所草大略相似。僕既歸心空門，不復留心此事，而殘藁又復可惜。意欲並付長孺，都爲一書。第其意欲得近地假館，以便商訂。輒爲謀之於左右。似有三便。長孺與足下臭味訢合。長孺得館，足下得朋。一便也。高齋藏書，足供繙閱。主人腹笥，又資讐勘。二便也。長孺師道之端莊，經學之淵博，一時文士罕有其偶。皐比得人，師資相説。三便也。僕生平不輕薦館，此則不惜緩頰，知其不以衞足言相目也。

及牧齋尺牘壹與朱長孺書云：

小壻自錫山入贅，（寅恪案，河東君以其女贅無錫趙玉森之子管爲壻。）授伏生書，欲得魯壁專門大師以爲師匠。恃知己厚愛，敢借重左右，以光函丈。幸慨然許之，即老朽亦可藉手沐浴芳塵也。

又如朱鶴齡愚庵小稿肆「聞牧齋先生訃」五律二首，同書伍「牧齋先生過訪」七律一首等及同書拾與吳梅村祭酒書云：

夫虞山公生平梗槩，千秋自有定評，愚何敢置喙。若其高才博學，囊括古今，則夐乎卓絕一時矣。

等，即可爲證。又潘檉章松陵文獻所附其弟耒後序云，「朱先生與亡兄交最厚。」及此書陸人物志陸周道登傳末略云：

潘子曰，公於先大父爲外兄弟，故得備聞其遺事。

蓋潘檉章爲周道登之姻戚，復與朱鶴齡交誼最厚。河東君本出自吳江周道登家。（詳見後章。）朱氏殆由潘氏之故，輾轉得知周氏家庭之瑣屑，不僅與周氏同隸吳江，因而從鄉里傳聞，獲悉河東君早年舊事。然則長孺所言程孟陽之緪雲詩乃爲河東君作者，實是可信，而河東君最初之名乃「緪雲」之「雲」字，可以推知矣。

復次，程嘉燧耦耕堂存稿詩中有「朝雲詩」八首。又有「今夕行」，其序略云：

> 甲戌七月唐四兄爲楊朝賦七夕行。十二夜復過余成老亭。和韻作此。

據此更可證河東君曾一度稱「楊朝」。依上論江總字總持，杜牧字牧之之例。「楊朝」自可字「朝雲」。徐虹亭本事詩陸選程松圓緪雲詩，引朱長孺之言，知其爲河東君而作。但不選朝雲詩及今夕行，殆未知河東君曾一度以「楊朝」爲姓名，以「朝雲」爲字耶？然則河東君之此名此字，知者甚鮮，觀電發之選詩，可以證知也。至耦耕堂存稿詩中諸題如「正月十一十二夜雲生留予家」，「二月上浣同雲娃踏青」及「六月鴛湖與雲娃惜別」等，又皆河東君稱「雲」之例證。茲暫不多述。詳後論崇禎七年甲戌河東君嘉定之遊節。河東君最初之名既是「雲」字，其與「美人」二字之關係如何耶？考全唐詩第叁函李白貳「長相思」云：

> 美人如花隔雲端。（寅恪案，玉臺新詠壹枚乘雜詩九首之六云：「美人在雲端，天路隔無期。」）

此「雲」與「美人」相關之證也。但竊疑河東君最初之名不止一「雲」字，尚有其他一字亦與「美人」有關。如陳忠裕全集壹伍陳李唱和集「秋夕偕燕又讓木集楊姬館中」七律二首，宋徵璧含眞堂詩稿伍「秋塘曲」，及耦耕堂存稿詩中「二月上浣同雲娃踏青歸雨讌達曙用佳字」七律，皆臥子讓木松圓等爲河東君而作之詩，可決定無疑者也。臥子句云：「滿城風雨妒嬋娟。」讓木句云：「較書嬋娟年十六。「松圓句云：「煙花逕裊嬋娟入。」初視之，「嬋娟」二字不過尋常形容之辭耳，未必與河東君最初之名有何關連也。繼而詳繹大樽所作詩詞之與河東君有關者，往往發見「嬋娟」二字，則殊不能不令人疑其與河東君之初名實有關連。茲僅擇詩中有「美人」及「嬋娟」兩辭竝載者，以為例證。(陳忠裕全集拾陳李唱和集「彷彿行」：「羅屏美人善惆悵，妙學此曲雙嬋娟。」雖「美人」與「嬋娟」並載，然據此詩後附李雯「彷彿行」并序，知為吳郡女郎青來而作。青來本末未及詳考，或與舒章彷彿樓詩稿之名有關，故不舉為例證，姑記所疑於此。)至於其他可能為河東君而作之詩詞中，雖有「嬋娟」二字，而不與「美人」一辭相連者，暫於此不錄，俟後論陳楊關係時再詳焉。如陳忠裕全集叁幾社稿古樂府「長相思」二首之二云：

又聞美人已去青山巔。碧霞素月娛嬋娟。

同書拾屬玉堂集「霜月行」其一云：

我思江南在雲端。(寅恪案，此句即用太白詩「美人如花隔雲端」句。「雲」字可注意。)

其二云：

玉衣不敢當嬋娟。

其三云：

美人贈我雙螭鏡，云是明月留清心。寒光一段去時影，(「影」字可注意。)可憐化作霜華深。

（「憐」字可注意。）持鏡索影不可見，（「影」字可注意。）當霜望月多哀音。紅綃滿川龍女寤，買之不惜雙南金。溫香沈沈若烟霧，裁霜翦月成寒衾。衾寒猶自可，夢寒情不禁。離鸞別鳳萬餘里，風車雲馬來相尋。（「雲」字可注意。）愁魂荒迷更零亂，使我沈吟常至今。

同書壹壹平露堂集「立秋後一日題採蓮圖」云：

圖中美人劇可憐。年年玉貌蓮花鮮。花殘女伴各散去，有時獨立秋風前。何得鉛粉一朝盡，空光白露寒嬋娟。

同書同卷湘眞閣稿「長相思」云：

美人昔在春風前。嬌花欲語含輕烟。歡倚細腰欹繡枕，愁憑素手送哀絃。美人今在秋風裏，碧雲迢迢隔江水。寫盡紅霞不肯傳，紫鱗亦妒嬋娟子。

據此「嬋娟」與「美人」兩辭實有關連，而其關連之出處本於何等古籍乎？考杜工部集伍「寄韓諫議詩」有「美人娟娟隔秋水」之句。此「美人」二字與「娟」字相關之出處。職此之故，寅恪竊疑河東君最初之名實爲「雲娟」二字。此二字乃江浙民間所常用之名，而不能登於大雅之堂者。當時文士乃取李杜詩句與「雲娟」二字相關之「美人」二字以代之，易俗爲雅，於是河東君遂以「美人」著稱，不獨他人以此相呼，即河東君己身亦以此自號也。

以上之假說若果爲眞實，則由此引出之問題亦可解決。如東山詶和集壹「有美一百韻」，乃牧翁極意經營之作。其以「有美」二字題篇者，初視之，不過用詩經鄭風「野有蔓草」所云：

野有蔓草，零露漙兮。有美一人，清揚婉兮。邂逅相遇，適我願兮。

野有蔓草，零露瀼瀼。有美一人，婉如清揚。邂逅相遇，與子皆臧。

之出處。雖頗覺其妙，然仍嫌稍泛。若知其用「有美」二字以暗寓「美人」即河東君之意，則更覺其適切也。又初學集貳拾下東山詩集「絳雲樓上梁，以詩代文。」八首之三「曾樓新樹絳雲題」句下自注云：

紫微夫人詩云：「乘飈儔衾寢，齊牢攜絳雲。」故以絳雲名樓。（寅恪案，此詩見眞誥壹運象篇壹。）

又八首之五「匏爵因緣看墨會」句下自注云：

紫清眞妃示楊君有「匏爵分味，墨會定名。」之語。（寅恪案，此文出眞誥壹運象篇壹。）

及「茗華名字記靈簫」句下自注云：

眞妃名鬱嬪，字靈簫。並見眞誥。（寅恪案，此文見眞誥壹運象篇壹。）

初視之，似牧齋已明白告人以此樓所以題名「絳雲」之故，更無其他出處矣。但若知河東君之初名中有一「雲」字，則用「絳雲」之古典，兼指河東君之舊名，用事遣辭殊爲工切允當。如以爲僅用陶隱居之書，則不免爲牧齋所竊笑也。

復次，初學集詩注壹柒移居詩集「姚叔祥過明發堂，共論近代詞人，戲作絶句十六首」（寅恪案，牧齋列朝詩集丁壹陸「姚叟士粦」小傳云：「晩歲數過余，年將九十矣。劇談至分夜不寐。兵興後，窮餓以死。」姚氏卒年雖未詳，然崇禎十三年庚辰秋牧齋作此詩時，叔祥之年當已過八十矣。特附記姚傳之語，以供參證。）第壹貳首「近日西陵誇柳隱，桃花得氣美人中。」句下自注云：

西湖詩云，垂楊小苑繡簾東。鶯閣殘枝蝶趂風。最是西陵寒食路，桃花得氣美人中。

寅恪案，牧齋此詩作於崇禎十三年庚辰秋間河東君尚未過訪半野堂之前，實爲錢柳因緣重要材料之一，俟後詳論之。河東君此詩乃其湖上草中崇禎十二年己卯春「西湖八絶句」之一。當日最爲人所稱道，盛傳於一時者也。詩中「寒食」「桃花」等辭，實暗用孟棨本事詩崔護故事。又其用意遣辭實與陳臥子崇禎八年乙亥所作「寒食」三絶句有關，詳見第叁章所論。「美人」乃河東君自比之辭，即以此自居不復謙讓。此詩寓意巧妙，所以特見稱賞於當時之文士，而「美人」之名，更由此廣播遍於吳越間矣。（「甲申朝事小紀」載河東君所作五詩中，有「橫山雜作」七律一首云：「美人遙夜佇何方。應是當年蹭蹬鄉。自愛文園能犢鼻，那愁世路有羊腸。徐看雀墜枝先墜，誰惜桃僵李亦僵。只此時名皆足廢，寧須萬事折腰忙。」寅恪尚未檢出此詩所從來，果否眞爲柳作，且詩意亦不能盡解，故詩中「美人」二字究何所指，須俟詳考，始可決定也。）

至於河東君之本姓問題，觀陳臥子秋潭曲題下自注中「楊姬」之稱，則「楊」乃河東君本初之姓，是無疑義。據李舒章雯所撰蓼齋集貳陸「坐中戲言分贈諸妓」四首之四云：

悉茗丁香各自春，（寅恪案，「悉茗」者，花之名，即「耶悉茗之略稱。詳見吳其濬植物名實圖考叁拾羣芳類「素馨」條。）楊家小女壓芳塵。銀屏疊得霓裳細，金錯能書蠶紙勻。夢落吳江秋佩冷，歡聞鴛水楚憐新。不知條脫今誰贈，萼綠曾爲同姓人。

寅恪案，舒章此詩作於何時，雖未能確定，似在距崇禎六年癸酉秋間或前或後不甚遠之時，即與臥子作「秋潭曲」相去較近之時也。（寅恪考蓼齋集，此詩之前載「初春得臥子書有懷」云：「新年遙接會稽書。」舒章此詩雲間三子合稿未錄。依「會稽」二字推之，則必作於臥子任紹興推官時。據臥子自撰年譜崇禎十三年庚辰條，臥子以此年秋赴紹興推官任。故舒章此詩之作成，至早亦在崇禎十四年辛巳春間。但此年春間河東君已訪半野堂，復歸松江矣。崇禎十四年河東君年二十四歲，與詩中「楊家小女」之語不合。且其時河東君已改易姓名，又與詩中「楚憐新」句未符。何況此時河東君之身分，亦不應與其他三妓並列耶？寅恪初頗以此爲疑，後更詳繹李集，始恍然知此「分贈諸妓」詩之排列於「初春得臥子書有懷」之後者，實又依其性質，取以爲贈答詩之殿，而非以其時間爲贈答詩之最後也。蓋舒章門人石維崑輯刊蓼齋集，卷首載維崑順治丁酉即十四年序云：「雖在少作，編錄不遺。」故所刻舒章著述，當頗完備。集中詩分類，亦編年。「分贈諸妓」詩在卷貳陸。其卷題「七言律詩肆。贈答詩貳。」檢其內容，又有贈答及哀挽兩種性質。「分贈諸妓」詩之前爲「送友人」，「分贈諸妓」詩之後迄於卷終，共三首，皆是哀挽之作。據此可以推定「分贈諸妓」詩乃以其性質爲贈妓，遂附列於贈答詩之後，非因其作成之時間在最後也。恐讀者於推定舒章作詩年代，有所異議，特爲辨之如此。）四詩分贈四妓。此一首乃當時贈與河東君者。詩中「楊家小女」，固是河東君之本姓。「夢落吳江秋佩冷」，乃指河東君與周道登之關係，此點俟後論之。「歡聞鴛水楚憐新」，謂此時河東君之新名爲「影憐」。「鴛水」者，言河東君本嘉興人。蓋河東君此時自周道登家流落松江，改易「雲娟」之舊名，而爲「影憐」之新名也。「不知條脱今誰贈，蕚綠曾爲同姓人。」者，用眞誥運象篇第壹，神女蕚綠華贈羊權金玉條脱各一枚事。其文略云：

> 蕚綠華者，云本姓楊。贈羊（權）詩一篇，幷致火澣布手巾一枚，金玉條脱各一枚。條脱似指環而大，異常精好。

原注云：

> 此乃爲楊君所書者。當以其同姓，亦可楊權相問，因答其事，而疏説之耳。

寅恪案，羊氏即羊舌氏，與楊氏本出一源，可視爲同姓。（參新唐書柒壹下宰相世系表「楊氏」條，及其他關於姓氏源流諸書。）眞誥之意究爲如何，姑置不論。但據舒章此詩之意，已足證明河東君之本姓實爲楊氏。又東山詶和集貳牧翁「西溪永興寺看綠蕚梅有懷」詩，「道人未醒羅浮夢，正憶新妝蕚綠華。」之句，不僅用龍城錄趙師雄故事，亦暗指蕚綠華之本姓。然則河東君之姓原爲楊氏，更可無疑，而牧翁作詩，其用事工切，於此亦可見矣。

又牧翁「有美一百韻」，甚誇河東君，廣引柳姓世族故實。讀者似以爲牧翁既稱柳如是爲河東君，因而賦詩，遂博徵柳姓典故，以資藻飾。殊不知牧翁取柳姓郡望，號之爲河東君者，不過由表面言之耳。其實牧翁於此名稱，兼暗寓玉臺新詠「河東之水向東流」一詩之意，此名巧切河東君之身分，文人故作狡獪，其伎倆可喜復可畏也。至河東君之改其本姓爲柳者，世皆知其用唐人許堯佐「柳氏傳」章臺柳故實（參孟棨本事詩情感類。）蓋「楊」與「柳」相類，在文辭上固可通用也。又檢宋人某氏所著「侍兒小名錄拾遺」引「蘇子美愛愛集」述錢塘娼女楊愛愛事。明代人有號「皇都風月主人」者，其所著綠窗新語下亦載「楊愛愛不嫁後夫」條。條末原注云：「蘇子美爲作傳。」（見上海藝文雜記第壹卷第陸期。）所言之楊愛愛亦錢塘娼女。考蘇子美即北宋之蘇舜欽。今檢蘇氏集中，未見此傳，不知是否僞託。但此故事明末必頗流行。河東君之本姓既是楊氏，其後改易「雲娟」之舊名，而爲「愛」者，疑與此事有關，蓋欲以符合昔人舊名之故。「楊愛」之名諸書多有記載。但此名最初見於何書，尚難確定。就所知者言之，似以沈虬「河東君傳」爲最早。此傳（據葛昌楣君「蘼蕪紀聞」上所引。）略云：

河東君所從來，余獨悉之。我邑盛澤鎭，有名妓徐佛者。（徐佛事蹟可參仲廷機輯盛湖志拾列女名妓門。）丙子年間張西銘先生慕其名，至垂虹亭易小舟訪之，而佛已於前一日嫁蘭溪周侍御之弟金甫矣。院中惟留其婢楊愛，因攜至垂虹。余于舟中見之，聽其音，禾中人也。是沈次雲於崇禎九年丙子有親見河東君之事。其所言實在仲沈洙撰，仲周霈補之盛湖志上形勝門盛湖八景之八，「凌巷尋芳」錢宛朱詩注及其他材料之前矣。至其又稱「影憐」者，當用李義山詩集上「碧城」三首之二「對影聞聲已可憐」之出處，此句「憐」字之意義，復與「愛」字有關也。（寅恪偶檢鄭澍若「虞初續志」壹貳云：「厲影憐校書得蕭仁叔邗上來書，語多未解。問字於陳敬吾，敬吾即其語意，題後一律。」夫此兩「影憐」之名，雖同取義於玉谿生詩，然其學問之高下懸殊有如是者，則對厲影憐之影，亦未必可憐矣。）

又沈氏所云蘭溪周侍御之弟金甫，當是周燦弟之字。檢乾隆修吳江縣志貳玖略云：

周燦字光甫，用之孫。崇禎元年進士，知宣化會稽二縣。十六年擢浙江道御史，所著有澤畔吟。

沈氏雖不著周金甫之名，但據今所見澤畔吟附錄光甫孫師灝所撰後序「向自爛溪（「爛」字沈氏作「蘭」。）析居謝天港。」及「光甫」「金甫」之稱下一字相同等理由推之，可知雲翾所嫁之人即吳江周燦之弟。澤畔吟中諸詩當是明亡以後所作，唯其中「楊花」一題有「年年三月落花天。顧影含顰長自憐。」之語，實與河東君姓名符會，以光甫與盛澤鎮（光甫集中載「盛澤鎮」五律一首。）及雲翾嫁其弟等關係論之，自不能令人無疑。終以作詩時間過晚，不敢決言。姑記於此，以俟更考。

河東君更有一「隱雯」之名，（寅恪案，此名之記載似以見於顧苓「河東君傳」者爲最早。俟考。）此名不甚著稱，而取義亦不易解。寅恪疑是取列女傳貳陶答子妻所謂「南山有玄豹，霧雨七日而不下食者，何也？欲以澤其毛，而成文章也。故藏而遠害。」即文選貳柒謝玄暉「之宣城出新林浦向板橋」詩：「雖無玄豹姿，終隱南山霧。」之義。或者河東君取此二字爲名，乃在受松江郡守驅令出境之威脅時。（見後章。）殆因是事有所感觸，遂自比南山之玄豹，隱於霧雨，澤毛成文，藏而遠害耶？明季不遵常軌，而有文采之女子，往往喜用「隱」字以爲名，如黄媛介之「離隱」，張宛仙之「香隱」，（見後章。）皆是其例。（震澤吴雷發撰「香天談藪」載明崇禎中揚州名妓沈隱，遊西湖，卜居樓外樓，嫁新安夏子龍。夏死，隱自縊以殉事。寅恪案，沈之名與河東君同，夏之名與臥子同，沈曾居西湖，復自縊殉夏。本末頗與河東君相似，殊爲巧合。但不知是否實有其人其事？姑附識於此，更俟詳考。）此殆一時之風氣。河東君以「隱雯」爲名，殊不足異。後來河東君又省去「雯」字，止以一「隱」字爲名，而「隱雯」之原名，轉不甚爲人所知矣。

復次牧齋遺事「初吴江盛澤鎮有名妓曰徐佛」條云：

（楊愛）聞虞山有錢學士謙益者，實爲當今李杜。欲一望見其丰采，乃駕扁舟來虞。爲士人裝，坐肩輿，造錢投謁。易楊以柳，易愛以是。刺入，錢辭以他往。蓋目之爲俗士也。柳於次日作詩遣伻投之，詩内已微露色相。牧翁得其詩，大驚。語閽者曰，昨投刺者士人乎？女子乎？闇者曰，士人也。牧翁愈疑，急登輿訪柳於舟中，則嫣然一美姝也。因出其七言近體就正，錢心賞焉。視其書法，得虞褚兩家遺意，又心賞焉。相與絮語者終日。臨別，錢語柳曰，此後即以柳姓是名相往復。吾且字子以如是，爲今日證盟。柳諾。此錢柳合作之始也。

寅恪案，此條所紀多乖事實，茲暫不考辨，惟論河東君改易姓字之一事，今所見崇禎十一年戊寅陳臥子所刻之戊寅草，十二年己卯汪然明所刻之湖上草，皆署「柳隱如是」。又汪氏所刻柳如是尺牘一卷，亦署「雲間柳隱如是」。卷中尺牘共計三十一通。其最後一通有「已過夷門」「武夷之遊，聞在旦夕。」「應答小言，已分嗤棄，何悟見賞通人，使之成帙。非先生意深，應不及此。特有遠投，更須數本。」等語。據此可知此通乃崇禎十四年辛巳春間所作。蓋汪氏初刻本共只有三十通，刊成後投寄河東。河東君復從之更索數本。然則第叁壹通乃汪氏後來所補刻者，（詳後論證。）今雖難確考汪氏初刻本刊成之時日，以意揣測，當在崇禎十三年庚辰末，最可能在十四年辛巳初。由是言之，河東君何待至崇禎十三年冬季訪半野堂時，始「易楊以柳，易愛以是。」牧齋何待至此時始「字以如是」耶？（今神州國光社影印吳中蔣氏舊藏柳如是山水册八幀，每幀皆鈐「柳隱書畫」之章。其末幀署「我聞居士柳如是」。此畫雖難確定爲何年所作，但必在崇禎十三年冬季訪半野堂以前。所以如此推定者，蓋此後河東君既心許於牧齋，自不應再以隱於章臺柳之「柳隱」爲稱，而鈐此章也。又「我聞居士」之稱，即從佛典「如是我聞」而來。據此亦可證知河東君未遇見牧齋之前，已以「我聞居士」與「柳如是」連稱矣。詳見後論。）且據初學集詩註丙舍詩集下「觀美人手跡」詩，是牧齋於十三年春初，當已見及湖上草（見前所論。）則覩河東君投謁之名刺，亦必無疑訝之理。故遺事所言諸端，不知誰氏子所僞造？無知妄作，固極可笑，而世人又多樂道此物語，尤不可不辨也。至河東君之名「是」，不知始於何時？頗疑其不以「隱」爲名之後，乃取其字「如是」下一字爲名。若此假定不誤，則其時間至早亦當在崇禎十四年，或在適牧齋以後。蓋河東君既已結褵，自不宜仍以「柳隱」即隱於章臺柳之意爲名也。其餘詳下章所論。

復檢鄧孝威漢儀天下名家詩觀貳集閨秀別卷中云：

柳因一名隱，字蘼蕪，更字如是。生出未詳。虞山錢牧齋宗伯之妾。河東君放誕風流，不可繩以常格。乙酉之變，勸宗伯以死，及奮身自沈池水中，此爲巾幗知大義處。宗伯薨，自經以殉，其結局更善。靈岩坏土，應歲歲以巵酒澆之。

寅恪案，鄧氏此條殆出顧云美「河東君傳」。唯謂河東君名「因」，疑與「隱」字音近之故。至錢士美文選誦芬堂文稿六編「柳夫人事略」，雖亦載河東君名因之事。但其文鈔襲前人，往往譌舛，不暇詳辨，姑附記於此。

復次，李舒章雯蓼齋集叁伍「與臥子書」云：

又盛傳我兄意盼阿雲，不根之論，每使人婦家勃谿。兄正是木強人，何意得爾馨穨蕩。乃知才士易爲口實，天下訛言若此，正復不惡。故弟爲兄道之，千里之外與讓木（宋徵璧）燕又（彭賓）一笑。若彝仲，（夏允彝）不可聞此語也。

考舒章此書當爲臥子於崇禎六年癸酉秋冬間赴北京會試，至次年留居京邸時所作。然則河東君於崇禎六年癸酉以前，即以「雲」爲名，可以證明也。其餘亦詳下章所論。又後來與河東君有關之謝象三三賓，其所著詩集題爲「一笑堂集」，乃用李太白詩「美人一笑千黃金」之典。（見全唐詩第叁函李白叁「白紵辭」。）謝氏此集中多爲河東君而作之篇什，而河東君以「美人」著稱，更可推知矣。

第三章　河東君與「吴江故相」及「雲間孝廉」之關係

附：河東君嘉定之遊

三百年來記載河東君事蹟者甚衆，寅恪亦獲讀其大半矣。總括言之，可別爲兩類。第壹類爲於河東君具同情者，如顧云美苓之「河東君傳」等屬之。第貳類爲於河東君懷惡意者，如王勝時澐之「虞山柳枝詞」等屬之。其他輾轉鈔襲，譌謬脱漏者，更不足道。然第壹類雖具同情，頗有隱諱。第貳類因懷惡意，遂多誣枉。今欲考河東君平生事蹟，其隱諱者表出之，其誣枉者駁正之。不漏不謬，始終完善，則典籍禁毁闕佚之後，精力老病殘廢之餘，勢所不能，此生無望者也。故惟有姑就搜尋所得，而可信可喜者，綜貫解釋，滙合輯錄，略具首尾，聊復成文。雖極知無所闡發，等於鈔胥，必見笑於當世及後來之博識通人，亦所不顧及矣。

就所見文籍中記載河東君事蹟者言之，要推顧云美所撰河東君傳爲最佳。就其所以能致此者，不獨以其人之能文，實因其人於河東君具有同情心之故。可惜者，顧氏爲牧翁晚年門生，雖及見河東君，而關於河東君早歲事蹟，或欲有所諱飾，或以生年較晚，關於河東君早歲身世，其隱秘微妙者，有所未詳也。茲先略述云美之事蹟，然後迻寫顧氏所撰河東君傳中有關早歲之一節，參以他種史料，解釋論證之。

牧齋外集壹陸「明經顧云美妻陸氏墓誌銘」略云：

留守相國瞿稼軒既殉國。其幼子玄鏡奉其骨歸自桂林。甲午正月至常熟。顧苓云美來弔。玄鏡從其兄擁杖出拜。云美問其兄。曰，吾幼弟也。生長西南，今九年矣。云美出謂其表弟嚴武伯曰，子爲我語瞿氏，以我女字玄鏡。瞿氏諾之。云美告余曰，苓以女字留守相公之幼子矣。夫子其謂我何？余曰，有是哉？後六年己亥四月十日，云美之妻陸氏卒。越七日，云美之父處士君卒。云美居喪守禮，不寘姬侍，躬保護其女。服除，而玄鏡孤貧無倚。云美收爲贅婿。壬寅吉安施偉長見玄鏡於云美之側，喜而告余。及秋，余過虎邱塔影園，云美出玄鏡拜床下，摳衣奉手，目光射人。歸而詒書云美曰，忠貞之後，僅存一綫。今得端人正士以尊親爲師保。稼軒忠魂亦稍慰於九京矣。

同治修蘇州府志捌捌顧苓傳略云：

顧苓字云美。少篤學，晚居虎丘山塘。蕭然敝廬，中懸思陵御書，時肅衣冠再拜，欷歔太息。女一，妻桂林留守瞿式耜子，易其姓名，俾脱於禍，人尤高之。（寅恪案，初學集柒肆「先太淑人述」云：「孫愛之議婚於瞿給事之女孫也。太淑人實命之，曰，人以汝去官，結昏姻以敦世好，不亦善乎？」然則云美亦與牧齋爲間接之姻戚。但云美以其女妻稼軒之子，時間甚晚，遠在錢瞿兩氏議婚之後矣。）

寅恪案，顧氏爲明末遺老，不忘故國舊君者，其人品高逸，可以想見，不僅以文學藝術見稱也。清代初年東南諸眷戀故國之遺民，亦大有黨派及意見之分別，未可籠統視之。牧齋早爲東林黨魁，晚乃附和馬阮，降順清朝。坐此爲時人，尤爲東南舊朝黨社中人所詬毀。斯問題於此姑置不論，儻取顧氏塔影園集壹東澗遺老傳讀之，則知云美對於牧翁平生前後異趣之見解，與當日吳越勝流之持論，有所不同，而與瞿稼軒所懷者，正復相類也。觀全謝山祖望鮚埼亭外集叁壹「浩氣吟跋」略云：

稼軒先生少年連染於牧齋之習氣。自丙戌以后，牧齋生平掃地矣。而先生浩氣吟中，猶惓惓焉，至形之夢寐。其交情一至此乎？牧齋顏甲千重，猶敢爲浩氣吟作序乎？一笑也。

可知錢瞿二人關係之密切如此。全氏之論固正，但於河東君陰助牧齋復興明室之活動，似尚有未盡窺見者，關於此點，俟於第伍章論之。所可注意者，即與稼軒特厚之人，不獨寬諒牧齋之晚節，而尤推重河東君。就其所以然之故，當與錢柳同心復明一端有關。如牧齋投筆集上「後秋興之三」第叁首「鬚眉男子皆臣子，秦越何人視瘠肥。」句，自注云：「夷陵文相國來書云云。」考牧齋所謂「夷陵文相國」者，即明史貳柒玖有傳之文安之。其人之爲大學士，由瞿式耜所推薦，可知文瞿兩人交誼實爲密切。云美以女妻稼軒之子，則其於稼軒與文氏有同一之觀感及關係，又可推之。文氏既遺書牧齋，稱道河東君若是，宜乎云美爲河東君作傳，其尊重之意溢於言表也。後來有「超達道人葦江氏」者，題云美此傳後，謂其於河東君「別有知己之感」，「阿私所好」，則殊未明錢瞿之交誼，錢柳之關係，與夫君國興亡，恩紀綢繆，死生不渝之大義，所以藉是發幽光而勵薄俗之微旨。乃肆意妄言，無復忌憚，誠可鄙可惡，更不足置辨矣。

復次，關於思陵御書一事，詳見杜于皇濬變雅堂文集柒「松風寶墨記」，茲不迻錄。寅恪昔年曾於完白山人後裔家，見崇禎帝所書「松風水月」四字，始知于皇此文中「端勁軒翥」之評，非尋常頌聖例語。鄧氏家之思陵御書，自與云美所藏者不同物，初未解此三百年前國家民族大悲劇之主人翁，何以喜作「松風」二字之故，後檢楊留垞鍾羲雪橋詩話續集壹云：

> 顧云美廬閶門外，半潭繞屋，引水自隔。莊烈帝御書「松風」二大字，云美得之某司香，遂揭於齋中。顧黃公(景星)爲賦詩四首。卒章有云：「奇峯名淑景，御坐正當中。五粒皆銀鬣，雙珠倚玉童。」謂萬歲山淑景峯有石刻御坐，二白松覆焉。

然則世上留傳崇禎帝「松風」手跡不止一本者，殆與景山石刻御坐有關耶？俟考。

顧氏河東君傳寅恪所得見者，節略之本不計外，共有四本，即羅刖存振玉殷禮在斯堂叢書塔影園集本(第壹卷)，范聲山鍇華笑廎雜筆本(第壹卷)，繆筱珊荃孫秦淮廣記本(第貳之肆)及葛雍吾昌楣蘼蕪紀聞本（卷上）。四本中以范本爲最善，茲悉依此本迻錄，其他諸本與范本異者，皆不一一標出也。復次，羅振玉貞松老人外集叁「顧云美書河東君傳册跋」略云：

顧云美撰柳蘼蕪傳並畫象眞迹，乙巳冬得之吳中。傳載蘼蕪事實甚詳。吳人某所著野語祕彙，述虞山被逮時，河東君先攜重賄入都，賂當道，乃得生還。其權略尤不可及，可謂奇女子矣。傳中記蘼蕪初歸雲間孝廉爲妾，殆先適陳臥子，他記載所未及。其歸虞山在明亡前三年，時年二十四。至癸卯下髮，年四十有六。逾年而値家難。光緒丁未三月將取付影印，以貽海內好事者，俾益永其傳，並綴辭於後。上虞羅振玉刖存父。

寅恪案，刖存先生以「雲間孝廉」爲陳臥子。五十年前能作此語，可謂特識。但其於河東君適牧齋後，尙稱之爲「蘼蕪」，又言其攜重賄入都，俾牧齋得脫黃毓祺之案及癸卯歲年四十六下髮等事，皆不免差誤。詳見有關各節所論，茲不辨及。

顧傳云：

河東君者，柳氏也。初名隱雯，繼名是，字如是。爲人短小，結束俏利，性機警，饒膽略，適雲間孝廉爲妾。孝廉能文章，工書法，教之作詩寫字，婉媚絕倫。（塔影園集壹河東君傳「婉媚絕倫」作「風氣奕奕」。）顧倜儻好奇，尤放誕。孝廉謝之去。

寅恪案，云美此傳於河東君之本來姓氏籍貫及在「適雲間孝廉爲妾」以前之事蹟，不道及一字，當有所隱諱，未必絕不能獲知其一二也。職是之故，不得不取其他史料，以補此間隙。但此段時間，材料極少，又多爲不可信者。故今僅擇其材料直接出於與河東君有關之人者，以之爲主，而參取後來間接傳聞者，以補充之。其間若有誣枉或不可信者，則稍加駁正。固不敢謂盡得其眞相，然亦不至甚遠於事實也。茲引王澐虞山柳枝詞之前，先略述勝時之事蹟，蓋王氏乃最反對河東君之人，其所言者，固不可盡信。然誣枉之辭外，亦有一二眞實語。實因其人與陳子龍及其家屬關係密切，所知河東君早歲事蹟，必較多於顧云美，特恨其具偏隘之見，不欲質直言之耳。乾隆修婁縣志貳伍王澐傳略云：

王澐字勝時。幼爲陳子龍弟子。處師生患難時，卓然有東漢節義風。以諸生貢入成均，不得志。箸有輞川稿。

李叔虎桓耆獻類徵初編肆肆肆顧汝則傳，下附王澐事蹟，引章有謨筆記略云：

陳黄門子龍殉難後，夫人張氏與其子婦丁氏居於鄉，兩世守節，貧不能給。王勝時明經澐常周恤之。

及陳忠裕全集年譜下附王澐撰「三世苦節傳」略云：

歲在癸酉（康熙三十二年）仲春之吉，孺人命從姪倬來，知予子栘有女孫同歲生，請問名。予額手曰，此小子宿心也。敬聞命矣。乃告於先祠，以女孫字世貴焉。（寅恪案，世貴乃陳子龍之曾孫。)

寅恪案,王勝時文章行誼卓然可稱,然其人憎惡河東君,輕薄刻毒醜詆之辭,見諸賦詠者,不一而足。以常情論,似不可解。明季士人門戶之見最深,不獨國政爲然,即朋友往來,家庭瑣屑亦莫不劃一鴻溝,互相排擠,若水火之不相容。故今日吾人讀其著述,尤應博考而愼取者也。勝時孫女之字臥子曾孫,結爲姻親,時間固甚晚,然其與陳氏家庭往來,在臥子生存時已然。臥子死後,勝時周恤其家備至,即就臥子夫人張氏欲與勝時之家結爲姻親一事觀之,可以推知矣。據陳忠裕全集所載陳子龍自撰年譜上崇禎二年己巳條云:

(祖母高)太安人以予既婚,遂謝家政。予母唐宜人素善病,好靜,不任事,乃以筦鑰屬予婦,予始有晨昏之累矣。

及年譜下附王澐撰「三世苦節傳」略云:

(張)孺人通詩禮史傳,皆能舉其大義,以及書算女紅之屬,無不精嫺,三黨奉爲女師。有弟五人,莊事女兄如伯兄然。孺人屢舉子女,不育。爲置側室,亦不宜子。孺人心憂之,乃自越遣人至吳,納良家子沈氏以歸。

則知大樽之妻張氏爲一精明強幹,而能治家之人。故入陳氏之門不久,其祖姑高氏即授以家政也。假使王氏稱其能通書史大義之語,非出阿私,然絕不能如河東君才藻博洽,可與臥子相互訓和者，自不待論。儻若張氏轉移其待諸弟之威嚴以臨其夫，則恐臥子閨門之內，亦不得不有所畏憚顧忌也。又觀其爲大樽選納良家女沈氏爲妾一端，知大樽之娶妾，張氏欲操選擇之權，更以良家子爲其意中之對象。如取以與牧齋夫人陳氏相較，則牧齋用匹嫡之禮待河東君，而陳夫人亦無可如何，安之若命者，誠大不侔矣。復觀牧齋之子孺飴（孫愛）所輯「河東君殉家難事實」中「柳夫人遺囑」云：

我來汝家二十五年，（寅恪案，「汝」字指其女，即趙管妻。）從不曾受人之氣。

嗚呼！假使河東君即僅在陳家二十五月，甚至二十五日，亦不能不受人之氣，尤不能不受張氏之氣，而張氏更不能如牧齋夫人之受河東君之氣，可以斷言無疑也。河東君之與大樽，其關係雖不善終，但兩方之情感則皆未改變，而大樽尤繾綣不忘舊歡，屢屢形之吟詠。然則其割愛忍痛，任河東君之離去，而不能留之者，恐非僅由河東君之個性放誕使然，亦實因大樽妻張氏之不能相容，即不能受河東君之氣，如牧齋夫人者，有以致之也。河東君所以不能見容於大樽家庭之事實及理由，王勝時必從張氏方面得知其詳。三百年前陳氏家庭夫婦妻妾之間，其恩怨是非固匪吾人今日所能確知，既非負古代家屬委員會之責者，自不必於其間爲左右袒，或作和事老。是以此點亦不須詳考。但應注意者，則勝時爲大樽嫡妻張氏之黨。故其所言者，皆張氏一面之辭，王氏既不能不爲其尊者，即大樽諱，又不能不爲其親者，即張氏諱。於是遂隱沒其師及張氏與河東君之關係，而轉其筆鋒集矢於河東君矣。苟知此意，則王氏所述河東君之事蹟，不可盡信，止能供作參考或談助，而不必悉爲實錄，亦甚明也。

王氏之後，復有錢鈍夫肇鼇著「質直談耳」一書，亦述河東君早歲軼事，其言頗有與王氏類似者。然據此書錢大昕序云：

吾弟鈍夫以暇日撰次生平所見聞，可喜可愕，足資懲勸者，彙爲一編，名之曰質直談耳。

又光緒修嘉定縣志貳捌藝文別集門載：

巢雲詩草。錢肇鼇著。

詩規摹盛唐。

則是鈍夫生年甚晚，其書所述河東君事，自得之輾轉間接之傳聞。巢雲詩草不知尚存否？茲取王錢兩氏所言河東君最初軼事，參以陳子龍及宋徵璧（即與河東君直接有關之人。）所作詩篇，考辨論證之如下。

王澐輞川詩鈔肆「虞山柳枝詞」第壹首云：

章臺十五喚卿卿。素影爭憐飛絮輕。（「影」及「憐」二字可注意。）白舫青蓮隨意住，淡雲微月最含情。（「雲」字可注意。）

自注云：

姬少爲吳中大家婢，流落北里。楊氏，小字影憐，後自更姓柳，名是。一時有盛名，從吳越間諸名士遊。

錢肇鼇質直談耳柒「柳如之軼事」條（寅恪案，原文「之」字乃「是」字之誤，下文同。參仲虎騰盛湖志補肆雜識門及葛昌楣君蘼蕪紀聞上。）云：

如之幼養於吳江周氏爲寵姬。年最稚，明慧無比。主人常抱置膝上，教以文藝，以是爲羣妾忌。獨周母喜其善趨承，愛憐之。然性縱蕩不羈，尋與周僕通，爲羣妾所覺，譖於主人，欲殺之。以周母故，得鬻爲倡。其家姓楊，乃以柳爲姓，自呼如之。居常呼鴇母曰鴇，父曰龜。

綜合王錢兩氏所述，河東君最初果爲何家何人之婢或妾，並在何年至此家，出而流落人間耶？茲據與河東君直接有關者之所傳述以考定之。

宋徵璧含眞堂詩稿伍秋塘曲并序云：

宋子與大樽泛於秋塘，風雨避易，則子美渼陂之遊也。坐有校書，新從吳江故相家流落人間，凡所敘述，感慨激昂，絕不類閨房語。且出其所壽陳徵君詩，有「李衛學書稱弟子，東方大隱號先生。」之句焉。（寅恪案，陳眉公巖棲幽事載其所作清平樂下半闋云：「閒來也教兒孫。讀書不爲功名。□□澆花釀酒，世家閉戶先生。」可與河東君「大隱號先生」之句相印證。）陳子酒酣，命予於席上走筆作歌。

江皋蕭索起秋風。秋風吹落江楓紅。樓船簫鼓互容與。登山涉水秋如許。江東才人恨未消。
欝金瑪瑙盛香醪。未將寶劍酬肝膽，爲覓明珠照寂寥。不辭風雨常避易。鯉魚躍浪秋江碧。
長鯨洩酒殊未醉，今夕不知爲何夕。較書嬋娟年十六，雨雨風風能痛哭。自然閨閣號錚錚。
豈料風塵同瑑瑑。綉紋學刺兩鴛鴦。吹簫欲招雙鳳凰。可憐家住橫塘路。門前大道臨官渡。
曲徑低安宛轉橋，飛花暗舞相思樹。初將玉指醉流霞，早信平康是狹邪。青鳥乍傳三島意，
紫煙便入五侯家。十二雲屏坐玉人，常將烟月號平津。驊騮詎解將軍意，鸚鵡偏知丞相嗔。
湘簾此夕親聞喚。香奩此日重教看。乘槎擬入碧霞宮，因夢向愁紅錦段。陳王宋玉相經過。
流商激楚揚清歌。婦人意氣欲何等，與君淪落同江河。我儕聞之感太息，春花秋葉天公力。
多卿感歎當盛年，風雨秋塘浩難極。

寅恪案，讓木此詩乃今日吾人所知河東君早期事蹟最重要材料之一。據臥子自撰年譜上崇禎六年癸酉條云：

文史之暇，流連聲酒，多與舒章倡和。今陳李唱和集是也。

臥子原作「秋潭曲」載陳李唱和集中，即在崇禎六年秋間所作，第貳章已略引之矣。同爲此遊四人之內，河東君不論外，尙有彭燕又賓一人。其人亦當有詩紀此遊，惜今未能得見，亦可不論。秋潭或秋塘者，據陳忠裕全集拾「秋潭曲」題下附考證，引松江府志略云：

白龍潭在府城谷陽門外，花晨月夕，簫鼓畫船，歲時不絕。（寅恪案，陳忠裕全集爲嘉慶八年所刻。今取嘉慶二十四年修松江府志玖山川志校之，其文悉與此條相同。然則嘉慶二十四年修松江府志，當是承用康熙二年所修之府志，而此詩考證乃錄自康熙志也。）

故知宋讓木於崇禎六年秋間，在松江府谷陽門外白龍潭舟中，親從河東君得聞其所述自身之事蹟，實爲最直接之史料。今依據宋氏之所傳述，取與王錢兩氏所言者參證之，則第壹問題，即「吳江故相」果爲何人乎？依讓木所謂「新從吳江故相家，流落人間。」之語，則此「故相」之時間條件爲上距崇禎六年不久之宰輔。其地理條件爲吳江縣籍貫之人。依此兩條件以求之，先檢崇禎朝宰相之籍貫，惟有周道登一人適合也。陳盟崇禎內閣行略周道登傳略云：

周道登號念西，吳江人。（天啓七年）丁卯十二月金甌之卜，以禮部尚書召入內閣。崇禎（元年）戊辰六月加太子太保，晉文淵閣。（崇禎二年）己巳正月引疾去。歸而著書自樂，不問戶外。（崇禎五年）壬申以疾卒。

及知服齋本曹溶崇禎五十宰相傳（初稿）周道登傳略云：

周道登字文邦（？）吳江人。（天啓七年）丁卯十二月由太子賓客禮部右侍郎起陞尚書，兼東閣大學士。（崇禎二年）己巳正月閒住。癸酉年（崇禎六年）卒。（寅恪案，「癸酉」二字知服齋本如此。與胡氏問影樓本及宣統三年辛亥鉛印本曹書此傳，俱作「壬申」即崇禎五年者不同。但知服齋本曹氏此書宰相年表亦列周道登卒於「五年壬申」，豈曹書此傳初稿作「癸酉」，後來乃改爲「壬申」耶？抑或後人據明史藁及明史周道登傳改易耶？俟考。）

又明史藁貳叁伍李標傳附周道登傳略云：

道登者，吳江人。崇禎初與標等同入閣。御史田時震（等）先後交劾之，遂放歸。居五年卒。

明史貳伍壹李標傳附周道登傳略云：

周道登吳江人。崇禎初與李標等同入閣。御史田時震（等）交劾之，乃罷歸。閱五年而卒。

及乾隆修吳江縣志貳捌人物門周道登傳略云：

周道登字文岸。（天啓）七年冬莊烈帝立，首重閣臣之選，上自祝天，取會推諸臣姓名置金瓶中卜之，得錢龍錫□六人，道登與焉。召爲東閣大學士。崇禎二年春御史任贊化等交章論列，上遂勒令致仕。歸就道，復疏言薊門重地，兵額不宜過汰。家居一年卒。值溫體仁當國，賜祭葬咸殺禮。

談孺木遷棗林雜俎和集叢贅「周道登」條云：

吳江周相國性木強，不好矜飾。一日侍朝默笑。先帝見之，詰其故。不對，亦不謝。既出，華亭錢相國（龍錫）尤之。曰，已笑矣，奈何！上自此寖疎。訃聞，僅祭一壇，予半葬。典禮雖薄，猶同官斡護之。

寅恪案，周道登之卒年雖有問題，然據陳盟曹溶兩書，其卒當在崇禎五年。明史藁「放歸，居五年卒。」之語，其所謂「五年」者，即從崇禎二年己巳正月算起，亦不過謂道登卒於崇禎六年而已。若明史謂「罷歸，閱五年而卒。」則殊有語病矣。至乾隆修吳江縣志言：「上遂勒令致仕。家居一年卒。」之「一」字，疑是誤字也。考潘力田檉章松陵文獻陸有周道登傳。檉章弟耒作此書後序云：

（康熙二十四年）乙丑春，歸自都門，有言新志全用亡兄之書者，索而觀之，信然。

稼堂所謂「新志」，即康熙間葉星期燮所修之吳江志，而乾隆間沈冠雲彤所修之吳江縣志乃承用葉志之舊文。今觀潘氏松陵文獻中周道登傳，不著道登卒年，故康熙志亦闕而不載。乾隆沈志所書道登卒年，殆取他書移補舊志之闕耳。然則潘氏與周氏爲姻戚，（見第貳章所引松陵文獻。）乃闕書道登之卒歲，可知檉章作傳時已不能詳矣。但力田所作道登傳末云：

道登事兄如父。無子，以兄子振孫爲後。

數語，與茲所考證者有關。其他如道登人品學術之記載，於此姑置不論。總而言之，道登之卒，早則在崇禎五年壬申，遲則在崇禎六年癸酉，或者其卒實在五年，而京師邸典之發表乃在六年，致有卒於「癸酉」之紀載耶？寅恪以爲道登之卒，在崇禎五年，或崇禎六年，固未敢確定。但河東君之出自周家，流落人間，則當爲崇禎四年辛未，可於臥子幾社稿中崇禎五年綺懷諸作及「癸酉長安除夕」詩考之。（見下引陳忠裕全集拾屬玉堂集所論。）復參以陳臥子崇禎五年所賦柳枝詞「妖鬟十五倚身輕」（見陳忠裕全集壹玖幾社稿「柳枝詞」四首之四。）及王勝時虞山柳枝詞「章臺十五喚卿卿」詩句。尤足證河東君於崇禎四年辛未十四歲時，出自周家，流落人間。其始遇臥子，實在五年，其年齡正爲十五歲。或疑讓木秋塘曲序中「坐有校書，新從吳江故相家流落人間。」之「新」字，其界說如何？鄙意欲決定此字意義，不必旁徵，即可於臥子詩中求得例證。如陳忠裕全集陸陳李唱和集「酬萬年少」五古二首。其一云：

與君「新」結交，意氣來相憑。帝京共遊戲，江表觀徽繩。

其二云：

秋英粲林麓，揚舲大江湄。

考萬壽祺爲崇禎三年庚午舉人，與臥子爲鄉試同年。臥子之得交年少，應在崇禎三年秋南京鄉試時。榜後，陳萬兩人並與諸名士會飲於秦淮舟中。（見陳忠裕全集年譜上崇禎六年癸酉條附考證，並隰西草堂集附刻李輔中編萬年少先生年譜崇禎三年庚午條。）自陳萬兩人結交之日起，下距臥子崇禎六年秋作此二詩時止，其間已有三年之久。臥子於距離三年之時間，既可云「新」，則讓木於崇禎六年秋作秋塘曲時，上溯至四年，更得謂之「新」。然則陳宋輩之作詩文，其用「新」字之界說，亦不必泥執爲數旬數月之義，固可包括至三年之時日。由此言之，河東君在崇禎四年辛未出自周家，流落人間，讓木仍可謂之「新」也。

又讓木秋塘曲中「平津」「丞相」之辭，自指道登本人而言，其家庭諸男子，如其兄或振孫等，皆不足以當此「平津」「丞相」之名。故河東君其初必爲周道登之妾，可以推知。若王澐虞山柳枝詞謂河東君爲「吳中大家婢」，則婢妾之界線本難分判，自可不必考辨。然則錢肇鼇質直談耳謂河東君乃「吳中周氏寵姬」，要是可信。至言周氏主人在崇禎四年時尚有母在，固爲可能之事，但無證據，未敢確定。或者此端乃是傳聞之誤，亦未可知也。

讓木詩中所言河東君事蹟，辭語不甚明顯，但以其關係重要，未可忽視。故姑就鄙見，推測解釋之於下。

詩云：

> 較書嬋娟年十六。雨雨風風能痛哭。自然閨閣號錚錚，豈料風塵同㻬㻬。

寅恪案，「較書嬋娟年十六」句，「嬋娟」不僅爲通常形容女性之美辭，疑亦兼寓河東君原名「雲娟」中之「娟」字。此點已詳第貳章所論，茲不復贅。「年十六」則正是河東君紀年實錄。蓋崇禎六年河東君之年歲如此。以若是之妙齡女子，而能造詣超絕，與幾社勝流相比竝，固不必同於世俗之女性，往往自隱諱其眞實年齡也。「雨雨風風能痛哭」句，初讀之，頗不能解。後得見河東君戊寅草，並取臥子集中有關之篇什參互證之，始恍然知讓木此句實指崇禎六年春季河東君所賦風雨諸篇什而言。如「游龍潭精舍登樓作，時大風。和韻。」云：

琢情青閣影迷空。畫舫珠簾半避風。縹緲香消動魚鑰，玲瓏枝短結鬏紅。同時蝶夢銀河裏，泣浦鸞湖玉鏡中。歷亂愁思天外去，可憐容易等春蓬。

「傷歌」（寅恪案，樂府詩集陸貳傷歌行古辭云：「春鳥向南飛，翩翩獨翱翔。悲聲命儔匹，哀鳴傷我腸。」河東君蓋自比春鳥，賦此傷春之辭也。）云：

翔禽首飄翳，白雲寄貞私。歲月蕩繁圃，風物遑棄時。攬衣眷高翮，義大難爲持。沙棠亦已實，烏椑亦已侈。淥水在盛霄，碧月迴晴思。厲颸忽若截，洞志詎有私。人居天地間，失慮在娥眉。得之詎有幾，木葉還辭枝。誠恐不悟此，一日淪無期。儔匹不可任，良晤常游移。我行非不遠，我念非不宜。憂來或不及，霑裳不能止。春風易成偶，春雨積成絲。誰能見幽隱，之子來何遲。一言達至道，諒爲達士嗤。

又「寒食夜雨十絕句」其五云：

房櫳雲黑暮來遲。小語花香冥冥時。想到窈娘能舞處，紅顏就手更誰知。（寅恪案，全唐詩第貳函喬知之「綠珠篇」有：「此時可喜得人情」，「常將歌舞借人看」及「一旦紅顏爲君盡」等語。河東君詩句，蓋即用喬氏詩語也。）

今取陳忠裕全集所載臥子之詩，其作成時間確知爲崇禎六年癸酉春季者，如「花朝大風」，「寒食雨郊行」七古二首(見陳忠裕全集拾陳李唱和集。)及「清明」四首之三(見陳忠裕全集壹玖陳李唱和集。)云：

梨花冷落野中分。白蝶茫茫剪翠裙。今日傷心何處最，雨中獨上窈娘墳。

河東君之「畫舫珠簾半避風」，「可憐容易等春蓬」，「憂來或不及，霑裳不能止」「春風易成偶，春雨積成絲。」即讓木所謂「雨雨風風能痛哭」者，而「想到窈娘能舞處」與臥子「傷心獨上窈娘墳」同用一典，其相互關係，自不待言。又李舒章所謂「春令之作，始於轅文者」，(詳見下論。)當亦指此時而言。蓋崇禎六年春季特多風雨，而轅文與河東君此際關係甚密，宜有春閨風雨之作也。

抑更有可論者，據錢肇鼇質直談耳柒「柳如之軼事」(寅恪案，「之」當作「是」。下同。)條載宋轅文因受責於其母，遂與河東君蹤跡稍疏事。(詳見下引。)推計其時間，約略相當於河東君賦「傷歌」之際。此歌云：「人居天地間，失慮在娥眉。得之詎有幾，木葉還辭枝。」「儔匹不可任，良晤常游移。」「誰能見幽隱，之子來何遲。」豈河東君以徵輿蹤跡稍疏，出此怨語耶？後來終與轅文決絕，而轉向臥子，其端倪蓋已微見於此詩矣。

詩云：

繡紋學刺兩鴛鴦。吹簫欲招雙鳳凰。可憐家住橫塘路。門前大道臨官渡。曲徑低安宛轉橋，
飛花暗舞相思樹。

似謂河東君最初所居之地也。其地雖難確定，若依前引沈虬河東君傳所云：「聽其音，禾中人也。」之語，應是指河東君原籍之嘉興而言。但鄙意此點不必過泥，頗疑宋詩之「橫塘」，即謂吳江縣盛澤鎮之歸家院。陳臥子爲河東君而作之「上巳行」云：「重柳無人臨古渡，娟娟獨立寒塘路。」（見陳忠裕全集壹壹平露堂集。）陳詩之「古渡」，即宋詩之「官渡」。陳詩之「寒塘路」，即宋詩之「橫塘路」。臥子賦此詩時，在崇禎十二年己卯。河東君於崇禎八年乙亥秋深離松江往居盛澤歸家院。雖其間去來吳越「行雲無定所」，（此句見太平廣記肆捌捌鶯鶯傳續會眞詩。）然其經常住處，當仍爲歸家院。故可以取歸家院地域形勢以統屬河東君。據此陳宋兩詩可以互相證明也。餘參後論陳臥子「上巳行」節。更考「橫塘」地名之出處，時代較早，且爲詞章家所習用者，恐當推文選伍左太沖「吳都賦」：「橫塘查下，邑屋隆夸。長干延屬，飛甍舛互。」其地實在江寧。後來在吳越間以「橫塘」爲名者更多，故文人作品中，往往古典今典參合賦詠。即就讓木同時人之詩言之，如吳梅村圓圓曲「前身合是採蓮人，門前一片橫塘水。」之「橫塘」，依靳介人注，則在蘇州。（見靳榮藩吳詩集覽柒上，並參第伍章論圓圓曲節。）錢牧齋「茸城惜別」詩：「繡水香車度，橫塘錦纜牽。」之「橫塘」，依錢遵王注，則在嘉興。（見錢曾有學集詩注柒。）此皆其例證。由是言之，讓木詩中之「橫塘」，雖與嘉興之環境符合，然吳越水鄉本甚相似，故亦能適合吳江盛澤鎮歸家院之地，不必限於禾中一隅也。仲廷機盛湖志拾列女名妓門略云：

徐佛原名翾，字雲翾，小字阿佛。嘉興人。隨其母遷居盛澤歸家院。

同書肆街里門略云：

市北自西蕩口北岸至東，以街名者，曰歸家院。東市口曰梭子歸家。百嘉橋之北，曰石敢當。

同書同卷橋梁門「百嘉橋」條下注云：

俗稱栢家，舊名終慕。

同書伍古蹟門云：

歸家院在終慕橋北堍。地名十間樓。明才媛柳是故居。

下注引王鯤十間樓詩云：

柳陰深處十間樓。玉管金樽春復秋。只有可人楊愛愛，（寅恪案，前所論蘇子美「楊愛愛傳」，王氏未必得見。此不過用昔人李師師之例，以「愛愛」爲稱耳。）家家團扇寫風流。

及卷末雜識門云：

十間樓者，栢家橋北一帶是也。即觚賸所云歸家院。

寅恪案，盛湖志所紀徐佛所居之歸家院，亦可與讓木詩語相合。豈河東君最初亦居盛澤歸家院近旁耶？讓木詩「綉紋學刺兩鴛鴦。吹簫欲招雙鳳凰。」者，謂河東君少小待字閨中也。「横塘」「官渡」「宛轉橋」「相思樹」等四句，乃指禾中盛澤之地。謂河東君即居其處也。詩云：

初將玉指醉流霞。早信平康是狹邪。青鳥乍傳三島意，紫煙便入五侯家。

似謂河東君初入徐佛家爲婢，後復由徐氏轉入周道登家。河東君與徐佛本同鄉里，雲翾收取爲婢，自極尋常。至周家之收購，則必經一度之訪覓也。後來河東君被逐於周氏，流落人間，輾轉數年，短期與臥子同居，又離去臥子，復返盛澤，居雲翾寓所，與諸女伴如張輕雲宋如姬梁道釗等同在一地耳。（參乾隆刊盛湖志上形勝門仲時鎔凌巷尋芳詩序及仲廷機輯盛湖志拾列女名妓門徐佛傳末所附梁道釗張輕雲宋如姬事蹟。又梁道昭事蹟詳見鄒樞十美詞紀梁昭條及徐樹丕識小錄梁姬傳。）又據第貳章所引沈虬河東君傳所載崇禎九年丙子張溥往盛澤鎮訪徐佛。佛已適人，因得見其婢楊愛事。（參陳琰輯藝苑叢話玖「柳如是曾在蘇屬盛澤鎮徐家作婢」條。）可知河東君在崇禎九年雲翾未適周金甫以前，尙與之同寓一處。或者徐既適人後，始獨立門戶耶？至錢肇鰲云：「得鬻爲娼。」其實乃是河東君之再度流落。前引沈虬之文謂河東君爲雲翾之婢，如指未入周家以前，則近事實。若言河東君於崇禎九年丙子尙在徐家爲婢，則時限太晚，殊爲不合也。然據牧齋遺事中「初吳江盛澤鎮有名妓曰徐佛」條記張溥訪徐佛事，作「養女楊愛」。鈕玉樵琇觚賸叁吳觚「河東君」條亦紀此事，作「其弟子曰楊愛」，則頗近事實，惟此等材料之作成，皆在沈氏之後，豈亦知沈氏所言不合情理，遂改易之耶？寅恪初讀讓木「初將玉指醉流霞。早信平康是狹邪。」之句，以爲「平康」「狹邪」出自唐人李娃傳，非不易解之故實。至「玉指」「流霞」之句，則難通其義。「流霞」之語，雖與李義山詩集中「花下醉」七絶，「尋芳不覺醉流霞」句有關。然疑尚不能盡宋氏之旨意，當必更有其他出典。因檢李時珍本草綱目壹柒下草部「鳳仙」條云：

> 時珍曰，其花頭翅足具備，翹然如鳳狀，故以名之。女人采其花及葉包染指甲。其寔狀如小桃，老則迸裂，故有指甲，急性，小桃諸名。宋光宗李后諱鳳，宮中呼爲好女兒花。張宛丘呼爲菊婢。（寅恪案，「菊婢」之名，可參張耒柯山集捌「自淮陰被命守宣城，復過楚。雨中過乎，因同誦楚詞，爲書此以足楚詞。」五言古詩云：「秋庭新過雨，佳菊獨秀先。含芳良未展，風氣已清妍。金鳳汝妾婢，紅紫徒相鮮。」等句。）韋后呼爲羽客。（餘詳趙恕軒學敏鳳仙譜。）

始悟讓木實有取於張文潛目此花爲「菊婢」之意，暗寓河東君初在徐佛家爲婢事。其辭微而顯，婉而成章，可謂深得春秋之旨矣。又河東君性情激烈，以「急性子」方之，亦頗適切。又臥子詞有云：「小桃纖甲印流霞。」（見陳忠裕全集貳拾詩餘天仙子。）可取與讓木此句參證也。「紫煙便入五侯家」句，合用吳王夫差女小玉，即紫玉，化烟事，並韓君平「寒食」詩，「輕烟散入五侯家」之語，易「輕烟」爲「紫煙」，與「青鳥」爲對文耳。此固易曉，不待多論。至「青鳥乍傳三島意」句，則青鳥爲西王母之使者，亦常用典故，無取贅釋。「青鳥」與「三島」連用，自出李義山詩集上「無題」詩，「蓬山此去無多路，青鳥殷勤爲探看。」之語，又不待言也。所可注意者，據錢氏所述周文岸之母以河東君善於趨承，愛憐之。後又因周母之故，免於被殺，得鬻爲娼。似河東君與周母之間，原有特別關係。或者河東君之入周家，本由周母命人覓購婢女以侍奉己身。故河東君初時實爲周母房中之侍婢。宋氏用青鳥之典，以西王母比周母，即指此而言。文岸之以河東君爲妾，殆從周母處乞得之者。此類事例，乃舊日社會家庭中所恆見。若作如此假設，關於河東君所以因周母而得免於死之故，更可明瞭矣。

詩云：

十二雲屏坐玉人。常將煙月號平津。騂騮詎解將軍意，鸚鵡偏知丞相嗔。

似謂河東君自周家放逐，流落人間之由，即錢肇鼇所云，河東君爲周氏羣妾所忌，譖於主人，謂其與僕通，因被放逐之事。據詩意，即河東君所自述，乃周僕不解事，與己身無干也。讓木詩此節第壹第貳兩句，言周文岸素以風流著稱，姬妾甚多也。「十二雲屏坐玉人」者，用楊國忠故事，（見蘇鶚杜陽雜編上「元載末年，造芸輝堂於私第。其屏風本楊國忠之寶也。」條及太眞外傳上「憶有一屏風」節下注文。）與下文「鸚鵡偏知丞相嗔」句之出杜工部集壹「麗人行」詩「愼莫近前丞相嗔」之指楊國忠者，相照應也。「十二」二字出白居易文集伍「酬（牛）思黯（僧孺）戲贈，同用狂字。」五律前四句「鍾乳三千兩，金釵十二行，妒他心似火，欺我鬢如霜。」自注云：

思黯自誇前後服鍾乳三千兩，甚得力，而歌舞之妓頗多。來詩謔予羸老，故戲答之。

蓋樂天借用玉臺新詠玖「歌詞」二首之二「頭上金釵十二行」之古典，以指牛氏姬妾之衆多，與「歌詞」之原旨並不適合。但其後文人襲用，「十二金釵」遂成習見之俗語矣。（可參全唐詩第柒函白居易叁叁「酬思黯戲贈」並汪西亭立名注白香山詩後集壹伍此題及汪氏案語引朱翌猗覺寮雜記云：「樂天詩，鍾乳三千兩，金釵十二行。以言聲妓之多，蓋用古樂詞云，頭上金釵十二行，足下絲履五文章。是一人頭插十二釵耳，非聲妓之多，十二重行也。」）讓木詩「常將煙月號平津」句，「煙月」者，煙花風月之義。（可參陶穀淸異錄壹人事類「鰲窠巷陌」條。）「平津」者，用公孫弘故事。（見漢書伍捌本傳。）當時黨社中人如讓木輩門戶之見頗深，其詆斥周氏如此，固不足異。（可參潘檉章松陵文獻陸周道登傳論及乾隆修吳江縣志貳捌周道登傳後附朱鶴齡語。）並朱氏愚菴小集壹肆「書閣學周公（文岸道登）事」云：「李可灼進紅丸，大宗伯孫公（愼行）議當加首輔以弑君之誅。公獨不附其說，且曰，果律以春秋之義，某與諸公同在朝，亦當引罪。及居政府，依傍東林者，遂極口排詆，不久去位。然公言實爲平論，後世必有能辨之者。錢虞山有言，近代進藥之獄有二，以唐事斷之可也。援春秋則迂矣。□世宗之升遐也，與唐憲宗相似，柳泌僧大通付京兆府杖決處死，王金等之議辟宜也。李可灼之事，與柳泌少異，以和御藥不如法之例當之可也。當國之臣，則有穆宗貶皇甫鎛之法在，不此之求，而遠求春秋書許止之義，效西漢之斷獄，此不精於經義之過也。吁！虞山公東林黨魁也，而其言若是，然則公之不附孫宗伯，可不謂宰相之識哉？」朱氏之論，頗袒文岸。但李清三垣筆記附識上，述牧齋閣訟始末，即「錢少宗伯謙益聲氣宿望虛譽隆赫」條云：「（溫）體仁（周）延儒交遂合，始有召對錢千秋之事。謙益等又欲攻去周輔道登，故道登亦從中主持。」夫牧齋在當時儼然爲東林黨社之宗主，文岸乃與烏程陽羨合流，而爲錢瞿所欲攻去之人。宜乎讓木有此不滿於念西之辭也。長孺之論，豈爲親者諱耶？）是非如何，茲可不論。但可注意者，即讓木賦此詩後七年，即崇禎十三年庚辰河東君所作「向來煙月是愁端」之語，（見東山詶和集壹「春日我聞室作，呈牧翁。」）與宋詩此句不無關涉也。此點俟後詳論之。「將軍」一辭，出辛延年「羽林郎詩」，（見玉臺新詠壹。）以馮子都比周僕。「鸚鵡」乃河東君取以自比之辭，即臥子崇禎六年癸酉「秋夕偕燕又讓木集楊姬館中」七律二首之二所謂「已驚妖夢疑鸚鵡」者，（見陳忠裕全集壹伍陳李倡和集。）皆用唐天寶宮中白鸚鵡夢爲鷙鳥所搏，後果斃於鷹之故典。（見楊太眞外傳下並事文類聚後集肆拾及六帖玖肆所引明皇雜錄。）蓋指在周家爲羣妾所譖，幾被殺之事而言，但不免過於刻薄耳。

詩云：

　　湘簾此夕親聞喚。香奩此夕重教看。乘槎擬入碧霞宮，因夢向愁紅錦段。

讓木此詩序言，河東君在白龍潭舟中，出示壽陳眉公繼儒詩。又臥子秋潭曲中「摘取霞文裁鳳紙。春蠶小字投秋水。」可知河東君此時必將其詩稿出示同舟之陳宋彭諸人。讓木此四句詩似述臥子河東君兩人今夕之因緣也。臥子有先於蘇州與河東君相遇並在陳眉公處得見河東君之可能，見下文所考，茲暫置不論。「湘簾此夕親聞喚。香奩此夕重教看。」即謂此次集會之事。「乘槎擬入碧霞宮」者，自是指泛舟白龍潭而言。但李義山詩集上「碧城」三首之一，其首句云：「碧城十二曲闌干。」注家相傳以爲「碧城」即碧霞之城。（見朱鶴齡注引道源語。）義山此題之二，其首句云：「對影聞聲已可憐。」宋氏用以指河東君當時「影憐」之名。又陳忠裕全集壹伍陳李唱和集「自慨」四首之四，其第叁第肆兩句「難諧紫府仙人夢，近好華陽處士風。」自注云：

> 予七八歲時，夢天闕榜名，題云：「乘槎入北海，紫府錄清虛。」余近好讀眞誥，故有「華陽」之句。

則讓木亦取臥子所夢之意入詩。此夢必爲臥子平日或當日舟中與宋氏並其他友朋談及者。古典今事融會爲一，甚爲精妙。然今日讀此詩，而能通解者，恐不易見也。河東君平生學問受臥子影響頗大，其著述中吾人今日所得見者，亦有明著眞誥之名，如與汪然明尺牘第貳柒通云：「許長史眞誥亦止在先生數語間耳。」之類，即是例證。臥子作「自慨」詩與作秋潭曲及「秋夕集楊姬館中」詩，皆在崇禎六年癸酉秋季。此時間臥子與河東君情意甚密。又爲臥子好讀眞誥之時。故疑河東君之與眞誥發生關係，實在此際。蓋河東君於崇禎六年癸酉，年僅十六歲，在此以前未必果能深賞華陽處士之書也。後來牧齋即取眞誥之語，以絳雲爲樓名，暗寓河東君之原名，已詳第貳章。然則河東君與陶隱居殊有文字因緣，而陳楊關係未能善終，豈「難諧紫府仙人夢」之句，乃其詩讖歟？「因夢向愁紅錦段」者，用溫飛卿詩「欲將紅錦段，因夢寄江淹。」之語。（溫庭筠詩集柒「偶題」。）此句言今則兩人同舟共載，不必如向時之賦詩寄懷矣。（可參下論臥子「吳閶口號」第拾首「芝田館裡應惆悵，枉恨明珠入夢遲。」等句。）

詩云：

陳王宋玉相經過。流商激楚揚清歌。婦人意氣欲何等，與君淪落同江河。

似即讓木此詩序中所謂「凡所叙述，感慨激昂，絕不類閨房語。」據此可想見河東君當時及平日氣概之一斑矣。

復次，據陳眉公集卷首載其子夢蓮所作年譜，崇禎六年眉公年七十六歲，其生日爲十一月初七日，則宋詩序中所引河東君壽眉公詩，自不能作於崇禎六年。此壽詩之作成，疑在崇禎四年冬或五年冬眉公七十四或七十五歲生日相近之時耶？又河東君「李衛學書稱弟子」之句，李衛者，李矩妻衛鑠之謂，蓋以衛夫人自比。此雖是用舊辭，然其自負不凡，亦可想見矣。更觀此句，似河東君亦嘗如同時名姝王修微輩之「問字」於眉公之門者。（參汪然明汝謙春星堂詩集貳綺詠載陳繼儒序云：「又有二三女校書，如（王）修微（林）天素，才類轉丸，筆能扛鼎，清言無對，詩畫絕倫。」同卷有「山中問眉公先生疾，時修微期同往，不果。」詩，又有「王修微以冬日訊眉公先生詩見寄。有云，何時重問字，相對最高峯。余初冬曾過先生山居，賦此答之。」五律。並趙郡西園老人即李延昰南吳舊話錄貳肆閨彥門「王修微」條所記：「王修微將至匡山，問法憨山（德清）師，詣東佘別陳徵君。適有貌者王生在山中，遂寫草衣道人話別圖。」事。）以常情測之，當不過虛名而已。

今資益館本眉公晚香堂小品伍有「贈楊姬」詩云：

少婦顏如花，妬心無乃競。忽對鏡中人，撲碎粧臺鏡。

暗寓對「影」不自憐，而自妬之意。蓋以河東君之名爲戲也。此詩後接以「登攝山」五絕，（此集分體編輯。故全卷皆是五絕。）攝山在南京近旁，或疑此楊姬亦與南京有關。但檢眉公集十種本中之眉公詩鈔陸（此卷亦全是五絕。）有「贈金陵妓」及「馬姬畫蘭」兩首，似亦與南京有關。唯未載「贈楊姬」及「登攝山」兩詩，不解何故。考陳夢蓮編陳眉公集附夢蓮撰眉公年譜，六十歲以後並不載其往遊金陵事。眉公集十種本之眉公詩鈔及資益館本晚香堂小品，其詩編纂往往不依年月先後，甚難確定此「贈楊姬」詩之年月，亦不知其與「登攝山」詩究有無地理上之關係也。茲因「贈楊姬」詩，依其內容有「對影自憐」之意，暗藏「影憐」名字。姑假定此乃爲河東君而作者，與「登攝山」詩並無關係也。至資益館本晚香堂小品肆「端午日白龍潭同楊校書侍兒靑綃廿一首」（眉公集十種本中之眉公詩鈔伍亦載此題，但少第壹柒「往往來來客似潮」一首，共止廿首。）其第壹貳首云：「別後雙魚書一紙，秦淮江上正通潮。」及第壹叁首云：「白門紅板漸平潮。儂比垂楊儂更妖。」「醉後思家留不住，倩誰同挽紫羅綃。」則此楊校書及其侍兒青綃居處在金陵，必非河東君可知。眉公集十種本中之眉公詩鈔伍此廿首之後，即接以「贈妓」一題。（資益館本晚香堂小品中無此詩。）其詩首句云：「翰墨姻緣豈有私。舊知畢竟勝新知。」故知此妓當是青綃之主人楊校書。眉公因過譽其侍兒之故，遂別作一詩稍慰其意耳。此詩又云：「團扇揮毫字字奇。」明是一能書之人。考眉公集十種本中之白石樵眞稿壹柒載有「題楊媛書」一文，中有「止生復購永興禊帖，歸作導師。此後散花卷上，不待言矣。」是此「楊媛」即茅元儀妾楊宛。列朝詩集閏肆及明詩綜玖捌楊宛小傳，俱載其爲金陵妓，善草書。然則上引眉公集十種本中之眉公詩鈔伍所謂「楊校書」及「贈妓」之「妓」，乃指楊宛叔而言，與河東君無涉也。

又臥子秋潭曲言及書法一端，則當日河東君在同輩諸名姝中，特以書法著稱。茲暫不廣徵，即據第貳章所引牧齋「觀美人手迹」七詩，已足證知。云美之傳及其他記載，皆稱河東君之能書，自非虛譽。寅恪所見河東君流傳至今之手迹，既甚不多，復不知其眞僞，固未敢妄論。然據翁叔平同龢瓶廬詩稿柒「客以河東君畫見示，僞跡也。題尤不倫。戲臨四葉，漫題。」云：

鐵腕拓銀鈎。曾將妙跡收。（自注：「在京師曾見河東君狂草楹帖，奇氣滿紙。」）可憐花外路，不是絳雲樓。

翁氏乃近世之賞鑑家，尤以能書名，其言如此，則河東君之書爲同時人所心折，要非無因，而「狂草」「奇氣」，更足想見其爲人矣。

抑更有可論者，臥子「秋潭曲」及「秋夕集楊姬館中」兩詩，皆明著楊姬之名，其爲河東君而作，自不待言。但有一疑問，尚須略加解釋。即臥子平生狹邪之遊，文酒之會，多與李舒章宋轅文相偕，何以崇禎六年癸酉秋季白龍潭舟中及集楊姬館中，與臥子同遊會者，僅彭賓宋徵璧二人，而不見李雯宋徵輿之踪跡耶？考光緒修華亭縣志壹貳選舉上舉人表云：

宋徵璧。天啓七年丁卯科舉人。

宋存楠改名徵璧，見進士。案，宋府志作青浦學。今因進士題名錄補。

及嘉慶修松江府志肆伍選舉貳明舉人表云：

彭賓。崇禎三年庚午科舉人。

然則臥子崇禎六年秋季作此兩詩時，與燕又讓木皆是舉人。舒章轅文二人，尚未中式鄉試。崇禎六年秋季適屆鄉試之期，舒章之應試，自無問題。又假定轅文雖年十六亦得有應試資格。此兩人諒必離去松江。陳彭宋三人則已是舉人，因留本籍，以待往北京應次年春間之會試耳。此兩次遊會所以無李宋二人之參預者，殆職是之故歟？

河東君自爲吳江周氏所放逐，遂流落人間，至松江與雲間勝流往來交好。前引李舒章蓼齋集貳陸「坐中戲言，分贈諸妓。」四首之四所謂「夢落吳江秋佩冷，歡聞鴛水楚憐新。」正謂此時河東君出自念西之家，而以楊影憐爲稱也。

又錢肇鼇質直談耳柒「柳如之軼事」云：

> 扁舟一葉放浪湖山間。與高才名輩相遊處。其在雲間，則宋轅文李存我陳臥子三先生交最密。時有徐某者，知如之在佘山，以三十金與鴇母求一見。徐蠢人也，一見即致語云：「久慕芳姿，幸得一見。」如之不覺失笑。又云：「一笑傾城。」如之乃大笑。又云：「再笑傾國。」如之怒而入。呼鴇母，問：「得金多少？乃令此奇俗人見我。」知金已用盡，乃剪髮一縷，付之云：「以此償金可也。」又徐三公子爲文貞之後，揮金奉如之，求與往來。如之得金，即以供三君子遊賞之費。如是者累月，三君意不安，勸如之稍假顏色，償夙願。如之笑曰：「當自有期耳。」遲之又久，始與約曰：「臘月三十日當來。」及期果至。如之設宴款之，飲盡歡，曰：「吾約君除夕，意謂君不至。君果來，誠有情人也。但節夜人家骨肉相聚，而君反宿娼家，無乃不近情乎？」遽令持燈送公子歸。徐無奈別去。至上元，始定情焉。因勗徐曰：「君不讀書，少文氣。吾與諸名士游，君廁其間，殊不雅。曷不事戎武？別作一家人物，差可款接耳。」徐頷之。閑習弓馬，遂以武弁出身。亂中死於礮。其情癡卒爲如之葬送，

亦可憫也。初，轅文之未與柳遇也，如之約泊舟白龍潭相會。轅文蚤赴約，如之未起，令人傳語：「宋郎且勿登舟，郎果有情者，當躍入水俟之。」宋即赴水。時天寒，如之急令篙師持之，挾入牀上，擁懷中煦嫗之。由是情好遂密。轅文惑於如之，爲太夫人所怒，跪而責之。轅文曰：「渠不費兒財。」太夫人曰：「財亦何妨。渠不要汝財，正要汝命耳。」轅文由是稍疏。未幾，爲郡守所驅，如之請轅文商決。案置古琴一張，倭刀一口。問轅文曰：「爲今之計，奈何？」轅文徐應之曰：「姑避其鋒。」如之大怒曰：「他人爲此言，無足怪。君不應爾。我與君自此絕矣。」持刀斫琴，七絃俱斷。轅文駭愕出。

寅恪案，河東君與宋李陳三人之關係，其史料或甚簡略殘闕，或甚隱晦改易，今日皆難考證翔實。姑先論李宋，後及陳氏。至錢氏所言「徐三公子」乃文貞之後。文貞者，明宰相華亭徐階之謚。階事蹟見明史貳壹叁本傳，茲不徵引。以時代考之，此徐三公子當是階之曾孫輩。觀幾社勝流釣璜堂集主徐闇公孚遠，乃階弟陟之曾孫，可以推知也。據嘉慶修松江府志伍肆徐階孫繼溥傳附弟肇美事略云：

肇美字章夫。以錦衣衞武生仕本衞百户。亦以不屑謁崔魏告歸，終身放於詩酒。

然則此徐三公子，或即肇美之子，所以能「閑習弓馬，遂以武弁出身。」蓋由久受家庭武事之薰習所致，後因承襲父蔭，以武弁出身。否則河東君恐無緣以「事戎武，別作一家人物。」勗之也。河東君除夕之約，乃一種愛情考驗。其考驗徐三公子之方法與其考驗宋轅文者，雖各互異，而兩人結果皆能及格，則實相同，可稱河東君門下文武兩狀元矣。河東君所以遣人持燈送徐三公子歸家者，蓋恐其不歸徐宅，別宿他娼所耳。名爲遣人護送，其實乃監督偵察之。於此愈足見河東君用心之周密也。徐三公子固多金，然陳李宋三人何至間接從河東君之手受之，以供遊賞？錢氏所言，殆傳聞過甚之辭，未必可盡信也。若「蠢人」徐某者，其人既蠢，又不載名字，自不易知。此「蠢人」固非徐階徐陟之親支，但松江徐氏支派繁衍，此「蠢人」所居當距佘山不遠，或亦階陟之宗族耶？又據陳忠裕全集壹貳焚餘草「飲徐文在山亭」七古一首，後附案語略云：

徐景曾字文在，華亭人。文貞公階曾孫。居文貞公別業西佘山莊。

則佘山近旁有徐氏產業，可以證知。河東君既居佘山，其與近旁大族往來，自爲當然之事。故此「蠢人」極有爲徐階同族之可能。至徐景曾雖是階之曾孫，但頗能詩，宋轅文曾序其集，則必非錢氏所謂「徐三公子」可知。或者徐三公子乃文在之兄弟輩歟？更有可笑者，今觀此「蠢人」與河東君之語，乃雜糅李延年「北方有佳人歌」及白居易「長恨歌」二者組織而成者，是一曾間接受班孟堅白樂天之影響。倘生今日，似不得稱爲甚蠢。然因此觸河東君之怒，捐去三十金，換得一縷髮，可謂非「一髮千鈞」，乃「一髮千金」。但李太白「白紵詞」云：「美人一笑千黃金。」（見全唐詩叁李白叁。）後來謝象三以「一笑堂」名其詩集，錢牧齋垂死時「追憶庚辰冬半野堂文讌」詩，有「買回世上千金笑」之句，（見有學集壹叁東澗詩集下「病榻消寒雜詠」四十六首之三十四。）則此蠢人所費僅三十金，而換得河東君之兩笑，誠可謂「價廉物美」矣。豈得目之爲蠢哉？

茲更有可論者，臥子「癸酉長安除夕」詩云：「去年此夕舊鄉縣。紅妝綺袖燈前見。」（見下引全文及所論。）可知臥子等實於崇禎五年壬申除夕，參預河東君在內之花叢歡宴。（第貳章所引李舒章「分贈諸妓」詩，或即作於是夕，亦未可知。）肇鼇所言徐三公子欲於臘月三十日，即歲除日，宿河東君家，當即指崇禎五年除夕而言。檢近人所推算之明代年曆，崇禎五年六年七年，十二月皆小盡。唯四年八年，十二月大盡。肇鼇是否未曾詳稽當時所用之官曆，遂以五年除夕爲臘月三十日。抑或肇鼇所言無誤，而近人所推算之明曆，不合實際，如第肆章所引牧齋「（崇禎十四年）二月十二日橫山晚歸作」詩，「最是花朝並春半」句，可證牧齋當日所依據之官曆，崇禎十四年二月十二日爲春分節。但近人所推算之明代年曆，則崇禎十四年春分節在二月十日，相差兩日。吾人今日因未得見明代官曆，不能決定其是非。故此問題，可置不論。今謂徐三公子欲於除夕宿河東君館中，似應在崇禎五年除夕。蓋四年爲時太早，河東君尚在蘇州，此年除夕未必即移居松江。六年除夕臥子固在北京，而肇鼇謂陳李宋三人勸河東君「稍假顏色」，是徐楊會晤之日臥子等當必與徐三公子同在松江。故可決定必非六年除夕。且據臥子崇禎六年秋所賦秋塘曲及集楊姬館中詩，知陳楊兩人關係已甚密切，徐三公子自不敢作與河東君共渡除夕之事。七年除夕陳楊兩人將同居於徐武靜別墅，徐三公子更無希望同宿之理。至於八年除夕，河東君已離去松江，遷往盛澤鎮，徐楊兩人應無遇見之可能。然則肇鼇所言之除夕，非五年之除夕不可。既爲五年之除夕，則河東君以道學先生之嚴肅口脗，拒絕徐三公子者，恐由此夕與臥子已有成約在先，遂藉口節日家人應團聚之語，押送徐三公子歸家。斯爲勾欄中人玩弄花招，不令兩情人覿面之技倆，其情可原，其事常見，殊不足論。所可怪者，此年除夕，臥子普照寺西宅中，尙有祖母高安人，繼母唐孺人，嫡妻張孺人，妾蔡氏及女頎，並適諸氏妹等骨肉在焉。（見陳忠裕全集所載臥子自撰年譜及王澐撰「三世苦節傳」。）竟漠然置之，弗與團聚，豈不內愧徐三公子耶？於此可見河東君之魔力及臥子之情癡矣。

王勝時虞山柳枝詞第陸首云：

> 尚書曳履上容臺。燕喜南都綺席開。閃爍珠簾光不定，雙鬟捧出「問郎」來。

自注云：

> 姬嘗與隴西君有舊約，以「問郎」玉篆贈別。甲申南都，錢爲大宗伯，一日宴客，隴西君在坐，姬遣婢出問起居，以玉篆歸之。

寅恪案，「問郎」者，華亭李存我待問也。勝時諱其名字，僅稱「隴西君」，以其與河東君有舊約爲可恥，遂爲賢者諱耶？殊可笑也。嘉慶修松江府志伍伍李待問傳略云：

李待問字存我，華亭人。崇禎十六年進士。（寅恪案，據同書肆伍選舉表貳，明舉人表，李待問彭賓陳子龍均崇禎三年庚午科舉人。）受中書舍人，工文章，精書法。沈猶龍事起，待問守城東門，城破，引繩自縊，氣未絕，而追者至，遂遇害。

查伊璜繼佐國壽錄貳進士李待問傳云：

李待問字存我，江南松江人，工書法，董玄宰嘗泛濫於古帖，然氣骨殊減，自蠅頭及大額而外，便不令人嘉賞。待問傲然爲獨步，與玄宰爭雲間，然位不及，交游寡，其爲攻苦不若。要之得意處有過董家者。

徐闇公孚遠釣璜堂存稿壹陸「吾郡周勒卣夏彝仲李存我陳臥子何慤人皆席研友。勒卣獨前沒，四子俱蒙難。流落餘生，每念昔者，便同隔世。各作十韻以誌不忘。如得歸郡兼示五家子姓。」其第叁首「李存我」云：

李子多高韻，豁然塵世姿。蘭風殊蘊藉，鶴步有威儀。不飲看人醉，能書任我癡。笑談眞絕倒，爽氣入心脾。觀國寧嫌早，釋巾稍覺遲。螭頭官暇豫，薇省使逶迤。將母方如意，滔天事豈知。憑城鼓角死，捐脰血毛摧。愧我數年長，依人萬事悲。幾時旋梓里，應得爲刊碑。

王東溆應奎柳南續筆叁「李存我書」條云：

雲間李待問，字存我。工書法，自許出董宗伯（其昌）上。凡里中寺院有宗伯題額者，李輒另書，以列其旁，欲以示己之勝董也。宗伯聞而往觀之，曰：「書果佳，但有殺氣，恐不得其死耳。」後李果以起義陣亡，宗伯洵具眼矣。又宗伯以存我之書若留於後世，必致掩己之名。乃陰使人以重價收買，得即焚之，故李書至今日殊不多見矣。（寅恪案，董玄宰所題衙宇寺院匾額，亦曾被人焚燬殆盡。見曹千里家駒説夢貳「黑白傳」條。）

又錢礎日肅潤南忠記「中書李公」條云：

李待問號存我，崇禎癸未進士。守城力戰被殺。待問善法書，有石刻九歌，彷彿晉唐人筆意。妾張氏，亦善書。人欲娶之，不從。（可參上海文物保管委員會藏顧云美自書詩稿「李存我中翰示余九歌圖並小楷，余亦以隸書九歌索題。」七律。）

寅恪案，河東君所與往來之名士中，李存我尤以工書著稱。河東君之書法，當受存我之影響無疑。至王東溆所言，董玄宰購焚李書之事，未必可信。據王勝時澐雲間第宅志云：

坦水橋南李中翰待問宅有玉裕堂，董文敏其昌書。

是存我亦請香光題己宅之堂額。其欽服董書，可爲一證。又勝時志中所記如李耆卿之海閭堂，董景傳宅之築野堂，勝時先人宅之與書堂，李延亮宅之棲雲館，宋存標之四志堂等之堂額，及董尊聞宅內張氏之石坊「威豸德麟」四字，皆存我所書。可見李書之存於崇禎末年松江諸家者尚不少，且香光之聲望及藝術遠在存我之上，亦何至氣量褊狹，畏忌鄉里後輩如是耶？東溆欲推崇存我之書法，遂採摭流俗不根之説，重誣兩賢，過矣！但東溆之言，即就流俗之説，亦可推知當日存我書法享有盛名，迥非雲間諸社友所能及也。寅恪嘗謂河東君及其同時名姝，多善吟詠，工書畫，與吳越黨社勝流交遊，以男女之情兼師友之誼，記載流傳，今古樂道。推原其故，雖由於諸人天資明慧，虛心向學所使然。但亦因其非閨房之閉處，無禮法之拘牽，遂得從容與一時名士往來，受其影響，有以致之也。清初淄川蒲留仙松齡聊齋志異所紀諸狐女，大都妍質清言，風流放誕，蓋留仙以齊魯之文士，不滿其社會環境之限制，遂發遐思，聊託靈怪以寫其理想中之女性耳。實則自明季吳越勝流觀之，此輩狐女，乃眞實之人，且爲籬壁間物，不待寓意遊戲之文，於夢寐中以求之也。若河東君者，工吟善謔，往來飄忽，尤與留仙所述之物語髣髴近似，雖可發笑，然亦足藉此窺見三百年前南北社會風氣歧異之點矣。

河東君與宋轅文之關係，其初情感最爲密好。終乃破裂不可挽回。宋氏懷其悔恨之心，轉而集矢於牧齋。論其致此之由，不過褊狹妬嫉之意耳。其人品度量，殊爲可笑可鄙，較之臥子存我殊不侔矣。茲先節錄關於宋氏事蹟之材料，略加考釋。後引宋氏詆諆牧齋之文並附朱長孺之駁正宋氏之語，以存公允之論焉。

嘉慶修松江府志伍陸宋徵輿傳略云：

宋徵輿字轅文，華亭人。順治四年進士。〔仕至〕左副都御史。卒年五十。

吴駿公偉業梅村家藏藁肆柒「宋幼清墓誌銘」略云：

崇禎十有三年吾友雲間宋轅生轅文兄弟葬其先君幼清公偕配楊孺人施孺人於黄歇浦之鶴涇。公諱懋澄，字幼清。同年白公正蒙精數學，能前知。嘗爲公言，我兩人將先後亡，不出兩歲，具刻時日。公初娶楊孺人，繼娶施孺人。楊孺人之歿也，公在京師，不及見，爲其留侍張太孺人也。張太孺人歿，公免喪後，復遠遊，所至必與施孺人偕。

同書貳玖「宋轅生詩序」云：

吾友宋子轅生，世爲雲間人。膏粱世族，風流籍甚，而能折節讀書。

同書貳捌「宋直方（徵輿）林屋詩草序」云：

往余在京師，與陳大樽游，休沐之暇，相與論詩，大樽必取直方爲稱首，且索余言爲之序。當是時大樽已成進士，負盛名，凡海内騷壇主盟，大樽睥睨其間無所讓，而獨推重直方，不惜以身下之。余迺以知直方之才，而大樽友道爲不可及也已。於是言詩者輒首雲間，而直方與大樽舒章齊名。或曰陳李，或曰陳宋，蓋不敢有所軒輊也。

王貽上士禛池北偶談貳貳「宋孝廉數學」條云：

雲間宋孝廉幼清，直方父也。精數學，直方生時，預書一紙，緘付夫人曰：「是子中進士後，乃啓視之。」至順治丁亥捷南宫，開前緘，有字云：「此兒三十年後當事新朝，官至三品，壽止五十。」後果於康熙丙午遷副憲，至三品。明年卒官，年正五十也。

寅恪案，梅村集中關於宋氏父子兄弟之材料頗多，今不悉引，即就上所錄者觀之，亦可略見宋氏爲當日雲間名門，而轅文之特以年少美材著稱，尤爲同輩所不能企及也。漁洋所記宋懋澄預知其子徵輿之官品及卒年事，甚爲荒誕，自不必辨，當是由梅村幼青墓誌中，白正蒙預知幼青卒年一事，輾轉傅會成此物語耳。但轅文卒於何年，志乘未載。據此物語乃可補其闕遺，亦可謂廢物利用矣。依漁洋所言，轅文卒於康熙六年丁未，年五十歲。然則轅文當崇禎四，五，六，七年之時，其年僅十四，五，六，七歲。實與河東君同庚，而大樽則十年以長，其他當日幾社名士，年歲更較轅文長大。即此一端，可知河東君之於轅文，最所屬意。其初情好或較甚於存我大樽，自非無因也。惟吾人今日廣稽史料，尚未發見直接根據，足以證實錢肇鼇之說。然於間接材料中，得有線索，可以知轅文在此時期，實有爲河東君而作之文字。此作品今已亡佚，但亦足明錢氏所言之非誣。據沈雄江尚質編輯古今詞話「詞話類」下云：

黃九煙曰，蘭陵鄒祗謨董以寧輩分賦十六艷等詞。雲間宋徵輿李雯共拈春閨風雨諸什。遯浦沈雄亦合殳丹生汪枚張赤共仿玉臺雜體。余數往來吳淞，間過之，欲作一法曲弁言而未竟，殊爲欠事。

寅恪案，今檢鄒祗謨麗農詞上小令惜分飛第二體，「本意。庚寅夏作。」十六首，皆爲艷體。（中華書局四部備要孫默編十五家詞麗農詞本，將此詞所附諸家評語及鄒氏原序刪去。可參孫默編十五家詞貳柒王士禎衍波詞上惜分飛第二體「程邨感事作惜分飛詞五十闋，爲殿一章。」）後附王士禎評語云：

阮亭云：名士悅傾城，由來佳話。才人嫁廝養，自昔同憐，程邨惜分飛詞凡四十餘闋，無不纏綿斷絕，動魄驚心，事既必傳，人斯不朽，正使續新詠於玉臺，不必貯阿嬌於金屋也。今錄其最合作者十六首如右，俾方來覽觀者，雖復太上忘情，亦未免我見猶憐之嘆爾。

又序略云：

僕本恨人，偶逢嬌女。斯人也，四姓良家，三吳稚質。霍王小女，母號淨持。（阮亭評惜分飛第貳首「却怪淨持原老嫗。生得霍王小女。」云：「霍王小女，引喻極切。」）邯鄲才人，終歸廝養。左徒弟子，空賦嬌姿。

同集同卷中調簇水「問侍兒月上花梢幾許」附評語云：

阮亭云：鄒董諸子分賦十六艷諸詞，率皆鏤腸鉥胃之作。花間草堂後，正不可少此一種。

寅恪案，鄒氏序中「四姓」「三吳」及「霍王小女」之語，知其情人爲朱姓吳人，殆故明之宗室耶？今無暇詳考。但必與河東君無關，可以決言。又觀孫氏編十五家詞貳玖董以寧蓉渡詞，其中豔體觸目皆是，尚未見有與鄒氏惜分飛十六首相應者。然據阮亭「鄒董諸子分賦十六艷諸詞。」之言，則董氏必有十六艷之作無疑也。殳丹生詞，則王昶明詞綜捌所選錄者，僅一首，殊難有所論證。沈雄詞茲見於王氏國朝詞綜壹肆者，亦止浣溪沙「梨花」兩首。第壹章末已迻錄論及之。至汪枚張赤兩人之詞，則以未見，不敢置言。所可注意者，陳忠裕全集詩餘中有關涉春閨題目之詞，雖前後分列，而其數亦不少，不能不疑其即是爲河東君而作之「春令」。斯問題俟後詳論，茲暫不涉及。今所欲論者，即關涉河東君與轅文之公案也。李雯蓼齋集叁伍與臥子書第貳通略云：

春令之作，始於轅文。此是少年之事，而弟忽與之連類。猶之壯夫作優俳耳。我兄身在雲端，昂首奮臆。太夫人病體殊減，兄之榮旋亦近，計日握手，不煩遠懷。

寅恪案，舒章書云：「我兄身在雲端。」又云：「太夫人病體殊減，兄之榮旋亦近。」臥子自撰年譜上崇禎十年乙丑條略云：

榜發，予與彝仲俱得雋，而廷對則予與彝仲俱在丙科，當就外吏。予觀政刑部。季夏就選人，得惠州司李。抵瀛州，聞先妣唐宜人之訃。

然則舒章此書作於崇禎十年臥子選得惠州推官之後，唐宜人未卒以前也。舒章所謂「春令」，當即臥子詩餘中有關春閨艷詞。舒章既言「春令之作，始於轅文。此是少年之事，而弟忽與之連類。」則臥子此等艷詞，疑是與舒章同和轅文之作。今轅文集不可得見。蓼齋集中又少痕跡可尋，恐經刪改。轅文既爲「春令」之原作者，則此原始之「春令」當作於轅文與河東君情好關係最密之時，即自轅文白龍潭愛情考驗以後，至河東君持刀斫琴以前之時。後來與轅文連類之友人，直接與河東君有關係之臥子及間接與河東君有關之舒章，皆仿轅文原始之作品，繼續賦詠，而轅文亦復相與酬和也。（今檢顧貞觀成德同選今詞初集宋轅文李舒章兩人之詞，取河東君戊寅草及衆香集所載並陳忠裕全集中同調或同題或同意者相參校，則宋李詞中似有爲河東君而作者。但未有明證，不敢確言。姑列舉可注意之詞於下，以俟更考。此等詞如轅文之菩薩蠻，憶秦娥「柳絮」，畫堂春「秋柳」，柳梢青，醉花陰，虞美人，青玉案，千秋歲，陳有。南鄉子，江神子，陳柳俱有。舒章之阮郎歸即醉桃源第壹闋，南歌子即南柯子，虞美人，臨江仙「春潮」，蝶戀花第壹闋「落葉」及第貳闋，蘇幕遮「枕」兩闋，陳有。少年遊第壹闋或第貳闋，江神子即江城子，陳柳俱有等，皆是其例。）至黃氏所言鄒董沈殳諸人中，今唯考得董氏生於崇禎二年己巳，卒於康熙八年己酉，年四十一。（見張維驤毘陵名人疑年錄壹。）其餘諸人之生年及籍貫，與陳宋李三人，雖皆不遠。（如鄒氏麗農詞上蘇幕遮第貳體「丙戌過南曲作」。「丙戌」即順治三年，可見程邨在此年所作已斐然可觀矣。）然年齡資格究有距離，自不能參預臥子舒章轅文等文酒狹邪之遊會。況據鄒氏惜分飛詞序，所指之人，明是別一女性，與河東君無關涉耶？故鄒董等所賦艷詞，與陳李宋之「春令」，乃是兩事。黃氏之意，本有分別。讀者不可以其同爲玉臺之體，遂致牽混，目爲一事。因特附辨之於此。

復次，轅文經白龍潭寒水浴之一度愛情考驗以後，本可中選。意當日轅文尚未娶妻，其母施孺人不欲其子與河東君交好，乃事理所必然，而轅文年尚幼少，又未列名鄉貢，在經濟上亦必不能自立門戶，故受母責怒，即與河東君稍疎也。錢肇鼇所言驅逐河東君之郡守，據嘉慶修松江府志叁陸職官表載：

方岳貢。穀城人。進士。崇禎元年至十四年，松江府知府。

同書肆貳方岳貢傳略云：

方岳貢字四長。穀城人。

同治修穀城縣志伍耆舊門方岳貢傳云：

方岳貢字禹修，號四長，穀城人。

又陳忠裕全集卷首自撰年譜崇禎二年己巳條云：

時相國穀城禹修方公守郡，有重名，稱好士。試諸生，拔予爲第一。

考之，知是方岳貢。方氏在崇禎六年七年間，雖已極賞大樽，然未必深知轅文。河東君於此時已才艷噪於郡會，自必頗涉招搖，故禹修欲驅之出境，此驅逐流妓之事，亦爲當日地方名宦所常行者，不足怪也。河東君之請轅文商決，其意當是欲與轅文結婚。若果成事實，則既爲郡邑縉紳家屬，自無被驅出境之理。否則亦欲轅文疏通郡守，爲之緩頰，取消驅逐出境之令。殊不知轅文當時不能違反母意，迎置河東君於家中，又不敢冒昧進言於不甚相知之郡守，於是遂不得不以「姑避其鋒」之空言相搪塞，而第二度愛情之考驗，轅文竟無法通過矣。以河東君之機敏，豈不知轅文此時處境之難？然愛之深者，望之切。望斷而恨生，更鄙轅文之怯懦不肯犧牲，出此激烈決絕之舉，亦事理所必至。轅文當時蓋未能料及，因駭愕不知所措也。此事之發生，其可能之時間殊難確定。雖至早亦可在崇禎五年壬申，然此年之可能性不多，故可不計。就常情論，疑在崇禎六年癸酉，或七年甲戌。依上文所推測，河東君出自周家，流落松江，至早或在崇禎四年辛未，而最可能則在五年壬申。白龍潭寒水浴之考驗，亦最可能在五年冬季舉行。但轅文因第一次之考驗及格，遂與河東交好。自此時起至其母施孺人怒責，因而稍疎之時止，其間當有將及一年，或一年以上之時日，在此兩時限之間，方四長必尚無驅逐河東君出境之令，故四長出令至早當在崇禎六年之秋，至遲則在崇禎七年也。若在崇禎六年秋間，恐與陳忠裕全集壹伍陳李倡和集中「秋夕沈雨，偕燕又讓木集楊姬館中。是夜姬自言愁病殊甚，而余三人者，皆有微病，不能飲也。」七律二首之二云：「已驚妖夢疑鸚鵡，莫遣離魂近杜鵑。」有關。此兩句詩意蓋謂河東君在周家已如楊玉環之鸚鵡，幾被殺而放逐。今則又不可如杜鵑之啼「不如歸去」，而驅逐出松江之境，歸去原籍吳江盛澤鎮也。若禹修出令在崇禎七年，則或更與大樽集中崇禎八年春間及首夏爲河東所作諸詩詞有關。此端俟下文考河東君與陳氏之關係時，再詳論之。至於方氏此令是否執行，今雖無以確知。然除上引沈虬河東君傳所言，崇禎九年丙子河東君實居吴江盛澤鎮外，其他時間，就所確知者，如崇禎七年甲戌及九年丙子曾遊嘉定，十二年己卯春間至十三年庚辰春間，曾在杭州，是年又曾養痾嘉興，復於冬間至十四年辛巳春間居常熟，則俱爲短期旅行或暫時訪問之性質，而河東君於崇禎十四年春間至仲夏六月七日與牧齋結褵以前，固住在松江。其時任松江知府者，仍是方岳貢。職此之故，頗疑驅逐之令未成事實，當由倩人爲之緩頰所致，而其間必有待發之覆，自無疑義也。

轅文自失愛於河東君後，終明之世，未能以科名仕進，致身通顯。明季南都傾覆，即中式鄉會試，改事新朝，頗稱得志，而河東君則已久歸牧翁，東山酬和集之刊布，絳雲樓之風流韻事，更流播區宇，遐邇俱聞矣。時移世改，事變至多，轅文居燕京，位列新朝之卿貳，牧齋隱琴水，乃故國之遺民，志趣殊途，絕無干涉。然轅文不自慚悔其少時失愛於河東君之由，反痛詆牧齋，以洩舊恨，可鄙可笑，無過於此。茲節錄痛史第貳拾種國變難臣鈔紀牧齋遺事附宋徵輿上錢牧齋書略云：

> 側聞先生泛輕舠，駕華軒，惠然賁於敝邑。惟敝邑之二三子及不佞徵輿在遠聞之，以爲先生有歲時之事，信宿而已。日復一日，驪駒不歌。且聞諸從者曰，雖返，將數至焉。嗚呼！以先生之密邇，曾不聞敝邑之病乎？敝邑狹小，有明之末，困於煩賦。順治二年大兵攻焉，宿

而守之。爲之將者，若李若吳，皆叛帥也。其爲郡守者，若張若盧，皆殘吏也。（寅恪案，嘉慶修松江府志叁陸職官表武職載：「李成棟，順治二年，松江提督。吳勝兆，順治三年，松江提督。馬進寶，順治十四年至十五年止，松江提督。」及同書叁柒職官表府秩載：「張銚，偃師人，舉人，順治二年，松江知府。盧士俊，錦州人，監生，順治五年至六年，知府。李正華，獻縣人，拔貢，有傳，順治十年至十三年，知府。郭起鳳，錦州衛人，拔貢，順治十四年，知府。祖承勳，漢軍正黃旗人，貢生，順治十四年至十六年，知府。」又同書肆叁名宦傳李正華傳略云：「李正華字茂先，獻縣人，精明強幹，姦弊一清。提督馬進寶威悍莫與抗，獨心憚正華。去之日，兒童婦女競以束蔬尺布投其舟幾滿。」）視民如仇，而懾之以軍。十年以來，無歲不災，無家不役。今郭以內，皆列伍也。郭以外，百金之家可籍而計也。江南諸郡，松難深矣。邀天之幸，獲一廉守，鳩我殘黎，而又以法去。（寅恪案，董含蓴鄉贅筆貳略云：「吏茲土者，往往不能廉潔。有李正華者，小有才，矯廉飾詐。下車之日，行李蕭然。及其歸也，方舟不能載。」董氏所言與轅文書及松江府志違異。俟考。）今亦惟是新帥之紀律，新守之惠義，若時雨焉。（寅恪案，「新帥」指馬進寶，「新守」指郭起鳳或祖承勳。）小人閔閔皇皇耕其五穀，織其卉麻，以庶幾供旦晚之命，如是而已，而何足以淹從者？且先生少怙儁才，壯而通顯，所事者，萬曆泰昌天啓崇禎及弘光帝，以至今朝廷，歷六君矣。自庚戌通籍，至於丁酉，四十八年矣，所變亦已廣矣，所取亦已侈矣。醜於記而給於辨，遊人文吏亦内服矣。宜乎動爲人師，言爲人則，而乃不能割帷薄之愛，負難受之聲，忘其蘧蒢，而倣其謔浪。是以謗言流傳，達於行路，使我三吳之荐紳，言及變色無以應四方之長者。先生雖不自愛，其若虞山之水何？嗚呼！鬼神不弔，延先生以年，其將益其疾，而降之大罰耶？抑使先生自播其行，以戒我吳人耶？未可知也。然如先生者，可以歸矣！可以休矣！南使之便，敬佈腹心，惟先生加意焉！

寅恪案，有學集柒高會堂詩集「高會堂酒闌雜詠序」云：「不到雲間，十有六載矣。」序末云：「丙申陽月十有一日書於青浦舟中。」可知牧齋實於順治十三年丙申冬季在松江。轅文作此書在順治十四年丁酉任職北京時，故云：「不佞徵輿，在遠聞之。」「（先生）自庚戌通籍，至於丁酉，四十八年矣。」及「南使之便，敬佈腹心。」也。（松江府志載馬進寶順治十四年始任松江提督，有誤。金鶴沖錢牧齋先生年譜據江南通志載馬進寶於順治十三年升蘇松提督，移鎮松江，因定牧齋順治十三年丙申遊松江，甚確。）其實牧齋自順治三年丙戌辭官自燕京南歸後，即暗中繼續不斷進行復明之活動。是以頻歲作吳越之遊，往往藉遊覽湖山，或訪問朋舊爲名，故意流播其賞玩景物，移情聲樂之篇什。蓋所以放布此煙幕彈耳。轅文方仕新朝，沾沾自喜。其痛詆牧齋，出於私意，與吳越舊時黨社勝流之不忘故國舊君者，不可同日而語。觀其書中「不能割帷薄之愛」一語，如見其肺肝。噫！自順治十四年丁酉，轅文作此書之時，上溯至崇禎七年壬申，或六年癸酉，轅文與河東君決裂之時，其間已歷二十五六年之久，何尚未忘情耶？夫轅文因己身與河東君之故，痛詆牧齋，固已可鄙，似猶有説，而王勝時以其師與河東君之故，復附和轅文，集矢錢柳，（或疑「紀錢牧齋遺事」爲王澐輩所作。俟考。）則殊可笑，實更無謂也。轅文書中又云：「且聞諸從者曰，雖返，將數至焉。」蓋牧齋之至松江，實陰説提督馬進寶，即轅文書中所謂「新帥」，以嚮應國姓進攻崇明南都。此爲牧齋復明活動之一端，俟後第五章詳論之。或謂轅文於此中秘密似有所知，而尚未得確證，故未告諸清廷，捕殺牧齋，以報其私怨也。鄙意此時清廷尚欲利用馬進寶，揆之清初駕馭漢奸之常例，即使轅文言之於清廷，恐清廷不但不接受其告密，轉而因此得罪。斯又怯懦之轅文所以雖知牧齋有所活動，而終不敢爲告密之舉歟？

又蔡練江澄雞窗叢話「古來文人失節修史」條，附錄宋轅文雜記云：

> 婁東王冏伯，弇州長子也。家有一書，編輯先朝名公卿碑誌表傳，如焦氏獻徵錄之類，而益以野史，搜討精備，卷帙甚富。冏伯歿，牧齋購得之，攘爲己有。乃更益以新碑及聞見所記，附會其中。喜述名賢隱過，每得一事，必爲旁引曲證，如酷吏鍛鍊，使成獄而後已。以是捃摭十餘年，漫題卷上曰穢史。書成之夕，其所居絳雲樓災，即編纂之地也。所謂穢史者，遂不可復見。乃取程孟陽所撰列朝詩選，於人名爵里下各立小傳，就其燼餘所有，及其

記憶而得，差次成之。小傳中將復及人隱過，或以鬼神事戒之，乃懼不敢。然筆端稍濫，則不能自禁。

吾邑張雪窗云，牧齋詩人小傳，人多稱之，而意見偏謬，則有如轅文所言者。近日顧芝巖序吾邑史氏致身錄云，王褚下流，變亂黑白，不能自即於正，每力排正氣，以爲容身之地。嗚呼！其不能逃於公論如此。人品如斯，何怪乎詩學之謬也。

寅恪案，轅文所記甚謬，朱長孺鶴齡嘗辭而闢之矣。茲附錄其愚庵小稿拾「與吳梅村祭酒書」於後。至吳氏有無復書，今不可知。以意揣之，駿公與錢宋兩人交情俱極深厚，必難措詞，當是置之不答也。朱書云：

憶先生昔年枉顧荒廬，每談虞山公箸作之盛，推重諈諉，不啻義山之歎韓碑。乃客有從雲間來者，傳示宋君新刻，於虞山公極口詬詈，且云，其所選明詩，出於書傭程孟陽之手。（寅恪案，燕京重印本朱鶴齡愚菴小集「書」作「筆」。非。）所成穢史，乃掩取太倉王氏之書。愚閱之不覺噴飯。夫虞山公生平梗槩，千秋自有定評，愚何敢置喙。若其高才博學，囊括古今，則敻乎卓絕一時矣。身居館職，志在編摹，金匱之藏，名山之業，無不窮搜遐覽。亂後憫默，乃取而部分之，自附唐韋述元危素之義。未及告成，燔於劫火，穢史之名何自而興？夫古之撰文者，自司馬遷班固而下，如新唐書之修，因於劉煦，五代史之修，因於薛居正。

凡載筆之家，莫不綴緝舊聞，增華加麗。（燕京本「麗」作「厲」。非。）弇州藏史未定有無，即使果出前賢，采爲藍本，排纘成書，亦復何害？宋君乃用此爲譊譊耶？鵲巢鳩居，厚誣宗匠，不足當識者之一粲。而愚敢斥言之於先生者，以其文援先生爲口實也。先生夙重虞山公文章箸作，豈有以郭象莊解，齊丘化書，輕致訾謷者？愚以知先生之必無是言也。先生誠無是言，當出一語自明，以間執讒慝之口。如其默默而已，恐此語熒惑見聞，好事之徒將遂以先生爲口實。

又同書壹叁「書王右丞集後」云：

王右丞爲子美前輩，子美贈王中允詩，何等推重，且深爲湔雪其陷賊之故，而右丞集中從無一詩及之，何也？豈有之而集中偶佚耶？何爲西莊王給事，柴門空閉鎖松筠。說者以王給事即王右丞，未免有不足之意。然此語亦惜之，非譏之也。右丞與鄭虔同污祿山僞命，乃子美詩皆無刺語，可見古人用心忠厚，非獨以全交情也。今人於才名軋己者，必欲發其瘢垢，掊擊不啻讐仇。解之者則曰，文士相傾，自古而然。嗚呼！使誠爲文士也，豈有相傾者耶？

可知朱氏自比少陵，不以王鄭受污祿山僞命，而與之絶交也。

上論述河東君與李存我宋轅文之關係既竟，茲請言河東君與陳大樽之關係。楊陳兩人關係之史料，今日通常流布者，乃違反眞相，絶不可信。究其所以致此之故，恐因有人故意撰造虛僞之材料，以亂眞實，而臥子又以殉明死節之故，稽考勝國之遺聞，頗爲新朝所忌惡也。今先略引通行以譌傳譌之僞史料，然後詳徵楊陳關係之眞史料，以糾正舊日虛僞之傳説，並附論楊陳二人情好始終不渝之事實。但迻錄原文稍繁，亦有所不得已也。

虞陽説苑本牧齋遺事「柳嘗之松江，以刺投陳臥子。」條云：

柳嘗之松江，以刺投陳臥子。陳性嚴厲，且視其名帖，自稱女弟，意滋不悦，竟不之答。柳恚，登門詈陳曰，風塵中不辨物色，何足爲天下名士？

寅恪案，鈕玉樵琇觚賸叁吳觚「河東君」條，當是取材牧齋遺事此條。但删節河東君登臥子門相詈之語，而稍加潤色。玉樵之文較佳，世人喜觀之，故臥子嚴拒河東君之物語，遂流傳於今日，莫有悟其與事實相違反者也。讀者若檢後列臥子所作詩詞，自可知其虛僞。玆暫不辨證。又古學彙刊本牧齋遺事及香艷叢書中絳雲樓儁語（即牧齋遺事一書之改名。）其校者將此條「女弟」二字易作「女弟子」三字，殆由淺人習聞袁枚陳文述廣收女弟子之事，因認陳大樽爲隨園碧城仙館主一流人物。此端頗爲可笑，而又不能不爲之辨明。蓋師弟尊卑殊等，舊日禮教不能有婚姻之關係，是以簡齋雲伯搜羅當日閨閣才媛，列諸門牆，不以爲嫌。觀河東君於崇禎十三年冬自常熟致汪然明書，尙自稱爲「弟」。（柳如是尺牘逆數第貳札。）考其時河東君年二十三，汪然明年六十四，（據有學集叁貳「新安汪然明合葬墓誌銘」，然明生於萬曆丁丑即萬曆五年，至崇禎十三年庚辰，其年爲六十四歲。）兩人年齡相差逾四十歲，而河東君乃以兄弟平輩爲稱謂者，以歌筵酒坐，酬酢往還，若尊卑殊等，則於禮數不便，更無論男女情好，或至發生婚姻之關係也。茲先錄臥子集中明顯爲河東君而作之詩，略加釋證。然後再就其他最爲可能爲河東君而作之詩詞，擇錄少數，稍爲引申。若詩詞中可疑爲河東君作，而不能確定者，則擇其重要者，列具篇目，以供參考，不復詳論焉。

前已引「秋潭曲」及「集楊姬館中」詩句，今再錄其全文於下，以其明著河東君之姓，無復致辨之餘地者也。

陳忠裕全集拾陳李倡和集「秋潭曲」（原注：「偕燕又讓木楊姬集西潭舟中作。」）云：

鱗鱗西潭吹素波。明雲織夜紅紋多。涼雨牽絲向空綠，湖光頹澹寒青蛾。暝香溼度樓船暮。擬入圓蟾泛烟霧。銀燈照水龍欲愁。傾杯不灑人間路。美人嬌對參差風，斜抱秋心江影中。一幅五銖弄平碧，赤鯉撥刺芙蓉東。摘取霞文裁鳳紙。春蠶小字投秋水。瑤瑟湘娥鏡裏聲，同心夜夜巢蓮子。

同書壹伍「秋夕沈雨，偕燕又讓木集楊姬館中。是夜姬自言愁病殊甚，而余三人皆有微病，不能飲也。」七律二首云：

一夜淒風到綺疏。孤燈灩灩帳還虛。冷蛩啼雨停聲後，寒蕊浮香見影初。有藥未能仙弄玉，無情何得病相如。人間愁緒知多少，偏入秋來遣示余。

兩處傷心一種憐。滿城風雨妒嬋娟。已驚妖夢疑鸚鵡，莫遣離魂近杜鵑。琥珀佩寒秋楚楚，芙蓉枕淚玉田田。無愁情盡陳王賦，曾到西陵泣翠鈿。

寅恪案，此兩題皆臥子在崇禎六年秋爲河東君而作者，前已略論之矣。但檢陳忠裕全集壹伍幾社稿，崇禎庚午辛未壬申三年之間所作七律中，有「中秋風雨懷人」一題，其辭旨與「集楊姬館中」二律頗相類似。詩中復包含「憐」「影」「雲」「嬋娟」等河東君之名字，尤爲可疑。初見此詩後第肆題爲臥子六月一日廿五歲「生日偶成」詩，以爲此中秋乃崇禎四年之中秋，細繹之，此「中秋風雨懷人」詩之前第陸題爲「傷春」，中有「海濱烽迫魯王宮」之句。據所附考證爲「指山東孔有德事。」依明史貳叁莊烈帝本紀所云：「崇禎四年十一月丁卯孔有德率師援遼，次吳橋反。五年春正月辛丑孔有德陷登州。」則傷春一題明是崇禎五年春季之作。故「中秋風雨懷人」一詩，亦不必定爲崇禎五年所賦。蓋諸詩排列先後，未可拘泥也。或者此「中秋」乃五年中秋，甚至六年中秋，殊未可知。臥子全集中尚多類是者，詳後所論。茲姑錄此詩於後，以俟更考。「中秋風雨懷人」七律云：

誰將幽怨度華年。河漢濛濛月可憐。落葉黃飛妖夢後，輕綃紅冷恨情邊。青鸞溼路簫聲歇，白蝶迷魂帶影妍。惆悵盧家人定後，九秋雲雨泣嬋娟。

復次據李雯蓼齋集叁伍「與臥子書」云：

孟冬分手，弟羈武林，兄便北上，已作驪歌，無由追送。弟薄歲除始返舍，即詢知老年伯母尊體日佳。開春以來，見子服兄弟，益審動定。我兄可縱心場屋，了此區區，以慰弟輩之涼落矣。轅文言，兄出門時，意氣譗暢，頗滑稽爲樂。張三作俠，中間乃大有合離。某某在雲霧之中，悵悵不休。何物籬落間人，乃爾顛倒人意。弟輩正坐無聊，借此一鼓掌耳。今里巷之間，又盛傳我兄意盼阿雲。（寅恪案，李雯蓼齋集貳貳「除夕詠懷兼寄臥子」詩云：「聞君念窈娘。」舒章此詩作於崇禎六年癸酉除夕，正臥子在北京留待會試時。考窈娘事見孟棨本事詩情感類。窈娘爲喬知之家婢，藝色爲當時第壹，固適切河東君身分。又據河東君戊寅草「〔崇禎六年〕寒食雨夜十絶句」其五云：「想到窈娘能舞處。」及陳忠裕全集壹玖陳李唱和集「清明」七絶四首之三云：「雨中獨上窈娘墳。」等語，故知舒章所言之「窈娘」，即是阿雲無疑矣。）不根之論，每使人婦家勃谿。兄正木強人，何意得爾馨頹蕩。乃知才士易爲口實，天下訛言若此，正復不惡。故弟爲兄道之，千里之外，與讓木燕又一笑。若彝仲，不可聞此語也。

舒章書中所謂「孟冬分手」者。當是崇禎六年孟冬。臥子自撰年譜崇禎六年癸酉條略云：

文史之暇，流連聲酒，多與舒章倡和，今陳李唱和集是也。季秋偕尚木諸子遊京師。是歲納妾蔡氏於家。

陳忠裕全集壹伍陳李唱和集「留別舒章并酬見贈之作二首」其第壹首結句云：「秋深碣石有飛鴻。」附錄李雯「送臥子計偕北上」詩原作，其第壹首云：「北極雲平秋氣屯。」其第貳首云：「翩然仗劍歷秋城。」等可證臥子此次別舒章爲深秋初冬之時。若臥子崇禎九年由松江赴北京會試，據臥子自撰年譜崇禎九年丙子條略云：

復當計偕，以先妣唐宜人久疾，予意不欲往，先妣以義勉之。冬盡始克行。

則臥子崇禎九年北行在年杪，必非所言之「孟冬」明矣。然則臥子與河東君相遇，豈即在崇禎六年耶？鄙意在此年之前，亦有可能。何以言之？據陳忠裕全集拾屬玉堂集「癸酉長安除夕」詩云：

歲云徂矣心内傷。我將擊鼓君鼓簧。日月不知落何處，令人引領道路長。去年此夕舊鄉縣。紅妝綺袖燈前見。（可參同書壹叁幾社稿「除夕」五律。此「除夕」即崇禎五年壬申除夕也。）梅花徹夜香雲開，柳條欲繫青絲纏。曾隨俠少鳳城阿，半擁寒星蔽春院。今年此夕長安中。拔劍起舞難爲雄。漢家宮闕煖如霧，獨有客子知淒風。椒盤獸炭皆異物，夢魂不來萬里空。吾家江東倍惆悵。天下干戈日南向。鶴馭曾無緱嶺遊，虎頭不見雲臺上。且酌旨酒銀箏前。汝曹富貴無愚賢。明朝曈曈報日出，我與公等俱壯年。

此詩題既是「癸酉長安除夕」，而詩中又有「去年此夕舊鄉縣」及「今年此夕長安中」等句，則此「紅妝綺袖燈前見」之人，必於崇禎五年壬申除夕與臥子相遇。此人雖未明著其爲誰，但檢臥子集中，與此詩前後時間距離不甚久所作綺懷諸篇觀之，則此人非河東君莫屬。故臥子於崇禎五年壬申冬季即遇見河東君，殊爲可能。更據陳眉公集首載其子夢蓮所撰年譜天啓七年七十歲條云：

是冬，（寅恪案，眉公生辰爲十一月初七日。）遠近介觴者，紈綺映帶，竹肉韻生，此亦鳳皇山未有之事也。

及陳忠裕全集臥子自撰年譜上崇禎四年辛未條略云：

試春官罷歸。四月抵里門，即從事古文詞，閒以詩酒自娱。是時意氣甚盛，作書數萬言，極論時政，擬上之。陳徵君怪其切直，深以居下之義相戒而止。

於此兩年譜可得兩結論。一爲陳眉公生日之時，祝壽客中亦必不少當日名姝如王修微輩。觀前引宋讓木秋塘曲序所述河東君壽眉公生日詩句，可爲例證也。二爲臥子會試不中式，牢騷憤慨，棄置八股時文，從事古文詞。又作書數萬言，極論時政。但同時復以詩酒自娱。此「詩酒」即放情聲色之義。前代相傳俗語云：「秀才家文章是自己的好，老婆是人家的好。」正臥子此時之謂也。檢陳忠裕全集壹叁幾社稿即崇禎五年壬申所作五律，其「除夕」詩之前，載「偕萬年少李舒章宿陳眉公先生山房二首」。其第貳首有「冰霜月起時」之句，是臥子於崇禎五年眉公生日相近之時，曾謁眉公並宿於其山房。並同集壹玖幾社稿有「吳閶口號」七絕十首，亦爲崇禎五年冬季所作。依下文寅恪所考證，其中三首乃爲河東君而賦者。由此言之，臥子至遲於崇禎五年眉公生日不久以前，在蘇州已得見河東君。或又返松江追蹤河東君至佘山，於眉公生日時，復相遇於祝壽賓客之中也。更取幾社稿中其他綺懷諸作，如崇禎五年春季所作「柳枝詞」之類參之，則河東君臥子兩人初次相遇，在崇禎五年春季，或竟早在四年冬季，亦未可知也。至於「曾隨俠少鳳城阿，半擁寒星蔽春院。」之句，「鳳城」依通常解釋，自指京師而言。據臥子自撰年譜崇禎三年庚午條略云：「予幸登賢書。冬月偕計吏如京師。」及崇禎四年辛未條云：「試春官，罷歸。」似亦可指崇禎三年庚午冬臥子第壹次會試在京時事。然依詩中文氣語意，此兩句明是述崇禎五年除夕在松江情況。據嘉慶修松江府志柒山川志有「鳳凰山」。前引陳夢蓮撰其父繼儒年譜，亦有「鳳皇山」之語。似松江府城，亦可稱「鳳城」。若不然者，則臥子乃用典故，如文選貳捌所載陸士衡「長安有狹邪行」之類(可參陳忠裕全集肆陳李唱和集「長安有狹邪行。」)惟易「長安」爲「鳳城」耳。(可參陳忠裕全集壹叁幾社稿「行樂詞」十首。此詞即崇禎五年所作也。)舒章書中所言之「子服兄弟」，當即指臥子妻張孺人之五弟中張子服寬及子退密。(參陳忠裕全集王澐續臥子年譜下及後附勝時撰「三世苦節傳」與「越遊記」。並同書捌平露堂集「送子服之維陽，兼訊子退，期以八月會淮南。」詩題下案語，又光緒修金山縣志壹玖張履端傳及弟軌端附子寬傳等。)若張孺人之幼弟子凾，則在順治四年子龍被逮時，清吏見其年穉，誘以利害，使之盡言子龍親知，遂以此被釋，(見臥子年譜下後王澐附錄。)以此點推之，則其在崇禎七年舒章作書時，即使已生，當亦不過數歲。(張孺人之父軌端卒於崇禎十一年戊寅二月。見陳忠裕全集貳玖張邵陽誄。）舒章所指，必非此人無疑。又張孺人別有弟處中，其名爲宮，明代貢生。（可參陳忠裕全集玖焚餘草「同惠郎處中勝時分賦高士傳」詩所附案語並年譜下順治三年丙戌條及松江府志肆陸選舉表。）張氏兄弟既爲子龍至親，故舒章得從其處探悉子龍家中動定。又書中所述宋轅文之言，可與陳忠裕全集拾陳李唱和集「予偕讓木北行矣。離情壯懷，百端雜出，詩以志慨。」詩參證。俟後論之。至所言「張三作俠」之「張三」，未敢確定其爲何人。然必非張孺人之諸弟張寬張密等。因子服兄弟向畏憚其姊之尊嚴，自不敢參預張門快婿陳孝廉納寵之事也。或疑此「張三」即張昂之，斯說殊有理由。據陳忠裕全集壹伍屬玉堂集「送張冷石太守之任閬中」七律題下附案語云：「張昂之號冷石。」又據光緒修金山縣志壹玖張昂之傳略云：

> 張昂之字匪激。天啓二年進士。令廬陵時，魏璫禁僞學，檄毀天下書院。附閹者欲就建璫祠。昂之力持不可，卒坐奪職。崇禎初，起知保甯府。以功進川東道。尋告歸，寄居郡北之息庵。又嘗築圃佘山，自稱六頭頭陀云。

及王澐續臥子年譜下順治三年丙戌條略云：

> 是歲所與往來者，故人惟張冷石先生（等）而已。

又順治四年丁亥條略云：

五月十六日往載（先生）屍。十七日至張泠石先生齋，於其鄰貰得一棺。張泠石先生，則先生之執友且姻也。

故從社會氣類親友情誼言之，舒章書中作俠之「張三」，已有爲張昂之之可能。又泠石此時，以閒居好事之身，築圃佘山。此山適爲河東君卜居之地。其可能性更復增大也。但昂之是否行三，尚未發現有何證據。姑識所疑於此，以俟詳考。

至河東君所以卜居佘山之故，要與陳眉公繼儒，施子野紹莘諸名士直接或間接不無關係。其直接關於眉公者，前已論及之矣。至於子野，則亦有間接之關係。茲請略言之。或疑前所引李雯蓼齋集叁伍「與臥子書」中「張三作俠」之「張三」即施子野。所謂「張三」者，非排行次第之義，而是「張三影」（宋張子野先。）之簡稱，實指施紹莘而言也。檢施紹莘花影集肆樂府南商調二郎神及春雲卷「舟次贈雲兒」。同書同卷樂府小令南商調玉胞（抱）肚「贈楊姬和彥容作二首。」同書伍詩餘菩薩蠻「和彥容留別雲姬」及「代雲答」。然則此「雲兒」「楊姬」「雲姬」豈即河東君耶？又考青浦詩傳壹貳施紹華小傳略云：

施紹華字子野。少爲華亭縣學生。負儁才，跌宕不羈。初築丙舍於西佘之北，復構別業於南泖之西，自號峯泖浪仙。好聲伎，與華亭沈友夔龍善，世稱施沈。時陳繼儒居東佘，詩場酒座常與招邀來往。工樂府，著花影集行世。早歿，無子。時共惜之。

及王昶明詞綜伍施紹莘小傳引青浦詩傳略云：

子野作別業於泖上，又營精舍於西佘。時陳眉公居東佘，管絃書畫，兼以名童妙妓，來往嬉遊。故自號浪仙。亦慕宋張三影所作樂府，著花影集行世。（可參花影集首顏彥容乃大序云：「冉冉月來雲破，不負張郎中之後身。」及顧石萍胤光序云：「雲破月來之句，不負自許張三影後身。」又同書壹「泖上新居」，後附彥容跋云：「齋曰三影。」同書叁「西佘山居記」云：「有齋兩楹曰三影。予字子野，好爲小詞，故眉公先生以此名之。」）

則以施子野之爲人及其所居之地言之，更似與河東君直接有關涉者。但東海黃公所輯瑤臺片玉甲種下載子野「舟次贈雲兒」「決絕詞」「有懷」等套曲。其「決絕詞」自跋云：「庚申月夕秋水庵重題。」「庚申」爲萬曆四十八年。又花影集伍菩薩蠻「代雲答」詞後第伍首同調「雨中憶張沖如」詞，序中有：「天啓改元正月五日得沖如靖州家報。」之語。可知子野詞中之「雲」，時代太早，與河東君居佘山之年月不合，而舒章書中所言崇禎六年癸酉之「張三」其非施子野亦甚明矣。然據陳眉公集所載年譜萬曆三十五年丁未條略云：

府君五十歲。得新壤於東佘。二月開土築壽域，隨告成。四月章工部公覲先生，割童山四畝相贈，遂構高齋，廣植松杉。屋右移古梅百株，皆名種。後若徐若董，園圃相續。向有施公祠，亦一時效靈，而郡邑之禮香祭賽，並士女之遊冶者，不之諸峯，而之東佘矣。

並子野花影集壹樂府「山園自述」自跋云：

余别業在西佘之陰，邇來倩女如雲，綉弓窄窄。冶遊兒烏帽黄衫，擔花負酒，每至達旦酣歌，竟日而醉。

及同書叁「西佘山居記」云：

每值春時，爲名姬閨秀鬬草拾翠之地。

是佘山一隅乃文士名姝遊賞之盛地。後來河東君又卜居其處，要非無因也。總之，舒章書中之「張三」，甚難確指爲施子野。但以子野與佘山有關，即間接與河東君卜居其地亦有關。故略論及之，以備一重公案云爾。

又舒章此書所言諸點，今難詳知。然至少與臥子納妾蔡氏一事，必有關係。因臥子於自撰年譜此年言：「文史之暇，流連聲酒。」觀其此年綺懷諸作，可以證其不虚。李舒章蓼齋集貳伍有：「臥子納寵於家，身自北上，復閱女廣陵，而不遇也。寓書於余道其事，因作此嘲之。」七律一首。此詩後又載「懷臥子」詩一首，有句云：「可憐一别青霜後。」則知蔡氏非臥子滿意之人，故「納寵於家，身自北上，復閲女廣陵。」也。臥子既不滿意蔡氏，則納以爲妾，必出其妻張孺人之意。蓋所以欲藉此杜絶其夫在外「流連聲酒」之行動。用心雖苦，終不生效，雖甚可笑，亦頗可憐。舒章所謂「使人婦家勃豀。」乃事理所必至，自無足怪。「阿雲」乃指河東君，詳見第貳章所考證。由此言之，凡陳李唱和集之大半及屬玉堂集之一部分，所有綺懷諸詩，皆可認爲與河東君有關，雖不中，亦不遠也。

秋潭曲結句「同心夜夜巢蓮子」之語，蓋出古今樂錄「楊叛兒」第五首云：

歡欲見蓮時，移湖安屋裏。芙蓉繞床生，眠臥抱蓮子。

臥子取河東君之姓氏與此歌名相結合，蓋「楊叛兒」本亦作「楊伴兒」，歌之詞意亦更相關聯，頗爲適切。「同心」二字尤情見乎辭矣。（參樂府詩集肆玖「楊叛兒」題。）王勝時有「和董含拂水山莊弔河東君二絕句」，（見董含三岡識略陸「拂水山莊」條。）其二云：

河畔青青尚幾枝。迎風弄影碧參差。叛兒一去啼烏散，贏得詩人絕妙辭。

亦用此歌第貳首「暫出白門前，楊柳可藏烏。」之句，而勝時詩意復與此歌第陸首云：

楊叛西隨曲，柳花經東陰。風流隨遠近，飄揚悶儂心。

相關，殊爲輕薄刻毒，大異於其師也。

復次，分類補注李太白詩肆樂府楊叛兒云：

君歌楊叛兒，妾勸新豐酒。何許最關人，烏啼白門柳。烏啼隱楊花。君醉留妾家。博山爐中沉香火，雙煙一氣凌紫霞。

寅恪案，河東君後來易「楊」姓爲「柳」，「影憐」名爲「隱」。或即受太白詩之影響耶？據沈虬河東君傳所云：「余於舟中見之。（指楊愛。）聽其音，禾中人也。」然則河東君之鄉音，固是「疑」「泥」兩母難辨者。其以音近之故，易「影憐」之「影」爲隱遁之「隱」，亦無足怪矣。至若隱遁之義，則當日名媛，頗喜取以爲別號。如黃皆令之「離隱」，張宛仙之「香隱」，皆是例證。蓋其時社會風氣所致。故治史者，即於名字別號一端，亦可窺見社會風習與時代地域人事之關係，不可以其瑣屑而忽視之也。

詳繹臥子「集楊姬館中」詩題之意，似陳彭宋三人之集於河東君寓所，本欲置酒痛飲，以遣其愁恨。三人皆以微病不能飲酒，而河東君亦然。據此河東君平日之善飲可以推見也。程嘉燧耦耕堂存稿詩中「朝雲詩」七律八首，此詩亦爲河東君而作者。其第貳首云：

揀得露芽纖手瀹，懸知愛酒不嫌茶。

則河東君之善飲足以爲證。又有學集玖紅豆詩初集「採花釀酒歌示河東君」詩幷序略云：

戊戌中秋日天酒告成，戲作採花釀酒歌一首，以詩代譜。其文煩，其辭錯，將以貽世之有仙才，具天福者。非是人也，則莫與知而好，好而解焉。

長干盛生貽片紙，上請仙客枕膝傳。（遵王注本「請」作「清」。）老夫捧持逾拱璧，快如渴羌得酒泉。歸來夜發枕中秘，山妻按譜重注箋。却從古方出新意，溲和齊量頻節宣。東風汎溢十指下，得其甘露非人間。（「得其甘露」遵王注本作「得甘露滅」。）

有學集捌長干塔光集「金陵雜題絕句二十五首，繼乙未(丙申？)春留題之作。」其第貳拾首云：

面似桃花盛茂開。隱囊畫笥日徘徊。郎君會造逡巡酒，數筆雲山酒一杯。(自注云：「盛叟字茂開，子丹亦善畫。常釀百花仙酒以養叟。」)

同書貳拾「小山堂詩引」云：

比游鍾山，遇異人，授百花仙酒方。採百花之精英以釀酒，不用麯蘖，自然盎溢。

陳伯雨作霖金陵通傳壹肆盛鸞傳附宗人盛胤昌傳云：

宗人胤昌字茂開，工畫。持身高潔，年幾九十，行步如少壯時。胤昌子丹，字伯含。山水法黃筌，嘗作秋山蕭寺圖，與弟琳空山冒雨圖稱二妙。琳字玉林，每當春日，釀百花酒以養親。胤昌顧而樂之。

有學集壹玖「歸玄恭恆軒集序」略云：

丙申閏五月余與朱子長孺屏居田舍。余繙般若經，長孺箋杜詩，各有能事。歸子玄恭儼然造焉。余好佛，玄恭不好佛。余不好酒，而玄恭好酒。兩人若不相爲謀者。玄恭作普頭陀傳，高自稱許。把其本向長孺曰，杜二衰晚腐儒，流落劍外，每過武侯祠屋，歎臥龍無首，用耿鄧自比。歸玄恭身長七尺，面白如月，作普頭陀傳，胸中偪塞未吐一二，遂驚倒世上人耶？

(寅恪案，同書伍絳雲餘燼集下冬夜假我堂文宴詩「和歸玄恭」七律一首，後四句云：「何處青蛾俱乞食，幾多紅袖解憐才。後堂絲竹知無分，絳帳還應爲爾開。」附自注云：「是日女郎欲至，戲以玄恭道學辭之。來詩以腐儒自解，故有斯答。」牧齋此詩作於順治十一年甲午陽月二十八日，恆軒集序作於順治十三年丙申閏五月，故序有「杜二腐儒」之語，乃指甲午冬假我堂文宴時事也。）

牧齋外集貳伍「題鄧肯堂勸酒歌」（寅恪案，鄧林梓字肯堂，常熟人。事蹟見王應奎柳南隨筆壹及陸有關鄧肯堂等條。）云：

東坡自言飲酒終日，不過五合，而謂天下之好飲，無在予上者。（可參初學集肆歸田詩集下「謝于潤甫送酒」詩：「我飲不五合，頗知酒中味。」之句。）後人掇拾東坡全集，以王無功醉鄉記羼入其中，豈非以東坡慨慕東皐，庶幾友其人於千載，其妙於酒德有相似者歟？予酒户略似東坡，頃又以病耳戒酒，讀肯堂詩，浩浩然，落落然，如與劉伶畢卓輩執杯持耳，拍浮酒池中也。他時有編余詩者，將此首編入集中，余方醉眼模糊，仰天一笑，安知其非余作也。

牧齋尺牘上「與侯月鷺（性）」四通之二（寅恪案，侯性事蹟見小腆紀傳叁陸本傳及牧齋尺牘上「與侯月鷺」諸札。）云：

秋間欲得洞庭葡萄釀酒，苦不能得其熟候。彼時得多餉，以酬潤筆。知不厭其貪也。內子辱

> 深念，並此馳謝。

然則河東君不僅善飲，更復善釀。河東君之「有仙才」，自不待言。至於「具天福」，則殊難言。據上引題鄧肯堂勸酒歌，恆軒集序及復侯月鷺札，是牧齋不善飲，而河東君善飲。河東君之「具天福」，或可言具此善飲之「天福」耶？若牧齋者，雖不具此善飲之「天福」，但能與具此善飲之「天福」者，相對終老，殆亦可謂具艷福之人矣。

復次，全謝山祖望鮚埼亭外集叁叁「錢尚書牧齋手跡跋」略云：

> 尚書手跡共十幅，在馮研祥家，皆與馮氏羣彥往還者。第十幅云：「春宵一刻，先令細君滿引一杯，以助千金之興。」細君指柳氏也。予聞之周鄮山謂牧齋年六十四，（寅恪案，當作「六十」。此誤。）柳氏年二十四歸之。客有訪之者，柳氏出侑酒，依然舊日風流。觀此箋並前索酒札，知柳氏固酒徒。黃忠烈公見諸弟子有與女校書詩者，輒戒之。牧齋跌蕩乃至於此，宜其有「浪子燕青」之誚。

寅恪案，馮研祥者，馮開之夢禎孫文昌之字。馮氏一家與牧齋交誼深厚，研祥又爲牧齋弟子，故其關係尤爲密切。（見初學集伍壹「南京國子監馮公墓誌銘」，並可參牧齋尺牘壹與馮秋水札云：「西浙俊髦，無如馮（文昌）范（驤）。研祥落落竹箭，文白亭亭明玕。」又葛萬里牧齋先生年譜順治七年庚寅條云：「同行有馮范研祥。」誤以「馮范」爲一人。殊不知「馮」固爲文昌之姓，「范」則指浙江海甯范驤字文白號默菴之人而言也。文白事蹟見光緒修杭州府志壹肆伍范驤傳，杜登春社事本末，吳修昭代名人尺牘小傳柒及震鈞國朝書人輯略壹等。）有學集肆陸「跋酒經」云：

> 酒經一册，乃絳雲樓未焚之書。五車四部書爲六丁下取，獨留此經，天殆縱余終老醉鄉，故以此轉授遵王，令勿遠求羅浮鐵橋下耶？余已得修羅採花法，釀仙家燭夜酒，將以法傳之遵王。此經又似餘杭老媼家油囊俗譜矣。

有學集拾紅豆二集「酒逢知己歌贈馮生研祥」云：

> 老夫老大嗟龍鍾。（遵王注本「大」作「夫」。）綠章促數箋天公。天公憐我扶我老，酒經一弓搜取修羅宫。山妻按譜自溲和，缾盎汎溢回東風。世人酺糟歠醨百不解，南鄰酒伴誰與同。昔年嘗酒別勁正，南薰獨數松圓翁。（「薰」誤。注本作「董」是。）此翁騎鯨捉月去我久，懵瞢四顧折簡呼小馮。（下略。）

此跋作於順治七年庚寅十月初二夜以後，此詩作於順治十六年己亥，可與上引前一年，即順治十五年戊戌所賦之「採花釀酒歌示河東君」詩相參證。據此，頗疑馮研祥家牧齋手跡索酒札即此第拾幅，乃順治十六年己亥所作也。周鄮山即周容，事蹟見鮚埼亭外集陸「周徵君墓幢銘」。其人與牧齋往來頗密，可參有學集肆肆「歎譽贈俞次寅」（寅恪案，牧齋此文作「周茂山」。）及鄮山所著春酒堂詩話關涉牧齋諸條。夫河東君之善飲，不獨其天性使然，其環境實有以致之。蓋歌筵綺席，酬酢周旋，若不善飲，豈能成歡？此乃事非得已，情尤可傷，而謝山轉執閨門禮法之條，以相繩責，殆未免失之過泥矣。黃忠烈公即黃道周。「忠烈」者，明唐王所予謚也。（見黃漳浦集卷首洪思撰黃子傳及文明夫人行狀。清乾隆四十一年追謚道周爲「忠端」，陳子龍則追謚「忠裕」，皆是專謚。若李待問則謚爲通謚之「忠節」。謝山卒於乾隆二十年，自不及知「忠端」之謚。然揆以明代殉國諸人之心理，豈能甘受清廷之謚號？謝山稱之爲忠烈，甚合漳浦平生志業。至王蘭泉編臥子全集，其取今名者，蓋所以避忌諱，免嫌疑，亦有不得已也。）臥子會試中式，實出石齋之門。（見臥子自撰年譜上崇禎十年丁丑條。）臥子平生之詩爲女校書如河東君而作者，亦甚不少，安能不爲其師所戒乎？由此言之，臥子應與牧齋同科，謝山舉此以譏牧齋，又未免失之過偏矣。

今日吾人幸得窺見河東君戊寅草，因取他種材料參證，遂得約略推定其中篇什作成之年月，並相與有關之人。復更取陳忠裕全集中幾社稿陳李唱和集屬玉堂集平露堂集白雲草湘眞閣稿及詩餘等，綜合推計之，則論陳楊兩人之關係，其同在蘇州及松江者，最早約自崇禎五年壬申起，最遲至崇禎八年乙亥秋深止，約可分爲三時期。第壹期自崇禎五年至崇禎七年冬。此期臥子與河東君情感雖甚摯，似尚未達到成熟程度。第貳期爲崇禎八年春季並首夏一部分之時，此期兩人實已同居。第叁期自崇禎八年首夏河東君不與臥子同居後，仍寓松江之時，至是年秋深離去松江，移居盛澤止。蓋陳楊兩人在此時期內，雖不同居，關係依舊密切。凡臥子在崇禎八年首夏後，秋深前，所作諸篇，皆是與河東君同在松江往還訓和之作。若在此年秋深以後所作，可別視爲一時期。雖皆眷戀舊情，絲連藕斷，但今不復計入此三期之內也。茲選錄陳楊兩人此三時期中最有關之作品原文，互相證發。其他最有關諸作，則僅錄其題，以供參考。至秋潭曲，集楊姬館中二首，霜月行第叁首及癸酉長安除夕等篇，前已載其全文，不復迻錄焉。

復次，王氏編輯陳忠裕全集凡例第貳則略云：

詩文次序先後關乎生平梗概。如采山堂幾社稿之作於庚午辛未壬申，陳李唱和集之作於癸酉甲戌，平露堂集之作於乙亥丙子，白雲草湘眞閣稿之作於丑寅卯辰，焚餘草即丙戌遺草之作於乙酉丁亥。按之年譜，瞭如指掌。至各集原本古今體詩，或分或不分。今彙爲全集，概行分體，而仍標各集之名，以存其舊。雖其中次序，間有淆亂，然亦不甚懸隔也。

及第肆則云：

公詞有湘眞閣江蘺檻兩種。國朝王阮亭（士禎）鄒程邨（祗謨）諸先生極爲推許。又曾選入棣萼香詞幽蘭草四家詞。俱未之見。今錄公高弟王勝時澐所輯焚餘草，益以散見別本者數闋，彙成一卷，並略采前人評語附之。俾讀者知公樂府亦爲塡詞家正宗，如宋廣平賦梅花，不礙鐵石心腸也。

寅恪案，王氏雖明知「詩文次序先後，關乎平生梗概。」但其「彙爲全集，概行分體。」則不免「其中次序，間有淆亂。」故今據每篇題目及篇中詞旨，以推計時日，則王氏所云某集作於某年者，雖「不甚懸隔」，然今日欲考河東君與大樽之關係，於此區區時日之間隔，實爲重要。茲錄下列諸詩，大體固依王氏原編次序。若發現題目或詞旨有未安者，亦以鄙意改定，不盡同於王氏原編次序也。詳繹王氏所編全集中詩文，其次序先後，實如其所言「不甚懸隔」。獨詩餘一類，則蘭泉因未見原本，僅從王澐所輯焚餘草，略附散見別本之數闋，編成一卷。焚餘草中之詞，雖是乙酉至丁亥（即順治二年乙酉至四年丁亥。）三年中所作，其間當無與河東君有關者。但散見他本之詞，則必應有涉及河東君之作。蓋大樽詩餘，摹擬花間集淮海詞，緣情託意，綺麗纏綿。觀蘭泉輯本，其中故國故君之思見於語句者不計外，尙有不少豔情綺懷之作。然則此類詩餘似不止蘭泉所言「散見別本者數闋」而已。豈勝時所輯之焚餘草，其中亦羼入其師乙酉以前之舊作，而稍稍竄改，使人不覺其爲河東君而作者耶？今日大樽詞原本不得窺見。若僅就蘭泉裒集殘餘之本，以考臥子與河東君之關係，實爲不易也。又繹蘭泉所編臥子詩餘，其先後次序之排列，悉依字數多少而定，與作成時代絕無關係。如二郎神唐多令爲臥子絕筆，（據王澐續臥子年譜順治四年丁亥條云：「三月會葬夏考功，賦詩二章。又作寒食清明二詞，先生絕筆也。」）今王氏輯本二郎神其次序爲倒數第貳首，至唐多令則爲倒數第貳肆首。即是例證。職此之故，茲所選錄臥子詩餘，其編列先後，乃依據河東君戊寅草所載諸篇什作成時間，參以鄙意考定。不若所錄臥子之詩，其排列時代之先後，尚是約略依據王氏輯本也。

周銘林下詞選柳隱小傳云：

> 柳隱字如是。歸虞山錢宗伯牧齋。所著有戊寅草，雲間陳大樽爲之序。

徐樹敏錢岳衆香詞書集雲隊柳是小傳略云：

> 初爲雲間陳大樽賞識，序其詞問世。虞山（錢牧齋）百計納爲小星，稱河東夫人。遺有我聞堂（室）鴛鴦樓詞。

寅恪案，周氏謂陳大樽爲河東君戊寅草作序。徐錢兩氏謂大樽序河東君詞，當即指鴛鴦樓詞。今日得見河東君戊寅草鈔本，其中有詩詞賦三類，首載陳子龍序。序中所言者爲詩，而不及詞。不知是否別有鴛鴦樓詞刊本，而大樽爲之序，未敢斷定，尚待詳考。然取林下詞選與衆香詞對勘，則徐錢兩氏所選六首，較周選多「垂楊碧」一闋，其排列次序亦有不同，而文字更有差異。今取河東君戊寅草參校，則周選排列次第及文字皆與戊寅草符合，而戊寅草亦無垂楊碧一闋。可證周氏實選自戊寅草。徐錢兩氏之選本不同於戊寅草及周選者，其所依據，或即鴛鴦樓之單刊本耶？至「垂楊碧」一闋，其出處尚待考索，未能確言。其詞云：

> 空回首。筠管榴箋依舊。裂却紫簫愁最陡。顛倒鸞釵久。　羨殺枝頭荳蔻。悶殺風前楊柳。一夜金溝催葉走。細腰空自守。

今繹其詞意，與金明池「詠寒柳」詞略同，恐是河東君離去臥子以後所賦，似非鴛鴦樓詞中原有之作，殆爲徐錢兩氏從他本補入者。總而言之，無論鴛鴦樓詞是否別有刊本，茲可推定者，戊寅草中所收之詞，必包括鴛鴦樓詞全部，或絕大部分在內。因戊寅草中諸詞，皆是與臥子關係密切時所作。臥子於崇禎八年所賦諸詩，目爲屬玉堂集，河東君之以鴛鴦樓名其詞，正是兩人此時情景之反映也。

復次，考臥子平生文學，本屬李王一派，故深鄙宋詩。但於詞則宗尚五代北宋。茲不欲辨其是非，僅擇錄其有關論詞之文，略見梗概。

陳臥子先生安雅堂稿貳「三子詩餘序」云：

> 詩餘始於唐末，而婉暢穠逸，極於北宋。然斯時也，并律詩亦亡。是則詩餘者，非獨莊士之所當疾，抑亦風人之所宜戒也。然亦有不可廢者。夫風騷之旨，皆本言情。言情之作，必託於閨襜之際，代有新聲，而想窮擬議，於是以溫厚之篇，含蓄之旨，未足以寫哀而宣志也。思極於追琢，而纖刻之辭來。情深於柔靡，而婉孌之趣合。志溺於燕媠，而妍綺之境出。態趨於蕩逸，而流暢之調生。是以鏤裁至巧，而若出自然。警露已深，而意含未盡。雖曰小道，工之實難。不然，何以世之才人，每濡首而不辭也。

同書同卷「王介人詩餘序」（寅恪案，王翃字介人。見明詩綜貳貳及明詞綜玖小傳。此序可參沈雄江尚質編輯古今詞話詞品上原起門所引陳大樽語。）云：

宋人不知詩，而強作詩。其爲詩也，言理而不言情。故終宋之世無詩焉。然宋人亦不免於有情也。故凡其歡愉愁怨之致，動於中而不能抑者，類發於詩餘。故其所造獨工，非後世可及。蓋以沉至之思，而出之必淺近。使讀之者，驟遇如在耳目之表，久誦而得沉永之趣，則用意難也。以嬛利之詞而製之實工鍊，使篇無累句，句無累字，圓潤明密，言如貫珠，則鑄調難也。其爲體也纖弱，所謂明珠翠羽，尚嫌其重，何況龍鸞。必有鮮妍之姿，而不藉粉澤，則設色難也。其爲境也婉媚，雖以警露取妍，實貴含蓄，有餘不盡，時在低回唱歎之際，則命篇難也。惟宋人專力事之，篇什既多，觸景皆會，天機所啓，若出自然。雖高談大雅，而亦覺其不可廢。何則，物有獨至，小道可觀也。

同書叁「幽蘭草詞序」云：

自金陵二主，以至靖康，代有作者。或穠纖婉麗，極哀艷之情。或流暢澹逸，窮盼倩之趣。然皆境繇情生，辭隨意啓。天機偶發，元音自成。繁促之中，尚存高渾，斯爲最盛也。南渡以還，此聲遂渺，寄慨者亢率，而近於傖武。諧俗者鄙淺，而入於優伶。以視周李諸君，即有彼都人士之嘆。元濫塡辭，茲無論已。

寅恪案，所可注意者，一爲臥子言「北宋律詩亦亡」及「終宋之世無詩焉」，可見其鄙薄北宋之詩，至於此極。二爲幽蘭草乃集錄李舒章宋轅文及臥子三人唱和之詞。頗疑幾社諸名士爲河東君而作之小令，即載是集中，惜今日未得見也。又今檢陳忠裕全集及陳臥子安雅堂稿，不見有「戊寅草序」，或「鴛鴦樓詞序」。此殆爲收輯臥子著作之人，如王澐輩早已删棄不錄，遂使此兩書皆未載。若今日吾人不得見戊寅草者，則臥子此序天壤間竟致失傳矣。故全錄之。

臥子「戊寅草序」云：

余覽詩上自漢魏，放乎六季，下獵三唐。其間銘煙蘿土之奇，湖雁芙蓉之藻，固已人人殊，而其翼虛以造景，緣情以趨質，則未嘗不嘆神明之均也。故讀石城京峴採菱秋散之篇，與寧墅庥源富春之詠，是致莫長於鮑謝矣。觀白馬浮萍瑟調怨歌之作，是情莫深於陳思矣。至巉巖駿發，波動雲委，有君父之思，具黯怨之志，是文莫盛於杜矣。後之作者，或短於言情之綺靡，或淺於詠物之窅昧，惟其惑於形似也。故外易而内傷，惟其務於侈靡也。故貌麗而神竭，此無論唐山班蔡之所不逮，即河朔漢南之才，雕思而多蒙密之失，深謀而益擬議之病，亦罕有兼者焉。故有媛遠之略，而失在於整栗，此其流逸之患矣。有割曳之姿，而失在於壯溟，此其輕脱之患矣。夫言必詭以肆，氣必傲以騁，文必奔騰而涌瀏，義必澄泓而取寂，此皆非其至也。然可語於學士大夫之作，不可論於閨襟之什焉。乃今柳子之詩，（寅恪案，影宋本白氏文集叁伍及全唐詩第柒函白居易叁伍「春盡日宴罷感事獨吟」云：「春隨樊子一時歸。」臥子稱河東君爲「柳子」，蓋本於此。馮應榴蘇文忠公詩合注叁捌「朝雲詩引」，亦作「樊子」。其他白集或他書所引，有作「樊素」者，誤也。）抑何其凌清而瞯遠，宏達而微恣與？夫柳子非有雄玅窅麗之觀，修靈浩蕩之事，可以發其超曠冥搜之好者也。其所見不過草木之華，眺望亦不出百里之内，若魚鳥之沖照，駮霞之明瑟，巖花肅月之繡染，與夫凌波盤渦，輕嵐晝日，蒹葭菰米，涑浦巖庵煙火之裊裊，此則柳子居山之所得者耳。然余讀其諸詩，遠而惻榮枯之變，悼蕭壯之勢，則有旻(曼)衍灕椷之思，細而飾情於瀦者蜿者，林木之蕪蕩，山雪之脩阻，則有寒澹高涼之趣，大都備沈雄之致，進乎華騁之作者焉。蓋余自髫年，即好作詩，其所見於天下之變亦多矣。要皆屑屑，未必有遠旨也。至若北地創其室，濟南諸君子入其奥，溫雅之義盛，而入神之製始作，然未有放情晅妍，即房帷亦能之矣。迨至我地，人不踰數家，而作者或取要眇，柳子遂一起青瑣之中，（寅恪案，世説新語「惑溺」篇，「韓壽美姿容」條云：「賈女於青瑣中看見壽。」臥子以「青瑣」代「青樓」，藉以掩飾河東君之社會地位。遺辭巧妙，用心良苦。特標出之，以告讀者。餘詳第肆章論有美詩節引戊寅草序文中鄙注。）不謀而與我輩之詩，竟深有合者，是豈非難哉？是豈非難哉？因是而欲以水竹之渺濛，庭階之薈蔚，遂可以伏匿其聲援，而震怵其意氣，此寔非矣。庶幾石林淙舍之寂，桂棟藥房之艷，天姥玉女，海上諸神山之侈以巨，使柳子遊而不出焉者可也。夫靈矯絶世之人，非有以束之，固不可。苟天下有以束之，亦非處子最高之致也。則意者挾滄溟之奇，而堅孤棲之氣乎？夫道之不兼，斯遇之不兩得者也。故舍飈馳而就淡漠，亦取其善者而已。使繇是焉，寰中之趣，其亦可眇然而不覿也夫。陳子龍題。

寅恪案，臥子推重河東君之詩，舉北地濟南諸家爲說，引之以爲同調。可知河東君之詩，其初本屬明代前後七子之宗派，應亦同於臥子深鄙宋代之詩者。但後來賦「寒柳」詞，實用東坡七律之語。至其與汪然明尺牘，亦引用蘇詩，皆屬北宋詩之範圍，更無論矣。據此推之，足徵河東君雖先深受臥子之影響，後來亦漸能脱離其宗派教條主義也。

第壹期

前錄臥子「癸酉長安除夕」詩，依據「去年此夕舊鄉縣。紅妝綺袖燈前見。」等句推論臥子至遲在崇禎五年除夕，已遇見河東君。但在崇禎五年除夕以前，似更有其他詩詞爲河東君而作者，今詳檢陳忠裕全集，頗有可能爲河東君而作之篇什。然終嫌證據未甚充分，不敢確定。茲姑擇其最有關之作，略論之如下。

臥子崇禎五年壬申春間所作如「春晝獨坐感懷」（陳忠裕全集陸幾社稿。）及「柳枝詞」七絶四首。

（同書壹玖幾社稿。）夏間所作如「生日偶成」七律二首（同書壹伍幾社稿。）皆有爲河東君而作之可能。「春晝獨坐感懷」詩中「白雲過我居」及「謝客翻倒屣」等句，頗有可疑。「柳枝詞」第貳首「吳閶蕩雨濕三眠」，第叁首「淡引西陵風雨條」，第肆首「妖鬟十五倚身輕」等句，亦與河東君當時情事適合，甚可注意。「生日偶成」二首之二云：「閉門投轄吾家事，與客且醉吳姬樓。」此「吳姬」，豈即指河東君而言耶？但以皆無明顯證據，姑附記題目，及可疑之語句，以待將來之發覆耳。惟崇禎五年冬季臥子所賦「吳閶口號」十首之中，其最後三首，實不能不疑其爲河東君而作。茲擇錄六首分別論之。

此十首詩可注意者有兩點。一爲所詠之女性，非止一人。除河東君外，其所詠之人，必與萬壽祺有關。今所見萬年少集，皆無此時期之作品，故甚難考定。二爲此十首詩作於崇禎五年冬季，大約是十月間。其時臥子與年少俱在蘇州爲狹邪之遊，而臥子意中之人，則不久將離蘇他適也。

其一云：

衰柳寒雅天四垂。嚴霜纖月滯歸期。已無茂苑千金笑，不許傷春有所思。

其五云：

遠視紅酣灩灩扶。近看無復掌中娛。楚王宮裏原難入，檢點腰肢必減廚。

其七云：

萬子風流自不羣。盧家織錦已紛紜。可憐宋玉方愁絶，徒爲襄王賦楚雲。（原注：「萬子謂年少也。」）

其八云：

何妨放誕太多情。已幸曾無國可傾。卻信五湖西子去，春風空滿闔閭城。

其九云：

傳聞夜醮蔡經家。能降乘鸞蕚綠華。莫似紅顔同易散，館娃宫外盡烟霞。

其十云：

各有傷心兩未知。嘗疑玉女不相思。芝田館裏應惆悵，枉恨明珠入夢遲。

寅恪案，第壹首「已無茂苑千金笑，不許傷春有所思。」與第捌首「卻信五湖西子去，春風空滿闔閭城。」及第玖首「莫似紅顔同易散，館娃宫外盡烟霞。」等句，實同一意。蓋謂美人將去蘇州，即世説新語政事類「王丞相拜揚州」條，「君出，臨海便無復人。」之旨。此美人必非第伍首所詠楊玉環式之人。此肥女當是年少所眷念者，而與顧云美河東君傳「結束俏利」者，迥異也。第捌玖拾三首皆爲河東君而作。「放誕多情」乃河東君本色，自不待言。第拾首即最後一首，爲臥子作「吳閶口號」主旨所在。此首第貳句與下兩句，從文選壹伍張平子思玄賦「載太華之玉女兮，召洛浦之宓妃。」之語蟬蜕而來。「玉女」依李善注，即列仙傳下，字玉姜之毛女，與宓妃同指一人。而詩語上下二段，脈絡貫通，不獨足以見臥子之才華，並可推知其於昭明選理，固所熟精也。「芝田館裏應惆悵，枉恨明珠入夢遲。」兩句，乃用尤袤本文選壹玖曹子建洛神賦「秣駟乎芝田」「或采明珠」及李善注引記曰：「（曹）植還度轘轅，少許時，將息洛水上，（甄后）遣人獻珠於王。王答以玉佩。」並同書貳玖張平子四愁詩之三「美人贈我貂襜褕。何以報之明月珠。」之句。（「美人」二字暗指河東君之名。）又參以同書壹玖宋玉神女賦「寐而夢之」「復見所夢」等爲第壹出典。李義山詩集上「可歎」七律「宓妃愁坐芝田館，用盡陳王八斗才。」等句，爲第貳出典。溫庭筠詩集柒「偶題」云：「欲將紅錦段，因夢寄江淹。」等句，爲第叁出典。頗疑此時河東君以詩篇投贈臥子，而臥子深賞之也。「入夢」之「明珠」，即「因夢寄江淹」之「紅錦段」也。（可參前論宋徵璧秋塘曲「因夢向愁紅錦段」句。）此「洛神」自是臥子所屬意者，與第伍首所詠難入楚宮之女，非同一人，辭旨甚明。故可依此決定臥子此十首所詠，不止一人也。又有可注意者，即第玖首中言及此美人所以將離蘇他去之理由。此詩上兩句「傳聞夜醮蔡經家，能降乘鸞萼綠華。」之典故，乃用葛洪神仙傳柒麻姑傳及陶宏景眞誥壹運象篇萼綠華事，並文選壹玖宋玉高唐賦「醮諸神」語。本極尋常，似無深意。但下接「莫似紅顏同易散，館娃宮外盡烟霞。」兩句，則是此仙女因往「蔡經」家之故，遂離去蘇州也。據此可見「蔡經」之家，必不在蘇州，而在蘇州之近旁。然則此「蔡經」果爲何人耶？前論宋讓木秋塘曲序中河東君壽陳眉公詩，曾及眉公生日時，祝壽客中，多有當時名姝。又論臥子癸酉長安除夕詩，引陳夢蓮撰其父眉公年譜，謂天啓七年眉公七十生日時，「遠近介觴者，紈綺映帶，竹肉韻生。」據此可以推見眉公平時生日祝壽客中之成分。臥子作吳閶口號十首，約在崇禎五年十月，眉公生日在十一月初七日，意者臥子賦詩之時，距眉公生日不遠，河東君將離蘇州，前往松江之佘山，即眉公所居，祝其七十五歲生日。遂卜居佘山，不返蘇州。故臥子有王茂弘「臨海無復人」之感也。陳忠裕全集貳拾詩餘「乳燕飛」云：

瓊樹紅雲漉。彩虹低護花梢瀉，膩涼香浴。珊枕柔鄉凝荳蔻，款款半推情蹙。更小語不明深曲。解語夜舒蓮是菂，生憎人夢醒皆相屬。鳳簫歇，停紅玉。　嬌鶯啼破東風獨。移來三起閶門柳，館娃遺綠。栽近粧臺郎記取，年年雙燕來逐。雲鬢沉滑藏雅足。漫折櫻桃背人立，倚肩低問麝衾馥。渾不應，強他續。

則此詞中人乃「移來三起閶門柳，館娃遺綠。」故原是從蘇州遷來松江者。故頗疑河東君崇禎五年冬自蘇州往松江祝陳眉公之壽，因留居其地。前引錢肇鼇之書，謂河東君見逐周氏，鬻於娼家，但未言娼家在何處。今以吳江蘇州地域隣接，及崇禎四年五年時間連續之關係推之，則河東君被鬻之娼家，恐當在蘇州也。臥子詩餘中又有玉蝴蝶「詠美人」一闋，其中有「纔過十三春淺」之語。疑亦是河東君自蘇遷松不久時所賦，當是崇禎六年春間也。因附錄於下：

纔過十三春淺，珠簾開也，一段雲輕。愁絕膩香溫玉，弱不勝情。綠波瀉，月華清曉，紅露滴，花睡初醒。理銀箏。纖芽半掩，風送流鶯。娉婷。小屏深處，海棠微雨，楊柳新晴。自笑無端，近來憔悴爲誰生。假嬌憨，戲揉芳草，暗傷感，淚點春冰。且消停。蕭郎歸去，莫怨飄零。

崇禎六年臥子爲河東君所作諸詩，其重要者，如秋潭曲，集楊姬館中及癸酉長安除夕等篇，前已迻錄全文，並附考證外，茲再錄此年所作關係河東君重要之詩數首於下。

陳忠裕全集拾陳李唱和集「予偕讓木北行矣，離情壯懷，百端雜出，詩以志慨。」七古云：

高秋九月露爲霜。翻然黃鵠雙翺翔。雲途窈窕星蒼茫。下有江水清淮長。嗟予遠行涉冀方。嵯峨宮闕高神鄉。良朋徘徊望河梁。美人贈我酒滿觴。欲行不行結中腸。何年解佩酬明璫。高文陸離吐鳳凰。江南羣秀誰芬芳。河干薄暮吹紅裳。紉以芍藥羞青棠。何爲棄此永不忘。日月逝矣心飛揚。旌旗交横莽大荒。聖人勞勞在未央。欲持中誠依末光。不然奮身擊胡羌。勒功金石何輝光。我其行也無彷徨。感君意氣成文章。

寅恪案，顧氏文房小説本古今注下「問答釋義第八」略云：

牛亭問曰，將離別相贈以芍藥者何？答曰，芍藥一名可離。故將別以贈之。欲蠲人之忿，則贈之青堂。（寅恪案，本草綱目叁伍下木之貳「合歡」條，引古今注作「青裳」。自是誤字。「青堂」亦難通。今佩文韻府作「青棠」，疑是韻府羣玉原本如此，「棠」字較合理，臥子遂依之耳。）青堂一名合懽，合懽則忘忿。

又臥子此首七言古詩，可與上引舒章致臥子書參證。詩中之「美人」自是河東君，不待多論。臥子之「離情壯懷，百端雜出。」之離情，即爲河東君而發。「壯懷」則臥子指其胸中經世之志略。此當日東南黨社諸名士所同具之抱負，匪獨臥子一人如是也。假使臥子此次北行，往應崇禎七年甲戌之會試而中式者，則後來與河東君之關係，或能善終。因臥子崇禎七年會試失意而歸。雖於次年春間得與河東君短時同居，然卒以家庭複雜及經濟困難之關係，不得不割愛離去。故今日吾人讀此詩，始知相傳世俗小說中，才子佳人狀元宰相之鄙惡結構，固極可厭可笑，但亦頗能反映當日社會之一部分眞象也。

又河東君戊寅草「送別」其一云：

念子久無際，兼時離思侵。不自識愁量，何期得濬心。要語臨歧發，行波託體沈。從今互爲意，結想自然深。

其二云：

大道固綿麗，鬱爲共一身。言時宜不盡，別緒豈成眞。衆草欣有在，高木何須因。紛紛多遠思，游俠幾時論。

寅恪案，此兩詩依據戊寅草排列先後推計，當是崇禎六年之作。此題又列在「初夏感懷四首」之後，「聽鐘鳴」及「落葉」兩題之前。故疑河東君此「送別」詩乃崇禎六年癸酉秋間送臥子北行會試之作。楊之「要語臨歧發」，即陳之「何年解佩酬明璫」。楊之「游俠幾時論」，即陳之「不然奮身擊胡羌」。其他兩人詩句中辭意互相證發者，不一而足，無待詳舉。然則臥子獲讀此送別之作，焉得不「離情壯懷，百端雜出。」耶？

抑更有可論者，陳忠裕全集柒屬玉堂集載「錄別」五古四首。雖據臥子自撰年譜崇禎八年乙亥條末云：「是歲有屬玉堂集。」但此詩題下自注云：「計偕別友吳中作四首。」其第貳首有「九月霜雁急」之句。又據臥子自撰年譜六年癸酉條云：「季秋偕尙木諸子遊京師。」及崇禎九年丙子條略云：「復當計偕。冬盡始克行。」故知此「錄別」詩乃是六年，而非九年所作也。臥子之「錄別」詩，殆即答河東君「送別」詩者。茲錄其全文於下。讀者詳繹詩中辭旨，益知臥子此次北行，其離情壯懷之所在矣。其一云：

悠悠江海間，結交在良時。意氣一相假，羽翼無乖離。胡爲有遠別，徘徊臨路歧。庭前連理樹，生平念華滋。一朝去萬里，芬芳終不移。所思日遙遠，形影互相悲。出門皆兄弟，令德還故知。我欲揚清音，世俗當告誰。同心多異路，永爲皓首期。

其二云：

攬袪臨大道，浩浩趨江湖。九月霜雁急，雲物變須臾。非不執君手，情短無歡娛。送我以朔風，中腸日夜孤。萬里一長歎，流光催賤軀。往路日以積，來者猶未殊。晨風轉秋落，懷哉在根株。猛虎依松柏，錦衾戀名姝。苟執心所尚，在物猶區區。睠焉山川路，巧笑誰能俱。

其三云：

黃鵠怨晨風，吹君天一方。別時僅咫尺，誰知歸路長。行役慘徒御，霜落沾衣裳。迢迢斗與牛，望望成他鄉。錦衾與角枕，不復揚輝光。豈無盛年子，雲路相翺翔。明月知我心，蘭蕙知我芳。難忘心所歡，他物徒悲傷。

其四云：

今日逝將別，慷慨爲一言。豫章生高岡，枝葉相嬋媛。一朝各辭去，彫飾爲君門。良材背空谷，慰彼盤石根。我行一何悲，所務難具論。非慕要路津，亮懷在飛翻。含意苟不渝，萬里無寒溫。勗君長相思，努力愛蘭蓀。常使馨香發，馳光來夢魂。

復次，崇禎六年癸酉春間臥子作品中，頗多有爲河東君而作之痕迹。蓋河東君已於崇禎五年壬申冬，由蘇州遷至松江矣。茲不欲多所迻寫，惟錄此年春間最有關之兩題，並取其他諸首中語句，略論之如下。

陳忠裕全集壹伍陳李唱和集「補成夢中新柳詩」七律云：

春光一曲夕陽殘。金縷牆東小苑寒。十様纖眉新鬭恨，三眠軼女正工歡。無端輕薄鶯窺幕，大抵風流人倚欄。（自注：「二語夢作。」）太覺多情身不定，莫將心事贈征鞍。

寅恪案，臥子此詩乃爲河東君而作。自無疑義。今唯喚起讀者注意一事，即後來河東君於崇禎十三年庚辰十二月二十六日迎春日與牧齋泛舟東郊後，所作之「春日我聞室作，呈牧翁。」七律（見東山詶和集壹。）「此去柳花如夢裏」及「東風取次一憑欄」等句，與臥子此詩有關。俟後詳論。臥子此時眷戀河東君如此，豈所謂「求之不得，寤寐思服。」者耶？

陳忠裕全集壹玖屬玉堂集「青樓怨」七絕二首云：

燈下鳴箏簾影斜。酒寒香薄有驚鴉。含情不語春宵事，月露微微尚落花。

紫玉紅綃煖翠帷。夜深猶綰綠雲絲。獨憐唱盡金縷曲，寄與春風總不知。

寅恪案，此題雖列在屬玉堂集中，然其後第柒題爲「渡江」，有「落葉紛紛到玉京」及「北雁背人南去盡」之句，第捌題爲「江都絕句，同讓木賦。」故知「青樓怨」乃在崇禎六年癸酉九月臥子偕宋徵璧赴京會試以前，大約是六年春季所賦。此題二首雖是摹擬王龍標之體。然第壹首有「影」字，第貳首有「憐」字，則其爲河東君而作，可無疑也。陳忠裕全集壹伍陳李唱和集又有「春遊」七律八首，其中多有「雲」字，又有「楊」「影」等字，此八首既是綺懷之作品，復載河東君之姓名，則臥子此時之情緒可以想見也。同書壹玖陳李唱和集「清明」七絕四首之三云：「今日傷心何處最，雨中獨上窈娘墳。」可與河東君戊寅草「寒食夜雨」十絕句之五云：「想到窈娘能舞處，紅顏就手更誰知。」互相證發，則其爲河東君而作，抑又可知。前論宋讓木秋塘曲時，已及之矣。又陳忠裕全集壹伍屬玉堂集「夢中吹簫」云：「鄂君添得蘭橈恨，近過揚州明月橋。」及「至後」三首之三云：「夢回午夜人如玉，春到江東花滿城。」並同書拾屬玉堂集「寒夜行兼憶舒章」七古云：「頗思歸擁春風眠。十三雁柱秦箏前。」等句，皆臥子崇禎六年往北京會試途中及抵京所作。其在揚州閱女而不當意，（李雯蓼齋集貳伍有「臥子納寵於家，身自北上，復閱女廣陵而不遇也。寓書於予，道其事，因作此嘲之。」七律云：「茂陵不與臨邛並，更語相如莫浪求。」寅恪案，舒章詩用西京雜記叁「（司馬）相如將聘茂陵人女爲妾，卓文君作白頭吟以自絕，相如乃止。」之故實，可以參證。此臨邛即卓文君，殆目河東君而言。若指張孺人，則恐過於唐突矣。）故尤眷想河東君不去於懷，即前引舒章詩所謂「知君念窈娘」者也。

復次，六年冬更有可注意之詩一篇，迻錄於後。

陳忠裕全集柒屬玉堂集「寒日臥邸中，讓木忽緘臘梅花一朵相示。此江南籬落間植耳，都下珍爲異產矣。感而賦之。」五古云：

天寒歲方晏，朔土風無時。有客馳緘素，中更尺一辭。室邇人則遠，何以寄乖離。啓緘燦孤英，炯然見寒姿。問誰植此卉，戚里揚葳蕤。溫室張錦幕，玉手云所私。常因清風發，懷佩慰朝飢。紫萼摘玄鬢，金屋分香褵。我家大江南，萬樹冰霜枝。緬想山中人，日暮對樊籬。

丰容貌邱壑，冉冉羞華滋。一朝媚帝里，婉孌先春期。微物欣所託，令人長相思。

寅恪案，此篇前一題爲「雜感」。其第貳首有「仲冬日易晦」之句。知此篇乃崇禎六年冬臥子偕宋徵璧旅居京師，待應次年春會試之時所作。篇中所言，大約因宋氏緘示帝里之臘梅，爲玉手所私，金屋所分者，遂憶及江南故鄉，感物懷人，不覺形諸吟詠耳。殊可注意者，此篇之後，即接以「旅病」一題。綜觀臥子集中，凡關涉河東君離情別緒之作，其後往往有愁病之什，俟後論之。茲即此一端而論，亦足見臥子乃「琅邪王伯輿，終當爲情死。」者，（見世説新語任誕類「王長史登茅山。」條。）然陳楊因緣卒不善終，誰實爲之，孰令致之，悲夫！

今檢河東君戊寅草，崇禎六年所作之詩詞頗不少，其與臥子有關者，古詩樂府及詞，則俟後論之，詩則有明顯證據如「寒食雨夜十絕句」與臥子陳李唱和集中「清明四絕句」之關係等，前已論及，茲不復贅。其他諸詩，讀者可取兩人所作，其時間及題目約略相近及類似者，詳繹之，中間相互之影響，亦能窺見也。

崇禎七年甲戌春臥子會試下第歸鄉後，既不得志，自更致力於文字。據臥子自撰年譜上崇禎七年甲戌條云：

春復下第罷歸。予既再不得志於春官，不能無少悒悒。歸則杜門謝客，寡讌飲，專志於學矣。是歲作古詩樂府百餘章。

但檢臥子此年所作其綺懷之篇什，明顯爲河東君而作者頗多。又取河東君戊寅草中古詩樂府與臥子此年所作，其題目相同者，亦復不少。然則臥子之古詩樂府，仍是與河東君有關也。茲略論述之於下。

臥子屬玉堂集「擬古詩十九首」。（陳忠裕全集柒。）河東君戊寅草首載「擬古詩十九首」。今檢戊寅草諸詩排列次序，大抵依作成之時間先後。河東君崇禎六年後所作詩，反列於「擬古詩十九首」之後者，蓋自昔相傳古詩十九首爲枚乘所作。昭明文選亦因襲舊説，列之於李陵之上。其意實推之爲五言之祖。（參文選貳玖古詩十九首李善注。）河東君集首載「擬古詩十九首」者，殆即斯旨，非以作成之時間，在崇禎六年以前。然則陳楊兩人集中，同有此題，明是同時所作，即崇禎七年所作也。此外可決定兩人樂府古詩皆在七年所作者，有「長歌行」「劍術行」。茲擇錄臥子「長歌行」與河東君「劍術行」於後，聊見兩人詶詠相互之關係云爾。

臥子「長歌行」（陳忠裕全集肆屬玉堂集。）云：

綺綺庭中樹，春至發華滋。遲我羲和駕，念子好容姿。秋風不能待，仍隨衆草衰。託身時運中，一往各成悲。亮懷千秋志，盛名我所師。

仙人餐沆瀣，肌體何馨香。手持五嶽行，下襲素霓裳。攜手同一遊，塵世三千霜。弱齡好辭翰，宛轉不能忘。時誦寶鴻（鴻寶）書，諧戲羣眞鄉。忘言達至道，罰我守東廂。

白雲橫仲秋。昭昭明月心。清光襲素衣，徘徊露已深。明燈鑒遙夜，宿鳥驚前林。所思日萬里，臨風爲哀吟。河梁一聞之，在遠不能尋。摘我瓊瑶佩，繞以雙南金。常恐馨香歇，無時寄清音。疇昔一長歎，使我悲至今。

河東君「長歌行」(戊寅草)云：

變瀷谷中翮，霄房有餘依。念子秋巖際，炫炫西山微(薇)。綏鳥悲不迴，嵸草狎輕葳。盛時弄芳色，陷勢無音徽。我思抱犢人，翻與幽蟲微。

仙人太皎練，華髻何翩然。混遯東濛文，光策招神淵。登此玄隴朔，讀此秘寶篇。玄臺拔嗜欲，握固丹陵堅。何心乘白麟，吹紗璚鳳烟。靈飛在北燭，八琅彈我前。

夙昔媚華盛，明月琅玕蒼。鱗枝發翠羽，雙鏡芙蓉光。自謂堅綢繆，翔協如笙簧。至今揚玉質，更逐秋雲長。蕤蕤雜花鳳，皎皎照綺鴦。朱絃勿復理，林鳥悲金塘。悵矣霜露逼，靈藥無馨香。望望西南星，獨我感樂方。

楊陳兩人崇禎七年所作近體詩之有相互關係者，擇録數題於下。

河東君「五日雨中」(戊寅草)云：

蒼茫倚嘯有危樓。獨我相思樓上頭。下杜昔爲走馬地，阿童今作鬥雞遊。(自注云：「時我郡龍舟久不作矣。」)蘭皋不夜應猶艷，明月爲丸何所投。家近芙蓉邑歇處，憐予無事不多愁。

臥子「五日」(陳忠裕全集壹伍屬玉堂集)云：

液池漫漫曉風吹。昌歜芙蓉綠滿枝。三殿近臣齊賜扇，六宮侍女盡聯絲。採蟲玉樹黄娥媚，鬭草金鋪紅藥宜。莫憶長安歌舞地，獨攜樽酒弔江蘺。

吴天五月水悠悠。極目烟雲静不收。拾翠有人盧女艷，弄潮幾部阿童遊。珠簾枕簟芙蓉浦，畫槳琴箏舴艋舟。擬向龍樓窺殿脚，可憐江北海西頭。

臥子平露堂集又有「五日」七律二首(陳忠裕全集壹陸。)云：

繁香雜綵未曾收。五月清暉碧玉樓。麗樹濃陰宜鬭草，疎簾宿雨戲藏鈎。王孫條達縈金縷，小妾輕羅染石榴。自有新妝添不得，可無雙燕在釵頭。

畫檻芙蓉一夜生。吴城雨過百花明。蘭香珠幌通人遠，麝粉金盤入手成。清暑殿頒紈扇麗，避風臺試絳綃輕。遙傳烟火回中急，更賜靈符號辟兵。

若取河東君之作與臥子屬玉堂集中「五日」第貳首相較，則兩人之詩所用之韻同，所用之辭語如「阿童遊」及「芙蓉昌歜」等亦同，似爲兩人同時所作。至臥子平露堂集中「五日」二首，第壹首「疎簾宿雨戲藏鈎」及第貳首「吴城雨過百花明」等句，雖與河東君「五日雨中」之題有所符合，但仍疑是臥子崇禎八年之作品。蓋「五日」天氣往往有雨，或者七年八年五日皆有雨，而七年特甚耳。

牧齋有學集壹叁東澗詩集下「病榻消寒雜詠」四十六首之十三云：

紗縠禪衣召見新。至尊自賀得賢臣。都將柱地擎天事，付與搔頭拭舌人。內苑御舟恩匼匝，上尊法酒賜逡巡。按圖休問盧龍塞，萬里山河博易頻。（自注：「壬午五日鵝籠公有龍舟御席之寵。」）

寅恪案，牧齋卒於康熙三年甲辰五月二十四日。此詩當爲此年五日病中感憶舊事而作，距卒前僅二十日耳。夫牧齋平生最快意之事，莫過於遇河東君。故有「病榻消寒雜詠」四十六首之三十四「追憶庚辰冬半野堂文讌舊事。」之作。其最不快之事，則爲與溫周爭宰相而不得，故亦有此作。臥子「五日」之詩言及當日京朝之事，牧齋此詩亦復如此，雖所詠有異，時代前後尤不相同。然三百年前士大夫心目中之人事恩仇，國家治亂之觀念，亦可藉以推見一斑矣。因並附錄於此。

崇禎七年甲戌陳楊兩人作品之互有關係者，除前所論述諸篇外，臥子此年所賦詩中，其爲河東君而作者，亦頗不少。如陳忠裕全集拾「甲戌除夕」七古略云：「去年猶作長安客，是時頗憶江南春。惟應與客乘輕舟，單衫紅袖春江水。」等，即是其例。茲更錄數篇，藉此可見臥子鍾情河東君，一至於此也。

陳忠裕全集壹伍屬玉堂集「水仙花」七律云：

小院微香壓錦茵。數枝獨秀轉傷神。仙家瑤草銀河近，侍女冰綃月殿新。搗玉自侵寒栗栗，弄珠不動水粼粼。虛憐流盼芝田館，莫憶陳王賦裏人。

寅恪案，此首後有「孟冬之晦，憶去年方於張灣從陸入都。」二首。故知此「水仙花」七律乃七年冬所作。末二句可與前引五年冬「吳閶口號」七絕第拾首後二句「芝田館裏應惆悵，枉恨明珠入夢遲。）相參證也。

陳忠裕全集壹伍屬玉堂集「臘日暖甚，過舒章園亭，觀諸艷作，並談遊冶。」二首云：

清暉脈脈水粼粼。臘日芳園意氣新。豈有冰盤堆絳雪，偏浮玉蘂動香塵。鴛鴦自病溪雲暖，翡翠先巢海樹春。今日剪刀應不冷，吳綾初換畫樓人。

五陵舊侶重傾城。淑景年年倚恨生。紫蕚不愁寒月影，紅箋先賦早春行。蒯緱虛擬黃金事，班管俱憐白鳳情。已近豔陽留一曲，東風枝上和流鶯。

寅恪案，此題自是爲河東君而作，不待多論。所可注意者，即臥子過舒章橫雲山別墅時，疑河東君亦與之偕遊。其所觀諸豔作中，河東君之作品當在其內也。第壹首第柒句用才調集伍元稹「詠手」詩「因把剪刀嫌道冷，泥人呵了弄人鬚。」之語。餘可參後論臥子蝶戀花「春曉」詞：「故脫餘綿，忍耐寒時節。」及牧齋「有美詩」，「輕寒未折綿」等句，茲暫不詳論。通常寒冷節候，河東君尚不之畏，何況此年冬暖之時耶？斯乃臥子描寫河東君特性之筆，未可以泛語視之。第貳首第壹聯上句出杜子美「詠梅」詩「紫蕚扶千蘂」句。（見仇兆鰲杜詩詳注壹壹「花底」及「柳邊」兩詩注。）自與臥子此題後「早梅」一詩有關。下句之「早春行」，當即指臥子「早春行」而言。（見陳忠裕全集捌平露堂集。）第貳聯上句出戰國策肆齊策及史記柒伍孟嘗君傳馮驩事。「黃金事」當謂藏嬌之黃金屋耳。下句「白鳳」用西京雜記貳「司馬相如初與卓文君還成都，居貧愁懣，以所服鷫鷞裘就市人陽昌貰酒，與文君爲懽。」事。前引錢肇鼇質直談耳柒「柳如之軼事」條，謂河東君在雲間，得徐三公子金錢以供宋轅文李存我陳臥子三人遊賞之費。是說雖未必確實，但臥子家貧，而與河東君遊冶，當時賦詩，固應有此種感慨。七八兩句則謂與河東君相唱詶事，其和曲，即指所觀諸豔作之類也。

陳忠裕全集壹伍屬玉堂集「早梅」云：

垂垂不動早春間。盡日青冥發滿山。昨歲相思題朔漠，（自注：「去年在幽州也。」）此時留恨在江關。干戈繞地多愁眼，草木當風且破顏。念爾凌寒難獨立，莫辭冰雪更追攀。

寅恪案，臥子此詩之佳，讀者自知。其爲河東君而作，更不待言。第叁句之「昨歲」，指崇禎六年冬留北京候會試之時。「相思」之語，亦可與前引「寒日臥邸中，讓木忽緘臘梅一朵相示。」五古「微物欣所託，令人長相思。」之結語相參證也。茲有一事可注意者，鄭鶴聲近世中西史日對照表所載，崇禎六年癸酉無立春。七年甲戌正月六日立春。十二月十七日又立春。鄭表七年正月之立春，應列於六年十二月。其誤不待言。（可參後論河東君嘉定之遊節。）陳忠裕全集將臥子此詩編爲屬玉堂集七律最後一題。陳集次卷平露堂集七律第壹題爲「乙亥元日」。由此言之，臥子「早梅」

詩，當作於崇禎七年甲戌十二月立春相近之時，而在除夕以前。故臥子此詩所謂「早春」之「春」，乃指鄭氏表中此年十二月之立春節候，並非指表中此年正月立春之節候而言，明矣。

陳忠裕全集壹玖屬玉堂集「朝來曲」二首之一云：

曉日垂楊裏，雲鬟鎖絳紗。自憐顏色好，不帶碧桃花。

又「古意」二首其一云：

日暮吹羅衣，玉閨未遑入。非矜體自香，本愛當風立。

其二云：

移蘭玉窗裏，朝暮傍紅裳。同有當春念，開時他自香。

又「長樂少年行」二首之二云：

問妾門前花，殷勤爲郎起。欲攀第幾枝，宛轉春風裏。

又「麗人曲」云：

自覺紅顏異，深閨閉曉春。只愁簾影動，恐有斷腸人。

寅恪案，以上所錄絕句五首，雖不能確定爲何年之詩。然仍疑是崇禎七年所作。蓋臥子自撰年譜上崇禎八年乙亥條，雖云，「是歲有屬玉堂集。」若依前論屬玉堂集中「錄別」及「青樓怨」實作於崇禎六年，「水仙花」實作於崇禎七年等例觀之，則臥子所謂崇禎八年有屬玉堂集之語，亦不過崇禎八年編定屬玉堂集之意耳。未可拘此以概屬玉堂之詩，悉是崇禎八年所作也。茲姑附此絕句五首於七年，俟後詳考。臥子此類玉臺體詩，可與權載之競美，洵可謂才子矣。詩中所描寫之女性，其姿態動作如：「自憐顏色好，不帶碧桃花。」「非矜體自香，本愛當風立。」及「殷勤爲郎起，宛轉春風裏。」諸句，皆能爲河東君寫眞傳神者也。

陳忠裕全集柒屬玉堂集「秋閨曲」五古三首之三云：

非關秋易恨，惟近月爲家。滅燭凝妝坐，臨風抱影斜。自憐能傾國，常是傍霜華。

寅恪案，此詩前一首爲「七夕」，「七夕」前逆數第叁題爲「錄別」。前論「錄別」一題，實作於崇禎六年，若依詩題排列之次序而言，似此「秋閨曲」亦作於六年秋者，但「錄別」一題，本臥子後來所補錄而插入七年所作詩中者，未可泥是遂謂「秋閨曲」亦作於六年也。故今仍認此曲爲七年之作。其詩「臨風抱影斜」及「自憐能傾國」等句中，藏有「影憐」之名，自是爲河東君而作無疑也。

陳忠裕全集壹玖屬玉堂集「何處」七絕云：

何處蕭娘雲錦章。殷勤猶自贈青棠。誰知近日多憔悴，欲傍春風恐斷腸。

寅恪案，此首之前爲「中秋逢閏」二首。此首後二首爲「仲冬之望，泛月西湖，得三絕句。」考崇禎七年閏八月。故知「何處」一首乃七年所作。此可與上引「偕讓木北行志慨」七古參證。當崇禎六年秋臥子由松江北行會試，河東君必有贈行之篇什，疑即是戊寅草中「送別」五律二首。前已論及，茲不復贅。若所推測者不誤，則河東君「送別」之詩，其辭意與世俗小說中佳人送才子赴京求名時之語言，有天淵之別。河東君之深情卓識，迥異流俗，於此可見一斑。由是言之，此才子雖是科不得列於狀頭之選，然亦不至因此而以辜負佳人之期望爲恨也。臥子此詩下二句殆用元微之鶯鶯傳中，楊巨源「崔娘詩」所云：「風流才子多春思，腸斷蕭娘一紙書。」之語，而微易其意。或者臥子此時重睹河東君「送別」之詩，因感去秋之情意，遂賦此篇耶？俟考。

復次，今日綜合河東君作品之遺存者觀之，其中最可注意，而有趣味者，莫如「男洛神賦」一篇。此文雖多傳寫譌誤之處，尚未能一一校正。然以其關係重要，故姑迻錄之於下，並略加考論，以俟通識君子教訂。

吳縣潘景鄭君藏河東君戊寅草鈔本，載詩八首，「別賦」及「男洛神賦」二篇。其「男洛神賦」之文云：

友人感神滄溟，役思妍麗，稱以辨服羣智，約術芳鑒，非止過於所爲，蓋慮求其至者也。偶來寒溆，蒼茫微墮，出水窈然，殆將感其流逸，會其妙散。因思古人徵端於虛無空洞者，未必有若斯之眞者也。引屬其事，渝失者或非矣。況重其請，遂爲之賦。

格日景之軼繹，蕩迴風之瀿遠。綷潫然而變匿，意紛訛而鱗衡。望嫕娟以熠耀，粲黝綺於疎陳。横上下而仄隱，寔澹流之感純。識清顯之所處，俾上客其逶輪。（寅恪案，文選壹貳木玄虛「海賦」云：「於廓靈海，長爲委輸。」疑「逶輪」乃「委輸」之譌寫。）水潗潗而高衍，舟冥冥以伏深。雖藻紈之可思，竟隆傑而飛文。騁孝綽之早辯，服陽夏之姸聲。於是徵合神契，曲澤婉引。攬愉樂之韜映，擲凝慏而難捐。四寂寥以不返，惟玄旨之繫搴。聽墜危之落葉，（寅恪案，文選壹陸江文通「恨賦」云：「或有孤臣危涕，孽子墜心。」同書壹柒陸士衡「文賦」云：「悲落葉於勁秋。」）既萍浮而無涯。（寅恪案，「海賦」云：「浮天無岸。」又云：「或乃萍流而浮轉。」）臨汜歲之萌濭，多漎濟於肆掩。況乎浩觴之猗靡，初無傷於吾道。羊吾之吟詠，更奚病其曼連。善憀慄之近心，吹搴帷之過降。乃瞻星漢，溯河梁。雲駁嵃而不斂，波窬雜以竝烺。淒思内曠，撼理妙觀。消矆峷於戾疾，承煇嫮之微芳。伊蒼傃之莫記，惟雋郎之忽忘。驚淑美之輕墮，悵肅川之混茫。因四顧之速援，始嫚嫚之近旁。何熿燿之絕殊，更妙鄢之去俗。（寅恪案，「鄢」疑當作「嫣」。）匪褕袘之嬛柔，具靈矯之爛眇。水氣酷而上芳，嚴威沆以窈窕。尚結風之棲冶，刻丹楹之纖笑。縱鴻削而難加，紛琬琰其無靚。鳧雁感而上騰，潾灝迴而爭就。方的礫而齊弛，遽纖曖以私縱。爾乃色愉神授，和體飾芬。啓奮迅之逸姿，信婉嘉之特立。羣嫵媚而悉舉，無幽麗而勿臻。懭乎緲兮，斯固不得而夷者也。至於渾攄自然之塗，戀懷俯仰之内，景容與以不息，質奇煥以相依。庶紛鬱之可登，建艷蓊之非易。愧翠羽之炫宣，乏琅玕而迭委。即濯妙之相進，亦速流之詭詞。欲乘時以極泓，聿鼓琴而意垂。播江皐之靈潤，何瑰異之可欺。協玄響於湘娥，疋匏瓜於織女。（寅恪案，文選壹貳郭景純「江賦」云：「乃協靈爽於湘娥。」同書壹玖曹子建「洛神賦」云：「歎匏瓜之無匹兮，詠牽牛之獨處。」又李善注引阮瑀「止慾賦」云：「傷匏瓜之無偶，悲織女之獨勤。」漢魏六朝百三名家集陳思王集壹「九詠」云：「感漢廣兮羨游女。揚激楚兮詠湘娥。臨迴風兮浮漢渚。目牽牛兮眺織女。」）斯盤桓以喪憂，□彫疏而取志。微揚娥之爲替，案長眉之瞴色。非彷彿者之所盡，豈漢通者之可測。自鮮繚繞之才，足以窮此瀾漾之態矣。

寅恪案，關於此賦有二問題。（一）此賦實爲誰而作？（二）此賦作成在何年？

（一）葛昌楣蘼蕪紀聞上載王士祿宮閨氏籍藝文考略，引神釋堂詩話云：

（柳）如是當（嘗）作男洛神賦，不知所指爲誰？其殆自矜八斗，欲作女中陳思耶？文雖總（？）雜，題目頗新，亦足傳諸好事者。

據此可見昔人雖深賞此賦之奇妙，而實不能確定其所指爲何人也。細繹此賦命題所以如此者，當由於與河東君交好之男性名士，先有稱譽河東君爲「洛神」及其他水仙之語言篇什，然後河東君始有戲作此賦以相酬報之可能。（寅恪偶檢石頭記肆叁「不了情暫撮土爲香」回，以水仙菴所供者爲洛神。其叁捌回爲「林瀟湘魁奪菊花詩」。蓋由作者受東坡集壹伍「書林逋詩後」七古「不然配食水仙王，一盞寒泉薦秋菊。」句之影響。至臥子則深鄙蘇詩，所賦「水仙花」詩，與此無涉，固不待辨。但文選壹玖曹子建「洛神賦」題下李善注云：「漢書音義。如淳曰，宓妃，宓羲氏之女，溺洛水爲神。」臥子或有取於此，而以「水仙花」目河東君，亦未可知也。俟考。）考當時文人目河東君爲洛神者多矣。如前引臥子「吳閶口號」十首之十云：「芝田館裏應惆悵，枉恨明珠入夢遲。」及「水仙花」七律云：「虛憐流盼芝田館，莫憶陳王賦裏人。」又汪然明汝謙春星堂詩集叁遊草中爲河東君而作之「無題」云：「美女如君是洛神。」等，可爲例證。若河東君戲作此賦，乃是因譽己爲「洛神」之男性名士而發者，則依下所考證，然明賦「無題」詩，在崇禎十一年戊寅。此年然明已六十二歲。暮齒衰顏，必無「神光離合，乍陰乍陽。」之姿態。故其詩亦云：「老奴愧我非溫嶠。」殊有自知之明。河東君所指之「男洛神」，其非然明，固不待辨。至臥子賦「吳閶口號」，在崇禎五年壬申，年二十五歲。賦「水仙花」詩，在崇禎七年甲戌，年二十七歲。此數年間，臥子與河東君情好篤摯，來往頻繁。臥子正當少壯之年，才高氣盛，子建賦「神光」之句，自是適當之形容。況復其爲河東君心中最理想之人耶？宜其有「男洛神」之目也。自河東君當日出此戲言之後，歷三百年，迄於今日，戲劇電影中乃有「雪北香南」之「男洛神」，亦可謂預言竟驗者矣。呵呵！

（二）據汪然明「無題」詩「美女如君是洛神」之句，知然明賦詩時，必已先見「男洛神賦」，然後始能作此語。汪詩既作於崇禎十一年秋季，則此賦作成之時間，自當在此以前無疑。此賦序中有「偶來寒溆」之語，則當作於秋冬之時。河東君於崇禎八年春間，與臥子同居。是年首夏離臥子別居。

秋深去松江，往盛澤歸家院。故八年秋冬以後數年，河東君之心境皆在憂苦中。其間雖有遇見臥子之機會，當亦無閒情逸致，作此雅謔之文以戲臥子。由此言之，此賦應作於八年以前，即七年秋冬之時也。又賦序有「友人感神滄溟」賦中有「協玄響於湘娥，疋匏瓜於織女。」等語，頗疑河東君此賦乃酬答臥子「湘娥賦」之作。檢陳忠裕全集貳「湘娥賦」之前二首爲「爲友人悼亡賦」。其序略云：

同郡宋子建娶婦徐妙，不幸數月忽焉隕謝。宋子悲不自勝，命予爲賦以弔之。

及同書壹捌平露堂集載「送宋子建應試金陵，隨至海州成昏。」五言排律一首。考宋存標此次應試，乃應崇禎九年丙子科江南鄉試。其在海州成昏，疑當在是年秋。其妻徐妙婚后數月即逝，時間至遲亦不能超過十年春間。可知臥子爲子建作賦，當在崇禎十年也。若依此推論，則「湘娥賦」似爲十年以後所作。但「爲友人悼亡賦」之前爲「琴心賦」（同書同卷。）「琴心賦」之前爲「秋興賦」（同書壹。）其序略云：

潘安仁春秋三十有二，作秋興賦。余年與之齊，援筆續賦。

又臥子自撰年譜上崇禎十二年己卯條略云：

是年予春秋三十二矣。感安仁二毛之悲，遂作秋興賦。

則是崇禎十二年之作品，列於崇禎十年作品之前。今陳忠裕全集所載諸賦，其作成之年月，實不能依卷册及篇章排列之先後而推定。故「湘娥賦」雖列於「爲友人悼亡賦」之後，亦不可拘此認其爲崇禎十年以後之作品。殊有作於崇禎八年以前，即七年秋冬間之可能也。今以此賦作成時間無確定年月可考，姑依河東君與臥子關係之一般情勢推測，附錄於崇禎七年甲戌之後。尚待他日詳考，殊未敢自信也。此賦傳寫既有譌脱，復慚儉腹，無以探作者選學之淵深，除就字句之可疑者及出處之可知者，略著鄙意，附注於原文之下外，兹舉此賦辭語之可注意者，稍述論之於下。

賦云：

　　騁孝綽之早辯，服陽夏之妍聲。

寅恪案，河東君以「孝綽」及「陽夏」比「感神滄溟」之「友人」。檢梁書叁叁劉孝綽傳（參南史叁玖劉孝綽傳。）略云：

　　孝綽幼聰敏，七歲能屬文。舅齊中書郎王融深賞異之。常與同載適親友，號曰神童。〔父〕繪齊世掌詔誥，孝綽年未志學，繪常使代草之。

宋書陸柒謝靈運傳（參南史壹玖謝靈運傳。）略云：

　　謝靈運陳郡陽夏人也。幼便穎悟。少好學，博覽羣書。文章之美，江左莫逮。

同書伍叁謝方明傳附惠連傳（參南史壹玖謝方明傳附子惠連傳。）云：

　　子惠連，幼而聰敏。年十歲能屬文。

南齊書肆柒謝朓傳（參南史壹玖謝裕傳附朓傳。）云：

謝朓字玄暉，陳郡陽夏人也。少好學，有美名。文章清麗。

然則河東君心目中之劉謝爲何人耶？見臥子自撰年譜上萬曆四十六年戊午（寅恪案，是年臥子年十歲。）條云：

先君（寅恪案，臥子父名所聞。）教以春秋三傳莊列管韓戰國短長之書，意氣差廣矣。時予初見舉子業，私撰伯夷叔齊餓於首陽之下及堯以天下與舜二篇。先君甚喜之。

同書天啓元年辛酉條略云：

先君得刑部郎，改工部郎。每有都下信，予輒上所爲文於邸中。先君手爲評駁以歸。擇其善者，以示所親，或同舍郎。是時頗籍籍，以先君爲有子矣。

明史貳柒柒陳子龍傳云：

生有異才。工舉子業，兼治詩賦古文，取法魏晉，駢體尤精。

故河東君取劉謝以方臥子，殊爲適當。後來河東君於崇禎十三年與汪然明書（柳如是尺牘第貳伍通。見下所論。）稱譽臥子云：

□間恬遏地，有觀機曹子，切劘以文。其人鄴下逸才，江左罕儷。

又可與此賦所比配者參證也。夫臥子以才子而兼神童。河東君以才女而兼神女。才同神同，其因緣遇合，殊非偶然者矣。論者或疑宋轅文亦雲間世冑，年少美才，與河東君復有一段寒水浴之佳話。此「出水芙蓉」（可參文選壹玖曹子建洛神賦「灼若芙蕖出淥波」句。）足當男洛神之目而無愧。但此賦序云：「友人感神滄溟。」賦中又有「協玄響於湘娥，疋匏瓜於織女。」之語。今臥子集內實有「湘娥賦」一篇，與河東君所言者相符應。而轅文作品中，尚未發現與男洛神賦有關之文。職是之故，仍以男洛神屬之臥子，而不以之目轅文也。噫！臥子抗建州而死節，轅文諛曼殊以榮身。孔子曰：「不有祝鮀之佞，而有宋朝之美，難乎免於今之世矣。」（論語雍也篇。）豈不誠然哉？豈不誠然哉？

又此賦云：

　　聽墜危之落葉，既萍浮而無涯。

寅恪案，此兩句出處，已於上錄此賦原文句下標出，不待更論。蓋河東君取材於江陵賦語，自比於孤臣孽子，萍流浮轉。男洛神一賦，其措辭用典，出諸昭明之書，似此者尚多，不遑詳舉。由此言之，河東君受臥子輩幾社名士選學影響之深，於此亦可窺見一斑矣。復檢戊寅草中有「聽鐘鳴」及「悲落葉」二詩，繹其排列次序，似爲崇禎六年癸酉所作。若推測不誤，則此賦之語亦與「悲落葉」詩有關，此兩詩實爲河東君自抒其身世之感者。其辭旨尤爲淒惻動人。故迻錄之於下，當世好事者，可並取參讀之也。

「聽鐘鳴」并序云：

鐘鳴葉落，古人所嘆。余也行危坐戚，恨此形骨久矣。況乎惻惻者難忘，幽幽者易會。因倣世謙之意，爲作二詞焉。

聽鐘鳴。鳴何深。妖欄妍夢輕。不續流蘇翠羽鬱清曲，烏啼正照青楓根。一楓兩楓啼不足，鵾絃煩激猶未明。淒淒朏朏傷人心。驚妾思，動妾情。妾思縱陳海唱彎弧君不得相思樹下多明星。（寅恪案，「動妾情」下疑有脫誤，未能補正。）用力獨彈楊柳恨，盡情啼破芙蓉行。月已西，星已沈。霜未息，露未傾。妾心知已亂，君思未全生。情有異，愁仍多。昔何密，今何疎。對此徒下淚，聽我鳴鐘歌。

「悲落葉」云：

悲落葉。重疊復相失。相失有時盡，連翩去不息。鞞歌桂樹徒盛時。亂條一去誰能知。誰能知。復誰惜。昔時榮盛凌春風，今日颯黃委秋日。凌春風，委秋日。朝花夕蘂不相識。悲落葉，落葉難飛揚。短枝亦已折，高枝不復將。願得針與絲，一針一絲引意長。針與絲，亦可量。不畏根本謝，所畏秋風寒。秋風催（摧？）人顏。落葉催（摧？）人肝。眷言彼姝子，落葉誠難看。

寅恪案，世謙者，南北朝人蘭陵蕭綜之字。其所作「聽鐘鳴」及「悲落葉」兩詞，見梁書伍伍豫章王綜傳。關於綜之事蹟，可參南史伍叁梁武帝諸子傳豫章王綜傳，魏書伍玖蕭寶夤傳附寶夤兄子贊傳，北史貳玖蕭寶夤傳附贊傳及洛陽伽藍記貳城東龍華寺條。至河東君之以世謙自比，是否僅限於身世飄零，羈旅孤危之感，抑或其出生本末更有類似德文者，則未能詳考，亦不敢多所揣測也。

復次，上論河東君之「男洛神賦」爲酬答臥子之「湘娥賦」而作。若此假定不誤，可知男洛神賦中「協玄響於湘娥，疋匏瓜於織女。」之句，乃此賦要旨所在。即陸士衡所謂「立片言而居要，乃一篇之警策。」者也。（見文選壹柒陸士衡文賦。）然則男洛神一賦，實河東君自述其身世歸宿之微意，應視爲誓願之文，傷心之語。當時後世，竟以佻健遊戲之作品目之，誠膚淺至極矣。特標出之，以告今之讀此賦者。

河東君嘉定之遊

此期河東君與臥子之關係，已如上述。茲附論河東君此期嘉定之遊。就所見材料言之，河東君嘉定之遊，前後共有二次。一爲崇禎七年甲戌暮春至初秋。二爲崇禎九年丙子正月初至二月末。今依次論述之。雖論述之時間，其次序排列先後有所顛倒，然以材料運用之便利，姑作如此結構，亦足見寅恪使事屬文之拙也。

河東君第壹次所以作嘉定之遊者，疑與謝三賓所刊之嘉定四君集有關。其中程嘉燧松圓浪淘集首謝三賓序後附記云：

> 庚午春日莆陽宋轂書于墊巾樓中。

及馬元調爲謝氏重刻容齋隨筆卷首紀事壹略云：

> 去年春，明府勾章謝公刻子柔先生等集，工匠稿不應手，屢欲散去。元調寔董較勘，始謀翻刻，以寓羈縻。崇禎三年三月朔，嘉定馬元調書於僦居之紙窗竹屋。

據此嘉定四君集刻成在崇禎三年春季，崇禎七年河東君在松江，其所居之地，距嘉定不遠，經過四五年之時日，此集必已流布於幾社諸名士之間，河東君自能見及之。如列朝詩集丁壹叁所選婁貢士堅詩。其中有：「秋日赴友人席，修微有作同賦。」一題，足證嘉定四先生頗喜與當日名姝酬酢往還，河東君得睹此類篇什，必然心動，亦思倣效草衣道人之所爲。揆以河東君平生之性格及當日之情勢，則除其常所往來之幾社少年外，更欲納交於行輩較先之勝流，以爲標榜，增其身價，並可從之傳受文藝。斯復自然之理，無待詳論者也。至若嘉定李宜之與王微之關係，可參趙郡西園老人（寅恪案，此乃上海李延是之別號。）南吳舊話錄貳肆閨彥門王修微條及附注，茲不詳引。又檢有學集貳拾李緇仲詩序所言：「青樓紅粉，未免作有情癡。」及申論伶玄「淫乎色，非慧男子不至。」之說，疑即暗指李王一段因緣。牧齋於王修微本末多所隱飾。如列朝詩集閏肆艸衣道人王微小傳，不言其曾適茅元儀及後適許譽卿復不終之事實。（見明詩綜玖捌妓女門王微小傳。）蓋爲摯友名姝諱。其作緇仲詩序亦同斯旨也。

河東君第壹次作嘉定之遊，雖應有介紹之人，然今既不易考知，亦不必詳究。但其作第貳次之遊，則疑與第壹次有別，即除共嘉定耆宿商討文藝之外，更具有「觀濤」之旨趣。（見後論河東君與汪然明尺牘第貳伍通。）故就河東君擇婿程序之地域與年月之關係約略言之，崇禎八年秋晚以前，爲松江時期。八年秋晚以後至九年再遊嘉定復返盛澤歸家院爲嘉定盛澤間時期。十一年至十三年十一月，爲杭州嘉興時期。此後則至虞山，訪牧齋於半野堂，遂爲一生之歸宿。風塵憔悴，奔走於吳越之間，幾達十年之久。中間離合悲歡，極人生之痛苦。然終於天壤間得值牧齋，可謂不幸中之幸矣。古人有言：「士爲知己者死，女爲悅己者容。」（見戰國策陸趙策，史記捌陸刺客傳豫讓傳，漢書陸貳司馬遷傳及文選肆壹司馬子長報任少卿書等。）河東君以儒士（見牧齋遺事「國朝錄用前期耆舊」條所述牧齋戲稱河東君爲柳儒士事。）而兼俠女，其殺身以殉牧齋，復何足異哉？

河東君首次嘉定之遊，今僅從程松圓詩中得知其梗概。唐叔達時升雖亦有關涉此事之詩，但嘉定四君集刻成於崇禎三年春季，故唐氏所賦之詩，未能收入，殊爲可惜。更俟他日詳檢舊籍，儻獲見唐氏諸詩，亦可彌補缺陷也。

上海合衆圖書館藏耦耕堂存稿詩鈔本上中下三卷。其中卷載有朝雲詩八首（孟陽之婿孫石甫介藏鈔本，題作「豔詩」。刻本鈔補題作「朝雲詩」。此原鈔本，本題「朝雲詩」，旁用朱筆塗改「伎席」二字。孫石甫事蹟可參光緒修嘉定縣志壹捌金望傳。及同書壹玖金獻士傳並有學集壹捌耦耕堂集序等。）列朝詩集丁壹叁松圓詩老程嘉燧詩，雖選朝雲詩，但止耦耕堂存稿詩此題之前五首，而無後三首。茲全錄耦耕堂存稿詩中此題八首，略就其作成時間及河東君寓居地點，並與河東君共相往來詶和諸人，分別考述之於下。

今綜合松圓在崇禎七年甲戌一年内所作諸詩排列次序考之，「朝雲詩」八首，殊有問題。此題之前諸題，自「甲戌元日聞雞警悟」，即朝雲詩前第拾伍題，爲崇禎七年所賦第壹詩。其他諸題如朝雲詩前第拾貳題爲「花朝譚文學載酒看梅，復邀汎舟，夜歸即事。」前第玖題爲「三月晦日過張子石留宿，同茂初兄作。」前第陸題爲「四月二日過魯生家作」。此皆注明月日，與詩題排列次序先後符合，甚爲正確，絕無疑義。但朝雲詩前第貳首「送侯豫章之南吏部」，（寅恪案，「章」應作「瞻」。）據侯忠節公（峒曾）集首附其子所編年譜，崇禎七年甲戌條云：「是冬十一月之官南中。」朝雲詩前第壹題爲「和韻送國碁汪幼清同侯銓曹入京，先柬所知。」中有「歸裝歲暮停」之句。又朝雲詩後第叁題「鄒二水知郡，枉訪有贈。」題下自注云：「南皐公孫，由汝上，流寓京口。」據耦耕堂存稿詩自序云：「甲戌冬，余展閔氏妹墓于京口五州山下。」初視之，似朝雲詩八首乃崇禎七年冬季所作。細繹之，詩中所言景物，不與冬季相合。耦耕堂存稿詩鈔本朝雲詩第柒首上有朱筆眉批云：「八詩自晚春敘及初秋，時序歷歷可想。」此批雖不知出自何人之手，但即就此題第壹首第壹句「買斷鉛紅爲送春」及第柒首第壹句「針樓巧席夜紛紛」之語觀之，可證其言正確，不必詳察其餘詩句也。然則此題諸詩必非一時所賦，乃前後陸續作成者。豈此題諸詩作成之後復加修改，遲至冬季始告完畢，遂編列於崇禎七年冬季耶？更有可注意者，此題八首詩中，前五首與後三首，雖時節氣候相連續。然此後三首中所述款待河東君之主人，皆在其城內寓所。主人固非一人，但直接及間接與唐叔達有關。頗疑此題前五首爲前一組，此題後三首爲後一組。此後一組與此題八首後一題之「今夕行」，復有密切相互之關係。牧齋編選列朝詩集，擇錄朝雲詩前五首，而遺去朝雲詩後三首及「今夕行」。何以不爲孟陽諱，轉爲叔達諱，其故今未敢臆測。然「朝雲詩」後三首及「今夕行」，與「朝雲詩」前五首所賦詠者有別，亦可據此以推知矣。

今欲考此次河東君嘉定之遊，所居住遊宴之地，必先就程孟陽嘉燧，唐叔達時升，張魯生崇儒，張子石鴻磐，李茂初元芳，孫火東元化諸人居宅或別墅所在，約略推定，然後松圓爲河東君此次遊練川所作綺懷諸詩，始能通解也。

程松圓嘉燧耦耕堂集自序云：

天啓〔五年〕乙丑五月由新安至嘉定，居香浮閣。宋比玉〔萬曆四十八年〕庚申度歲於此，梅花時所題也。〔崇禎三年〕庚午四月攜琴書至拂水，比玉適偕。錢受之屬宋作八分書耦耕堂，自爲之記。〔崇禎五年〕壬申春，二子移居西城。余偶歸，而唐兄叔達適至，因取杜詩「相逢成二老，來往亦風流。」之句，顔西齋曰成老亭。先是〔崇禎四年〕辛未冬妻兄物故，已不及見移居。〔崇禎七年〕甲戌冬，余展閔氏妹墓於京口五州山下，過江還，則已逼除，因感老成之無幾相見，遂留此。日夕與唐兄尋花問柳，東鄰西圃，如是者二年，而唐兄亦仙去。

光緒修嘉定縣志叁拾第宅園亭門云：

塾巿樓。輔文山後，積穀倉前。員外郎汪明際闢，爲程嘉燧宋珏輩觴詠之所。

同書壹玖汪明際傳略云：

汪明際字無際，一字雪庵。弱冠名籍甚，精易學，工詩畫。萬曆戊午舉於鄉，選壽昌教諭。（寅恪案，乾隆修嚴州府志拾官師表，載明崇禎間壽昌縣教諭，有「汪無際，嘉定人。」）讀書魏萬山房，倡導古學。遷國子學錄，歷都察院司務，營繕司主事，晉員外郎。督修京倉。以疾告歸。給諫鄒士楷遺書勸駕，擬特疏薦舉，辭。後以同官接管誤工，拜杖死。子彦隨，字子肩。工畫。崇禎〔六年〕癸酉副榜。痛父冤歿，終身廬墓。

徐沁明畫錄伍云：

> 汪明際字無際，餘姚人，占籍華亭。登鄉薦。畫山水，蒼涼歷落，筆致秀逸，以士氣居勝。

寅恪案，孟陽以新安人僑寓嘉定，雖早欲買田宅於練川，而未能成。（見松圓浪淘集總目「蓬戶卷四」目下注云：「萬曆二十三年」乙未正月葬畢還吳，同孫三履和至梁宋間。（二十四年）丙申，（二十五年）丁酉，皆閒居，日從丘（子成集）張（茂仁應武）二丈，唐（叔達時升）婁（子柔堅）二兄晤言，有蓬戶詩。買田城南未成。」及「空齋卷五」載：「買田宅未成，戲爲俚體。」詩，首二句云：「城南水竹稱幽情，幾念還鄉買未成。」）故在崇禎五年春，移居西城以前，往往寄居友人別業。其在嘉定寓居之墊巾樓，亦略同於常熟拂水山莊之耦耕堂。耦耕堂之得名，已詳載於初學集肆伍耦耕堂記。墊巾樓之名，亦與此相同，實出孟陽友人所題，而非松圓所自名也。後漢書列傳伍捌黨錮傳郭太傳云：

> 嘗於陳梁閒行，遇雨，巾一角墊。時人乃故折巾一角，以爲林宗巾。其見慕如此。

蓋孟陽以山人處士之身分，故可借林宗之故事以相比。若孟陽本人，似不應以此名自誇。至於汪無際後來由鄉薦，（寅恪案，光緒修嘉定縣志壹肆選舉志科貢門舉人欄，萬曆四十六年戊午載有汪明際之名。）仕至員外郎，其在孟陽僦居之前，尚希用世，更不宜即以處士終身之林宗自況，亦甚明矣。然則此樓之名，豈汪氏特爲松圓而命耶？俟考。復次，取松圓浪淘集總目「春帆卷十三」下注略云：「（萬曆四十年）壬子秋僦居城南墊巾樓，與唐子孟先同舍並居。（四十一年）癸丑冬宋比玉（珏）至。」並春帆集中「移居城南送李緇仲（宜之）鄉試，並寄（龔）仲和（方中）」，「墊巾樓中宋比玉對雪鼓琴」兩題，及「松寥卷十四」，「元日同唐孟先墊巾樓晏坐」。又前引浪淘集首謝三賓序後附「庚午春莆陽宋㲄書於墊巾樓中。」及孟陽耦耕堂集自序「（崇禎五年）壬申春二子移居西城。」等語，綜合觀之，則知孟陽自萬曆四十年秋，至崇禎五年春，二十年間，其在嘉定，乃寄居汪無際城南之墊巾樓，而與崇禎五年春間以後所移居之西城寓所，非同一地，自與河東君嘉定之遊，不相關涉者也。蓋昔人「城南」一詞，習指城牆以外之南方而言，如辛氏三秦記「城南韋杜，去天尺五。」及孟棨本事詩情感類「博陵崔護」條，「清明日，獨遊都城南，得居人莊。」等，可爲例證。孟陽習於舊籍成語，自故用此界說。至其所謂西城，則指城內之西部。由是言之，「城南」與「西城」，其間實有城牆之隔離也。此點似無足關輕重，但以與河東君在嘉定居住遊宴之問題有關，且孟陽詩中，屢見墊巾樓之名，易致淆混，遂不避煩瑣，先辨之如此。餘可參下論唐時升園圃條等。

列朝詩集丁壹叁上唐處士時升小傳略云：

時升字叔達，嘉定人。少有異才，未三十，謝去舉子業，讀書汲古，通達世務。居恆笑張空拳，開橫口者如木蹋泥龍，不適於用。酒酣耳熱，往往捋鬚大言曰：「當世有用我者，決勝千里之外，吾其爲李文饒乎？」太原公（寅恪案，指王錫爵。）執政，叔達偕其子辰玉讀書邸中。（寅恪案，辰玉者，指王錫爵之子衡。見明史貳壹捌王錫爵傳。）天下漸多事，上言利病者紛如。叔達私議某得某失，兵農錢穀，具言其始終沿革，若數一二。東西搆兵萬里外，羽書旁午，獨逆斷其情形虚實，將帥成敗，已而果然。先帝即位，余以詹事召還。叔達爲文贈余，備陳有生以來，所見聞兵革之事，謂今日聚四方之武勇，轉九州之税斂，與一縣之衆角，已十年而不得其要領。國初所以收羣策羣力，定亂略，致太平，公之所詳也，其可爲明主盡言乎？或謂廣廈細旃，非論兵之地，則漢之賈誼，唐之李泌陸贄李絳獨何人哉？余未幾罪廢，不克副其望，而叔達之窮老憂國，爲何如也。家貧好施予。鋤舍後兩畦地，剪韭種菘。晚年時閉門止酒，味莊列之微言，以養生盡年。語及國事，盱衡抵掌，所謂精悍之色，猶著見於眉間也。

黄世祚等修嘉定續志附前志壹玖人物志文學門唐時升傳考證云：

時升工山水。有西隱寺納涼册六幅，隨意揮灑，頗得雲林天趣。自題云：「余不善畫，亦不工書。（萬曆十九年）辛卯長夏，避暑西隱之竺林院。山窗無事，用遣岑寂，非敢與前人計爭巧拙也。留與元老禪兄一笑。」程庭鷺施錫衛皆有跋。又宋道南曾見先生畫幅，石摹子久，樹仿雲林，頗神似。

光緒修嘉定縣志叁拾第宅園亭門「處士唐時升宅」條云：「北城。」其後附張鵬翀（寅恪案，鵬翀嘉定人。事蹟見嘉定縣志壹陸宦蹟門及清史稿伍佰玖藝術傳等。又嘉定縣志貳柒藝文志別集類載：「南華山人詩鈔十六卷，張鵬翀著。」）「過叔達先生故居」云：

吾鄉四先生，程李婁與唐。閱世未百年，遺迹多蒼茫。惟有唐翁居，猶在北郭旁。今朝好風日，鄰曲春酒香。招呼共娛樂，醉步校獵場。（寅恪案，「校獵場」謂演武場也。）回橋俯清溪，新柳三兩行。宛然幽人姿，疎梅出頹牆。叩門竚立久，春風爲低昂。入門撫奇樹，云已百歲強。念此手澤存，剪拜毋敢傷。更有古桂花，四時自芬芳。先生手摩挲，黃雪名其堂。庭之東纂纂，河之水洋洋。灌園足自給，不藉耕與桑。（下略。）

同書同卷「唐氏園」條云：

演武場西。中有梅庵，娛暉亭。有土阜名紫萱岡。架石爲讀書臺，亦名琴臺。唐時升闢。

同書貳官署門「演武場」條云：

舊在西門外，高僧橋西。今在西城七圖。基地三十三畝七分三釐九毫。明正統二年巡撫周忱建廣儲庫，貯官布。嘉靖十五年知縣李資坤改演武場。二十三年知縣張重增築外垣，建講武堂。垣與堂久廢。國朝因之。（寅恪案，嘉定縣志叁拾古蹟門「城頭」條附張陳典「尋畱城故址」詩云：「有元於此地，曾設演武場。」可知嘉定縣之演武場，乃元代所建，本在城外。明嘉靖十五年改西城内之廣儲庫爲演武場。故今嘉定縣志卷首縣城圖所繪演武場，即在城内。唐氏園東之演武場，自應在城内。恐讀者誤解，特附識於此。又嘉定縣志叁貳軼事門載崇禎中諸生王紱「同朱介繁觀演武場團練」詩，並可參閱，以資談助。）

同書叁壹寺觀門縣城西隱寺條略云：

西城七圖。元泰定元年僧悦可建。明萬曆十八年僧存仁修。徐學謨張其廉增勑竺林院藏經閣。

列朝詩集丁壹叁唐處士時升「園中」十首，其二云：

自爲灌園子，職在耒耜間。秋來耕耨罷，獨往仍獨還。河水清且漣，紫蓼被其灣。躊躇落日下，聊用娛心顔。瓠葉黄以萎，其下生茅菅。遂恐穿堤岸，嘉蔬受扳援。丁寧戒童僕，耰鋤當宿閑。宴安不可爲，古稱稼穡艱。

其六云：

昔我遊京華。達者日晤言。著書三公第，開讌七貴園。中心既無營，澹若蓬蓽門。歸來治環堵，無計以自溫。批葱疏平圃，種薤滿高原。不辭筋力盡，所苦人事繁。雖有方丈食，不如一壺飧。非力不自食，大哉此道尊。

同書同卷「題娛暉亭」四首（嘉定四君集中三易集，此題原爲八首。）云：

負郭家家水竹，殘春處處烟花。開尊欲栖鳥雀，舉網頻得魚鰕。春霽耰鋤札札。晝長棋局登登。行就南鄰酒伴，立談北寺歸僧。（寅恪案，「北寺」當指西隱寺。）

風㧑藤絲脱樹，雨餘柳絮爲萍。閒居莫來莫往，小酌半醉半醒。鵲喜攜尊新客，魚迎散食小僮。岡腰暮靄凝碧，（寅恪案，此指紫薹岡。）水面殘陽漾紅。

耦耕堂存稿詩卷中「贈西鄰唐隱君」詩云：

西家清池貫長薄。中壘岑隅望青郭。仲長豈羨帝王門，樊須自習丘園樂，春前土菘美如玉，雨後露茄甘勝酪。鄰翁拾果換金錢，溪鳥銜魚佐盃勺。君家老兄山澤儒，詩文咳唾成璣珠。長篇短句雜謠詠，名（如？）君樂事世所無。山中舊業今烏有。十年衣食常奔走。歸來雖曰耦耕人，兒女東西不餬口。茅齋稻畦村巷東，花時招我鄰舍翁。今年春秋富佳日，藥闌芰沼連桂叢。安得逐君種魚蒻韭仍披葱。不願吹竽列鼎兼鳴鐘。

寅恪案，牧齋言叔達「鋤舍後兩畦地，剪韭種菘。」可知其園圃，與居舍相連接，實爲一地。其地乃位於嘉定縣城內之西北區。嘉定縣志所載「唐時升宅」條，謂在北城。張抑齋詩謂在「北郭旁」。但同書「演武場」條及「西隱寺」條謂演武場及西隱寺俱在西城。蓋唐氏宅圃之位置，實在城內之西北區，故可言在北城，亦可言在西城也。孟陽崇禎五年春以後移居西城，作叔達兄弟之東鄰。

（此據松圓崇禎七年甲戌所賦「贈西鄰唐隱君」詩，假定唐隱君爲叔達之兄弟行，因而推得之結論。如唐隱君非叔達之兄弟行，則須更考也。又前引孟陽耦耕堂集自序云：「日夕與唐兄尋花問柳，東鄰西圃，如是者二年。」「東鄰」孟陽自指，「西圃」指叔達。斯亦孟陽所居實在叔達園圃東之一旁證也。又孟陽序中所謂「尋花問柳」疑別有含義耶？一笑！）又據孟陽今夕行「南鄰玉盤過(送)八珍」，（見下引此詩全文並附論。）則孟陽所居復在叔達宅圃之北，若詳確言之，則叔達實爲孟陽之西南鄰，不過孟陽省去「西」字耳。昔人賦詠中涉及方位地望者，以文字聲律字句之關係，往往省略一字，如三國志伍肆吳書玖周瑜傳裴注引江表傳述黃蓋詐降曹操事云：「時東南風急。」全唐詩第捌函杜牧肆「赤壁」七絕云：「東風不與周郎便，銅雀春深鎖二喬。」蓋牧之賦七言詩，以字數之限制，不得不省「東南風」爲「東風」。實則當時曹軍在江北，孫軍在江南，「東」字可省，而「南」字不可略。今俚俗「借東風」之語，已成口頭禪，殊不知若止借東風，則何能燒走曹軍。儻更是東北風者，則公瑾公覆轉如東坡念奴嬌「赤壁懷古」詞所謂「灰飛烟滅」，而阿瞞大可鎖閉二喬於銅雀臺矣。一笑！茲因考定孟陽與叔達居宅所在，附辨流俗之誤於此。博識通人或不以支蔓見譏耶？
光緒修嘉定縣志叁拾第宅園亭門「薖園」條（參張承先南翔鎮志壹壹園亭門薖園條。）云：

> 鶴槎山西。張崇儒闢。爲程嘉燧宋珏輩觴詠之所。亭名招隱。植桂數十株。（南翔鎮志作「老桂四十株」。）寶珠山茶，百餘年物。

程嘉燧詩：「秋月當門秋水深。岸花寂歷野蟲吟。西窗舊事人誰在，谿雨梧風夜罷琴。」（寅恪案，此詩見松圓浪淘集春帆壹叁，題作「八月夜過魯生題扇」。）

張承先南翔鎮志陸文學門張廷棫傳略云：

張廷棫字子薪，兵部郎琳族子。工詩文，與李孝廉流芳，程山人嘉燧爲友。族孫崇儒字魯生，築招隱亭，名流多過從觴詠，風致可想見云。

同書壹壹園亭門「薖園」條附楊世清「薖園耆英會詩序」略云：

谿北三里張氏薖園在焉。中有招隱亭，植桂數十本，間以梅杏，環以翠篠，眞幽人之居也。昔長琴山人雅與松園（圓）詩老長蘅先生輩善，時時過從，觴詠弗絕。所謂數十株者，固已干霄合抱，偃蹇連蜷。花時一林黄雪，香聞數里。予時一寓目，竊歎前輩讌遊，未覯此盛。予屢欲偕耆年過之，每居花時，輒以他阻。（康熙三十年）己未秋閏乃得邀（柯）集庵（時）菥庵諸老儐宿願焉。

光緒修嘉定縣志叁拾第宅園亭門「孫中丞元化宅」條云：

西城拱六圖，天香橋。

孫致彌「友人見訪，不識敝居。」詩：「平橋叢桂近諸天。小巷垂楊記隱仙。雨過清池常貯月，雲深喬木不知年。抱琴人立香花外，洗硯僮歸草色邊。遲爾清尊同嘯詠，莫因興盡又回船。」原注：「橋因薖園叢桂得名，西有法華庵。」據此，則隱仙巷别有薖園，未詳誰築。

同書壹陸宦蹟門孫致彌傳略云：

孫致彌初名翩，字愷似，一字松坪。明登萊巡撫元化孫。父和斗，字九野，一字鍾陵。篤於孝友，埋名著述，不與世故。元化舊部曲多貴顯，諷之仕，不應。嘗經理侯峒曾家事，計脱陳子龍遺孤，有古人風。致彌才思藻逸，書法逼似董文敏，詩詞跌宕流逸。總纂佩文韻府，書垂成而卒，年六十八。（寅恪案，佩文韻府首載清聖祖序云：「（康熙）五十年十月全書告成。」）又孫和斗計脱陳子龍遺孤事，可參楊陸榮編三藩紀事本末肆襍亂門「順治四年丁亥四月松江提督吳兆勝據城以叛」條。其文云：「二十四日大兵至松江，執子龍於廣富林。子龍乘間赴水死。出其屍戮之。子特陳方五歲，亦論殺。」據陳忠裕全集王澐續臥子年譜及澐撰「張孺人三世苦節傳」，臥子之子名嶷，字孝岐，生於崇禎十七年甲申冬。今楊氏書以特陳爲子龍子之名，又謂順治四年其年「方五歲」，皆與王氏所言不同，自是譌誤。三世苦節傳又云：「（張孺人）抱孤兒，變姓氏，毀容羸服，遠避山野，如是者累歲，嶷始成立。孺人乃還故鄉。」則疑張孺人實避居嘉定，而九野乃保存陳氏孤兒之人。特勝時作傳時，有所忌諱，不欲顯言之耳。志傳言九野父之舊部曲多貴顯，諷之仕，終不應。蓋火東舊部如孔有德耿仲明等，皆爲遼東人於明末降清者，且初陽官登萊巡撫，以用遼人之故，遂有孔耿之叛，竟坐此棄市。及建州入關，此輩遼人降將在新朝爲顯貴。九野雖不仕清，當亦可間接藉其勢力以庇護陳氏遺孤也。復據清史稿貳肆拾耿仲明傳，仲明以部卒匿逃人，畏罪自經死。然則清初法制嚴酷如此，王氏隱諱保存陳氏遺孤者之姓名，更有不得已之苦衷也。檢初學集伍壹有「都察院右副都御史巡撫山東徐公墓誌銘」，其文略云：「公姓徐氏，嘉興海鹽人也。諱從治，字仲華。崇禎四年辛未起山東武德道兵備，及淮，而孔有德叛，攻陷濟南六邑。倍道宵征赴監軍之命於萊。無何拜都察院右副都御史，巡撫山東。二月朔與萊撫謝公璉同日受事，即日賊已抵城下。四月十六日〔賊徒〕架〔孫〕元化所遺西洋大礮，攢擊城西南隅，勢甚厲。公方簡閱丁壯，指麾出戰，礮中顙額，身仆血膋中。萊撫馳而撫之，絕矣。」考牧齋此文，乃據方拱乾所撰仲華行狀而作，與管葛山人，即海鹽彭孫貽之山中聞見錄「徐從治傳」，俱出一源，惟駿孫作傳，兼採錢氏之文，故微有不同耳。仲華主剿，初陽主撫，旨趣大異，於此姑不置論。所可注意者，則徐氏之死，實因孫氏所遺之大礮所致一事也。又初陽用遼丁三千駐防登州之本末，可參嘉定縣志叁貳軼事門關於孫中丞元化諸條。其中引趙俞之言曰：「火攻之法，用有奇效。我之所長，轉爲厲階。」此數語實爲明清興亡之一大關鍵，以其越出本文範圍，茲不具論。至滿洲語所以稱「漢軍」爲「烏珍超哈」，而不稱爲「尼堪超哈」者，推原其故，蓋清初奪取明室守禦遼東邊城之仿製西洋火礮，並用降將管領使用，所以有此名號。此點可參清文獻通考柒柒職官考及壹柒玖兵考。清史列傳肆柊養性傳及柒捌祝世昌傳。清史稿貳叁柒佟養性傳及貳肆伍祝世昌傳。並茶餘客話陸「紅衣袍」條等。儻讀者復取兒女英雄傳第肆拾回中，安老爺以「烏珍」之名命長姐兒之叙述互證之，則更於民族興亡之大事及家庭瑣屑之末節，皆能通解矣。又偶檢梅村家藏藁貳捌「宋直方（徵輿）林屋詩草序」。其中以嵇康比陳臥子，山濤比宋轅文，自比向秀阮籍。據此推知，轅文當有暗中協助臥子遺孤之事。王勝時與轅文關係頗密，宋氏協助之事，或由王氏間接爲之耶？）

同書叁壹寺觀門縣城「西隱寺」條云：

西城七圖。

同書貳街巷門「隱仙巷」條云：

西隱寺西南。

同書同卷津梁門「天香橋」條云：

演武場西南。跨清鏡塘。

又「聽鶯橋」條云：

西隱寺前跨東庫涇，名寶蓮。元僧悦可建。明僧秉厚重建。程嘉燧更今名。

同書叁拾古蹟門「鶴槎山」條云：

南翔北三里。韓世忠所築烽墩。建炎四年世忠由平江移軍海上縣境中，營勢聯絡，故多遺跡。土人掘地得缾名韓缾，云是軍中酒器。黄渡朱家邨旁新河底尤多。

同書同卷同門「城頭」條云：

龔志云，在縣南二十里，周圍二頃。中有殿址，舊傳風雨之夕，嘗聞音樂，或見仙女環走。未詳何人所築。今俗呼城頭。

列朝詩集丁壹叁唐處士時升「田家即事」四首之一云：

江村女兒喜行舟。江上人家吉貝秋。緣岸荻花三四里，石橋南去見城頭。

嘉定縣志壹市鎮門「南境南翔鎮」條略云：

縣治南二十四里。宋元間剏。以寺名。東西五里，南北三里。布商輳集，富甲諸鎮。其地有上槎中槎下槎三浦，故又名槎溪。或言張騫乘槎至此，附會之説也。

松圓浪淘集雪江壹伍「八月過藹齋留宿」云：

江淺潮仍漲，城南放舸輕。園林長偃臥，水竹自逢迎。桂滿華輪缺，畦香白露盈。酒闌聞曲後，愁絶獨沾纓。

耦耕堂存稿詩中「〔崇禎七年甲戌〕四月二日過魯生家作」云：

多年不復到南村。水木依然竹亞門。牓客舊題留几閣，故人兼味具盤飧。鶯啼喬木知春晚，蜂遶藤花得日喧。同上小航重笑語，前溪纖月正黄昏。

同書下「〔崇禎十二年己卯〕四月同潘方儒鄭彥逸再過魯生邁齋」〔寅恪案，此題前第伍題爲「元旦和牧齋韻」，前第肆題爲「同泰和季公惜別用前韻」，前第貳題爲「瞿稼軒五十」，前第壹題爲「送別蕭伯玉」。檢初學集丙舍詩集上牧齋皆有與孟陽此四題相關之作。故知崇禎十二年己卯春間孟陽亦在常熟，是年首夏，則已返嘉定矣。〕云：

經過已是數年餘。又值清和四月初。小艇漁灣渾昔夢，空梁歌館半成墟。孤懷自怯看遺畫，老眼猶堪強細書。他日村酤不須設，秖嘗林菓摘園蔬。

嘉定縣志叁拾第宅園亭門「嘉隱園」條云：

鶴槎山北。刑部郎張景韶闢。

同書壹陸宦蹟門張任傳附景韶傳略云：

景韶字公紹，以廕授南太僕典簿。〔仕至〕刑部雲南司郎中。崇禎〔六年〕癸酉以公事牽連下獄。久之，放歸。邑漕永折與有力焉。

同書壹玖文學門張凝元傳略云：

張凝元字撫五，一字桐山。居南翔。明刑部郎景韶子。諸生。幼嗜學，爲侯黃兩忠節所器重。覃精古籍，日事校讎。詩出入唐宋，尤神似范陸。癸亥卒，年六十五。

同書叁拾第宅園亭門「張氏園」條云：

南門外西南。太學生張士懃闢。士懃字實甫，參政恆子。（寅恪案，恆事蹟見嘉定縣志壹陸宦蹟門張恆傳。）

耦耕堂存稿詩中「三月晦日過張子石留宿，同茂初兄作。」云：

曉雨看消巷陌塵。茶香次第酒清醇。深房散帙仍留宿，秉燭爲懽又送春。憑仗風流皤腹客，料量詩酒白頭人。明朝更逐東園會，蔬筍盤筵不厭頻。

嘉定縣志叁拾第宅園亭門「杞園」條云：

南翔鎮。諸生張鴻磐闢。中有隻鶴亭，芳訊閣。枸杞樹大可數圍，故名。

同書壹玖文學門張鴻磐傳云：

張鴻磐字子石，侍郎任從孫。諸生。書法蒼勁，詩古文詞有鄉先正典型。遊浙閩，與范景文黃道周酬唱。道周和詩有「聖朝何日下干旌」句。（寅恪案，依南翔鎮志陸張鴻磐傳所附道周和詩「干旌」當作「旌竿」。蓋鴻磐原詩本是「竿」字韻脚也。）性好義，天啓末，前邑令胡士容以不拜璫祠被逮，擬重辟。鴻磐鳩千金，赴京營救，得免。崇禎末，部議復邑漕。鴻磐與侯汸申荃芳伏闕上書，得永折。刑部尚書徐石麒以人才薦，固辭。乙酉後，冒萬死周旋侯氏家難，尤人所難。康熙間舉鄉飲大賓。戊午卒，年八十六。（南翔鎮志陸文學門張鴻磐傳略云：「康熙間，舉鄉飲大賓。年八十七。」與此微異。又可參松圓浪淘集雪江壹伍「壽張子石母夫人」詩，有學集壹玖「張子石西樓詩序」，同書肆陸「書張子石臨蘭亭卷」，同書貳叁及牧齋外集拾「嘉定張子石六十序」並外集貳伍「題張子石湘遊篇小引」等。）

初學集伍叁「嘉定張君墓誌銘」略云：

崇禎六年十二月嘉定張鴻磐合葬其父母於南翔龔家浜之新阡，泣而乞銘於余曰，鴻磐之先世自祥符徙松江，國初居南翔。嘉靖中有名任者，起家，官開府，而其從弟以軍功授陘陽驛丞，以卑官自著稱者，吾祖也。

南翔鎮志壹貳軼事門云：

張徵君〔鴻磐〕書法妙天下。在本邑方駕婁〔堅〕李〔流芳〕。眞跡流布，人多藏弆，而其精神團結，最爲遒勁者，則雲翔寺楹間兩聯。嘗有客過之，瞻仰良久曰，此顏魯公得意之筆也。翌日又視之，曰，筆力更過魯公矣。摳衣再拜，低徊不能去。此客不知何如人，意必具法眼藏者。

光緒修嘉定縣志叁拾第宅園亭門「張中丞任宅」條云：

一在南翔鎮南街。堂曰承慶，嘉慶，具慶。任曾祖清建。一在城隍祠東，任官知府時築。

同書同卷同門「檀園」條云：

南翔金黃橋南。舉人李流芳闢。有泡庵，蘿壑，劍蛻齋，愼娛室，次醉閣，翏翏亭，春雨廊，山雨樓，寶尊堂，芙蓉沜。

同書同卷同門「猗園」條略云：

南翔鎮。通判閔士籍闢。位寘樹石，出朱三松手。後歸李宜之。中有豐樂亭，合祠檀園（李流芳）緇仲（李宜之）子石（張鴻磐）三先生。

同書同卷同門「三老園」條云：

南翔鎮。贈公李文邦闢。以楓柏桂爲三老。曾孫宜之作三園記。三園者，三老園及檀園猗園也。

同書壹玖文學門李流芳傳略云：

李流芳字茂宰，一字長蘅。伯兄元芳字茂初，諸生。工七言長句。卒年七十餘。（並可參列朝詩集丁壹叁李先輩流芳小傳所附元芳事蹟）。仲兄名芳字茂材。幼負異材，頃刻千言，宏麗無比。萬曆壬辰進士，改庶吉士，卒年二十九。流芳萬曆丙午舉人。畫得董巨神髓，縱橫酣適，自饒眞趣。書法奇偉，一掃尋丈，結構自極謹嚴。詩文雍容典雅，至性溢楮墨間。崇禎己巳卒，年五十五。論者謂四先生詩文書畫，照映海內，要皆經明行修，學有根柢，而唐（時升）以文掩，婁（堅）以書掩，程（嘉燧）以詩掩，李（長蘅）以畫掩云。

同書同卷同門李宜之傳略云：

李宜之字緇仲。諸生。居南翔。庶常名芳子。三歲孤。長負異才，博綜今古。遭變，家破子殲。（寅恪案，同書叁貳軼事門略云：「甲申六月逆奴變起。南翔李氏罹其禍。」傳文所謂「遭變」即指此。）時宜之客金陵。歸寓侯氏東園。世祖曾於海淀覽其參定秣陵春曲。問寓園主人何姓名。祭酒吳偉業以嘉定生員李宜之對，而宜之已前卒。（寅恪案，今武進董氏所刊梅村家藏藁後附梅邨先生樂府三種。其中秣陵春題灌園主人編次，寓園居士參定。）

有學集貳拾「李緇仲詩序」略云：

緇仲故多風人之致。青樓紅粉，未免作有情癡。孟陽每呵余，緇仲以父兄事兄，而兄不以子弟畜緇仲。狹邪冶遊，不少沮止。顧洋洋有喜色者，何也？余曰，不然。伶玄不云乎，淫於色，非慧男子不至也。今孟陽仙遊十年所。余年逾七十，緇仲亦冉冉老矣。余衰晚病廢，刳心禪誦。見緇仲近刻，爲之戚戚心動，追思與孟陽緒言，因牽連書其後。

嘉定縣志壹捌孝義門李杭之傳略云：

李杭之字僧筏。舉人流芳子。詩文書畫有父風。性放曠，甫強仕即棄諸生，放浪山水間。乙酉死難。

寅恪案，前論「朝雲詩」八首，以詩中女主人寓居處所，先後有所不同，故可分爲兩組。茲請略考第壹組，即前五首，河東君於崇禎七年暮春至初秋寓居嘉定之處所。依通常慣例言之，以河東君在當日社會之身分，寄居一地，與當地諸名士遊宴，自宜暫寓別墅名園，如杭州汪氏之横山別墅，嘉興吳氏之勺園，皆足爲例證。至若崇禎十三年庚辰仲冬至常熟，訪牧齋於半野堂，先留居舟中，而不寓拂水山莊，後遷移入牧齋常熟城中之住宅，與前此不同者，則因此次實爲其最後歸宿之舉動，未可拘平日常例，以相比擬也。由是言之，河東君崇禎七年暮春至初秋之時間，其遊嘉定，當寄居某一別墅名園無疑。據朝雲詩第伍首第壹句云：「城晚舟迴一水香。」及第柒捌兩句云：「誰能載妓隨波去，長醉佳人錦瑟傍。」則河東君當時必寓嘉定城外某別墅名園。又據朝雲詩第貳首前四句云：「城頭片雨浥朝霞。一徑茅堂四面花。十日西園無忌約，千金南曲莫愁家。」則河東君當時所居之別墅名園與城頭之地極近。今就嘉定縣志所載當日士大夫之別墅名園，其與城頭相近者，僅有張公紹之嘉隱園及張魯生之薖園。若張實甫之張氏園，雖屢見於松園浪淘集中，如涉江壹「同張二丈唐兄飲張氏園」及蓬戶肆「秋晚同張二丈唐四兄步屧城南張氏園」等，然縣志止言在「南門外西南」，是否距城頭甚近，未敢臆斷，茲姑不論。若南翔鎮亦多名園別墅，如李長蘅之檀園等，但南翔去城頭三里，似距離稍遠。孟陽賦詩不宜泛指，且此次與河東君遊宴酬酢諸名士中，有長蘅之長兄茂初，即元芳。當時檀園李氏少年，如僧筏即杭之，及緇仲即宜之等，俱是風流文采，好事之徒。然皆茂初之侄，儻河東君此時若寄寓檀園者，恐與白頭之老伯父及唐程諸老世丈，互有所不便，觀牧齋序緇仲詩集引孟陽呵責之語，足證緇仲兄弟必未參預河東君嘉定遊宴酬唱之會。至牧齋之不阻止緇仲爲狹邪之遊，且洋洋有喜色者，當指緇仲其他與河東君無涉之狹邪遊宴，否則牧齋必不致洋洋有喜色，而轉爲鬱鬱有憂色矣。一笑！由是言之，河東君此次所居當非南翔之檀園，可以推知。其與城頭甚近，即在鶴槎山傍之園亭僅有張公紹之嘉隱園及張魯生之薖園兩處，嘉隱園何時所闢，嘉定縣志及南翔鎮志未詳載，假定崇禎七年以前公紹已有此園。據嘉定縣志張景韶傳僅載公紹「崇禎(六年)癸酉以公事牽連下獄。久之，放還。」未詳言其何時由北京返嘉定。檢松圓此時著作與河東君遊宴唱詶諸人中，並無公紹在內，恐其時公紹尚留京未返。其子撫五固少爲名流所重，考崇禎七年，其年僅十六歲，即使未隨父至京，可暫代其父爲園主人，然方値家難，若留當日之名姝於其寓園居住，而非偶一遊覽者，則爲事理所不可，與論所不容也。職是之故，依遞減方法，則舍張魯生之薖園外，別無適合此時河東君寄寓之別墅名園。據嘉定縣志所載，薖園在鶴槎山西。鶴槎山在南翔北三里。南翔在縣治南二十四里。城頭在縣南二十里。綜合計之，則鶴槎山即在薖園近旁，距縣治南二十一里，城頭距縣南二十里。兩處實相連接。松圓「城頭」之句所指爲薖園，此無可致疑者也。朝雲詩第貳首第壹聯即用才調集叁韋莊「憶昔」詩：「西園公子名無忌，南國佳人號莫愁。」其易「南國」爲「南曲」者，乃參用李娃傳及北里志之文，(見俞正燮癸巳存稿壹肆「李娃傳」條。)蓋河東君此時所居之薖園，位於嘉定之城南故也。韋端己「西園公子名無忌」之句，本綜合史記柒玖范雎傳及文選貳拾曹子建公讌詩，而以戰國四公子中之信陵君魏無忌，代平原君趙勝與「莫愁」爲對文，詞人用典固可不拘，至松圓詩中之「無忌」，果指何人，雖未能確言，然當是張魯生張子石輩。兩張似不與公子之稱適合，但張公子之稱，自漢書外戚傳趙孝成皇后傳以來，詩人往往用以目張姓。且據松圓過張子石留宿詩以「風流皤腹客」，即以「形模彌勒一布袋」之張耒目子石。（見山谷內集壹肆「病起荆江亭即事」十首之八。任注云：「（張）文潛素肥，晚益甚。傳燈錄：明州布袋和尚，形裁腲脮，蹙額皤腹，蓋彌勒化身也。」又莊季裕雞肋編中「昔四明有異僧」條云：「張耒文潛學士，人謂其狀貌與僧相肖。陳無己詩止云，「張侯便便腹如鼓。」至魯直遂云，「形模彌勒一布袋，文字江河萬古流。」可互參。）蓋約松圓「出飲空牀動涉旬」之人，（見朝雲詩第壹首第捌句。）即此張姓。然則，魯生子石輩，是否合稱「公子」，又可不必過泥也。讀者儻取松圓所作崇禎七年首夏過魯生家詩與崇禎十二年四月再過魯生薖園詩相參較，則前詩之「同上小航重笑語」句，與後詩之「小艇漁灣渾昔夢」句有關，自不待言。朝雲詩第肆首第陸句「助情絃管鬭玲瓏」，又可印證後詩之「空梁歌館半成墟」句。朝雲詩第貳首第柒第捌兩句「揀得露芽纖手瀹，懸知愛酒不嫌茶。」及第肆首第伍句「送喜觥船飛鑿落」等語，復與後詩「他日村酤不須設，秪嘗林菓摘園蔬。」兩句互相鈎牽。松圓後一詩作於匆匆五年之後，舊侶重來，同一節候，同一園林，而世事頓殊，人去館空，其惆悵之情，溢於詞表，益可據此推知河東君於崇禎七年暮春至首夏，實寄寓張魯生之薖園無疑也。又薖園即在鶴槎山近旁，此山即韓蘄王所築烽墩遺跡。河東君之遊嘉定，寄寓其地，殊不偶然。蓋其平生雅好談兵，以梁紅玉自比。弔古思今，感傷身世，當日之情懷，吾人尤可想像得知也。此次遊嘐，所與酬酢之勝流中，似唯有唐叔達一叟，尙可共論兵事。孟陽少年時曾一度學「一人敵」之劍未成，（見列朝詩集丁壹叁松圓詩老程嘉燧小傳。）自不能與精通「萬人敵」之兵法如「眞安國夫人」之河東君及「假贊皇太尉」之唐處士相頡頏。至其餘「走筧南鄰愛酒伴，經旬出飲獨空牀。」及「詩酒尙堪驅使在，未須料理白頭人。」之諸老，（見杜工部集拾「江畔獨步尋花七絕句」第壹第貳兩首。）雖多精於詩文音樂字畫，但當唐四翁「酒酣耳熱，捋鬚大言，決勝千里之外。」之時，此輩未必敢置一喙。其能相與上下議論者，亦恐舍河東君外，別無他客矣。後來河東君與牧齋共訪梁韓遺跡事，俟於第肆章詳述之，茲暫不論。

又嘉定縣志編撰者見孫致彌「友人見訪，不識敝居。」詩及其自注，遂懷隱仙巷別有薖園之疑問。寅恪於此點，頗具不同之解釋。請略言之，以求通人之教正。鄙意西隱寺前之橋，初以「寶蓮」爲名，與佛教有關，本極自然。松圓忽改舊稱，易以「聽鶯」，當別有深意。其命此新名在何時，今雖難考知。似在崇禎十年以後，與天香橋及隱仙巷同爲孟陽於同一時間，或稍先後所命之名，皆所以紀念河東君者也。河東君於崇禎九年十年間，由吳江盛澤鎭來遊嘉定，故緪雲詩第貳首有「聽鶯橋下波仍綠」之句，以紀念其所從來之地。可參下論緪雲詩節。又河東君之以「隱」爲名，至遲在崇禎十一年，詳見第貳章所論。至若「仙」字之義，則寅恪於拙著元白詩箋證稿第肆章所附「讀鶯鶯傳」一文中，已考釋之，讀者可取參閱也。松坪詩之「平橋」指「天香橋」。「諸天」指「法華庵」。其自注謂「橋因薖園叢桂得名」，此「叢桂」即縣志薖園條及康熙三十年楊世清所作「耆英會詩序」所言「植桂數十株」，並南翔鎭志薖園條所云：「老桂四十株」者。夫孫元化張崇儒爲同時同邑之人，兩氏之園相距又不過二十餘里。縱令同以「薖」爲稱，亦不應同有如許著稱之老桂。況「薖園」之名，實出詩經衛風考槃篇「考槃之阿，碩人之薖。」之典，乃隱處之意。（見孔穎達毛詩正義及朱熹詩經集傳。）孫元化仕至登萊巡撫，豈可取義於考槃之詩以名其園？故松坪詩自注中之「薖園」，實指張魯生之薖園，「天香橋」亦因魯生園中之桂而得名，此無可致疑者。「隱仙巷」亦可因張氏薖園有招隱亭而得名。但玩味松坪「小巷垂楊記隱仙」之句，則疑「楊」乃河東君之本姓，「隱」亦河東君之改名，「記」則今語所謂「紀念」。蓋如寶蓮橋改爲聽鶯橋之例，皆所以紀念河東君所從來之地。當崇禎七年暮春至初秋之時間，河東君雖寄寓城外魯生之薖園，但亦應遊賞城內之園亭，若孫氏園之類。朝雲詩第伍首「城晚舟迴一水香」之句，可以爲證。由是言之，松圓詩老或其他好事勝流，自河東君離去嘉定後，惓戀不忘，非僅形諸吟詠，更取其寓暱最久園中亭樹之名，以爲其香車經遊園巷之稱，殆有似世俗德政碑去思碑之類，亦即詩經召南甘棠篇思人愛樹之別解耶？一笑！松坪生於崇禎之末，鄉里舊聞，耆老軼載，自必諳悉。橋巷命名之由，當心知其意，特不欲顯言之耳。又佩文韻府貳叁上八庚生韻。增。「萍生」下及同書玖叁下四質茁韻。韻藻增。「雷茁」下，皆引程嘉燧緪雲詩。同書肆下四支韻。增。「畫史癡」下，引程嘉燧「送老生涯畫史癡」句。檢此句在耦耕堂存稿詩中。其題爲「正月同李茂初沈彥深郊遊，次茂初韻。」覈其內容，亦是與河東君有關之作。夫松坪爲主纂佩文韻府之人。松圓緪雲詩及郊遊詩之增入，尤足證孫氏於河東君之來遊嘉定，其珍聞逸事，夙所留意，而隱仙巷之名，實與河東君有關也。嘉定縣志修撰者，竟拘執松坪此詩自注，以爲同時同地有兩䕲園，何疏舛至是歟？假定寅恪所揣測者不誤，則河東君嘉定之遊，影響之大，復可據此推知矣。又寅恪昔嘗讀錢肇鼇所著質直談耳一書（參光緒修嘉定縣志貳陸藝文志雜家類。）頗不解鈍夫於河東君遊嘉定後百五十年，（錢書載其從兄大昕序。序末題「旃蒙大荒落如月。」即乾隆五十年乙巳二月。）何以尚能傳述其軼事如與徐三公子宋轅文等之關係，猥瑣詳悉，一至若此。迨檢方志，始知巷陌舊名，風流佳話，劫灰之後，猶有未盡磨滅者。故鈍夫以邑子之資格，得托諸夢寐，（見竹汀序中所記鈍夫自述之語。）留布天壤間也。

崇禎七年暮春至首夏之時間，河東君遊嘉定之地，及往來酬酢之人，既已約略考定，茲再迻錄朝雲詩前五首全文，並分別論證之。蓋此五首所賦詠者，即河東君在此時間之本事也。

程孟陽耦耕堂存稿詩中「朝雲詩」八首。其一云：

買斷鉛紅爲送春。殷勤料理白頭人。薔薇開遍東山下，芍藥攜將南浦津。香澤暗霏羅袂解，（列朝詩集「霏」作「菲」。）歌梁聲揭翠眉顰。顛狂眞被尋花惱，出飲空牀動涉旬。

寅恪案，松圓賦朝雲詩，與杜少陵「江畔獨步尋花七絕句」（見杜工部集壹貳。）關係至爲密切。讀者取杜集參之自見，不須徵引原詩於此也。松圓所用杜句甚多，頗有生吞活剝之嫌，其所最注意之辭語，爲朝雲詩八首之主旨者，即杜詩原題中「尋花」二字。松圓耦耕堂集自序云：

（崇禎七年）甲戌冬余展閔氏妹墓於京口五州山下，過江還，則已逼除，因感老成之無幾相見，遂留此。日夕與唐兄尋花問柳，東鄰西圃，如是者二年，而唐兄亦仙去。（前已引，今重錄。）

孟陽雖云崇禎七年冬展閔氏妹墓後，感老成之無幾相見，因留居嘉定，與叔達諸叟日夕遊宴，固有部分理由。竊疑河東君於崇禎七年暮春至初秋之時間來遊嘉定，程唐諸老顛狂傾倒，一至於此，臨別時，必與河東君預定重遊練川之約。後來河東君於崇禎九年丙子正月初，至二月末，再作嘉定之遊，即踐其前此之宿諾者也。前論朝雲詩八首，實完成於七年冬間。故松圓此時，懷人感事之愁思，必更加甚，遂決意留瞻，希望得與新相知重相見，豈僅爲老成如叔達輩之無幾相見而已哉？耦耕堂存稿詩中（崇禎七年）四月二日過魯生家作」前一題爲「春暉園燈下看牡丹即事」。檢才調集壹白居易秦中吟「牡丹」一題，白氏文集貳作「買花」，此詩首句「買斷鉛紅」之語，必與春暉堂看牡丹事有思想之聯繫。時既春盡，人間花事已了，而天上仙葩忽來，春光猶在，故言「爲送春」也。少陵「江畔獨步尋花」七絕句之二云，「未須料理白頭人」，松圓易「未須」爲「殷勤」，固是反其意，但亦道其實。蓋杜公之尋花，不過偶然漫興，優遊閒適，而程唐李諸老，則奔走酬酢，力盡精疲。此輩白頭人之需殷勤料理，自與杜公迴異也。此詩第壹聯上句，其古典爲李太白「憶東山」二首之一「不向東山久，薔薇幾度花。」(見分類補注李白詩叁叁。)其今典則「薔薇」乃四五月開放之花。(見本草綱目壹捌上草部「營實牆薇」條。)「東山」謂鶴槎山，蓋薖園在鶴槎山西，據薖園之方位言之，此山可稱「東山」。且暗用謝安石東山妓之故事及李翰林詩語。下句之「芍藥」，自用詩經鄭風溱洧篇「贈之以芍藥」之語。「南浦」乃指槎溪，即「上槎中槎下槎三浦」，以其在嘉定城南之故，且兼用王子安滕王閣詩「畫棟朝飛南浦雲」及楚辭九歌河伯「送美人兮南浦」之出典，暗寓「朝雲」及「美人」之辭，以此兩者，皆河東君之字與號也。第貳聯上句用史記壹貳陸滑稽傳淳于髡傳。其文云：

> 日暮酒闌，合尊促坐，男女同席。履舃交錯，杯盤狼藉。堂上燭滅，主人留髡而送客。羅襦襟解，微聞薌澤。當此之時，髡心最歡，能飲一石。

松圓易「羅襦襟解，微聞薌澤。」之「襟」爲「袂」。蓋廣韻侵韻「襟」字下云：「袍襦前袂。」「襟」爲平聲，「袂」爲去聲，松圓易平爲去，所以協音調也。又松圓用太史公書此傳之典，其「男女同席，履舄交錯。」等語，固是當時實況之描寫。然「堂上燭滅，主人留髡而送客。」則松圓於此大有野心，獨不畏唐李諸老之見妬耶？夫河東君以妙齡之交際名花，來遊嘉定。其特垂青眼於此窮老之山人，必非有所惓戀，自不待言。但使之「顛狂眞被尋花惱，出飲空牀動涉旬。」者，當亦別有其故。列朝詩集丁壹叁松圓詩老程嘉燧小傳云：

> 諳曉音律，分刌合度。老師歌叟，一曲動人，燈殘月落，必傳其點拍而後已。善畫山水，兼工寫生。酒闌歌罷，興酣落筆，尺蹏便面，筆墨飛動。

及嘉定縣志貳拾僑寓門程嘉燧傳略云：

> 善畫山水，筆墨飛動。書法清勁拔俗，時復散朗生姿。

然則河東君於歌曲點拍，必就孟陽，有所承受。至其書法，顧云美河東君傳雖云爲陳臥子所教。然臥子筆跡，寅恪未見，無從證實。河東君「楷法瘦勁」，（見耦耕堂存稿詩下「次牧老韻，再贈河東君。用柳原韻。」詩，孟陽自注。）是否更受松圓作書「清勁拔俗，時復散朗生姿。」之影響，以無確據，亦未敢臆斷也。

其二云：

> 城頭片雨浥朝霞。一徑茅堂四面花。十日西園無忌約，千金南曲莫愁家。林藏紅藥香留蝶，門對垂楊暮洗鴉。揀得露芽纖手瀹，懸知愛酒不嫌茶。

寅恪案，此詩前四句，上已論證，茲不復贅。後四句「垂楊」之「楊」及「愛酒」之「愛」，是否暗指河東君姓名而言，姑不必考辨，唯七八兩句則應是當時當地之本事也。本草綱目叁陸「山茶」條云：「〔李〕時珍曰，其葉類茗，又可作飲，故得茶名。」又引格古論云：「花有數種，寶珠者，花簇如珠，最勝。」及周憲王救荒本草云：「山茶嫩葉煠熟水淘可食，亦可蒸曬作飲。」可與前引嘉定縣志薖園條云：「寶珠山茶，百餘年物。」互相參證。斯尤足爲河東君此次遊嘉定寄寓薖園之確據，並得藉是窺見當日河東君之閒情逸致矣。至河東君愛酒一端，詳見前論臥子集楊姬館中詩，於此可不具論。

其三云：

林風却立小樓邊。紅燭邀迎暮雨前。潦倒玉山人似月，低迷金縷黛如烟。歡心酒面元相合，笑靨歌顰各自憐。數日共尋花底約，曉霞初旭看新蓮。

寅恪案，此首乃述河東君檀園遊宴之實況也。「小樓」當指檀園中之「山雨樓」。此樓之命名，當取義於許用晦「山雨欲來風滿樓」之句。（見才調集柒許渾「咸陽城東樓」七律。）松圓「林風」，「暮雨」等語，足爲旁證。第壹聯上句與第貳聯上句相關，言河東君之醉酒。第壹聯下句與第貳聯下句相關，言河東君之唱曲。且暗以杜秋娘目河東君。蓋「花開堪折直須折，莫待無花空折枝。」乃「金縷衣」曲辭中之語，與「低迷」，「黛烟」及「歌顰」諸辭相證發也。七八兩句乃指松圓等早起與河東君共看檀園芙蓉沜中新荷之本事。南翔鎮志壹壹園亭門檀園條附李元芳「清晨獨過檀園觀荷」七律云：

新荷當晝便含光。要看全開及早涼。帶露愛紅兼愛綠，迎風憐影亦憐香。林深鳥宿聲還寂，水漲魚游隊各忙。

寅恪案，茂初此詩題中之「清晨」並詩中之「新荷」，「迎風」，及「愛紅」，「愛綠」，「憐影」，「憐香」等辭，皆可與松圓詩語及河東君之名相印證。茂初此律似即爲松圓此詩同時之作。但茂初詩題中「獨過」二字，不知是否指諸老及河東君「數日共尋花底約」外之别一次，抑或實與諸老及河東君共同遊賞，而於僧筏緇仲諸姪輩有所不便，特標出一「獨」字，以免老伯父風流本事之嫌耶？觀孟陽此詩所述，乃諸老與河東君在檀園山雨樓中晚宴，酣飲達旦，如史記陸陸滑稽傳淳于髡傳所謂「長夜之飲」者。次日清晨詩老名姝徹夜不寐，餘興未闌，同賞樓前沜中之新荷，亦極自然之理，不過此爲一次之事。既得新荷宜於侵晨觀賞之經驗，故遂有數日共尋之約歟？夫老人少寐，侵晨即起，乃生理情況所致，本不足異。但妙齡少女如當日年僅十七歲之河東君，轉不似玉谿生所謂「無端嫁得金龜婿，辜負香衾事早朝。」者，（見李義山詩集上「爲有」七絕。）則由其生性若是，非勉強早起，追逐諸老作此遊賞也。關於河東君特喜早起一端，可參散見前後論述臥子詩詞中涉及河東君早起諸條，茲不更贅。

其四云：

邀得佳人秉燭同。清冰寒暎玉壺空。春心省識千金夜，皓齒看生四座風。送喜觥船飛鏊落，（列朝詩集「鏊」作「錯」。）助情絃管鬬玲瓏。（列朝詩集「情」作「清」。）天魔似欲窺禪悅，亂散諸華丈室中。

寅恪案，此首第壹句及柒捌兩句，足以證明是詩乃松圓自述邀約河東君夜飲於其所居之處，極歌唱酣醉之樂也。蓋河東君當日之遊嘉定，程唐李輩必輪次遞作主人，以宴此神仙之賓客，斯乃白頭地主認爲吳郡陸機對於錢塘蘇小所應盡之責任，如天經地義之不可逃避者。考孟陽此時其家實在嘉定西城。昔日慣例，城門夜必扃閉，時間過晚，非有特許，頗難通行。此首既無如第伍首「城晚舟迴一水香」之句，復無第陸首「嚴城銀鑰莫相催」之語，則此次孟陽邀宴河東君夜飲，必不在其城內之寓所，可以推知。若在城外，恐舍張子石之杞園莫屬。亦即孟陽過張子石留宿詩及朝雲詩第壹首「出飲空牀動涉旬」句等，所指言之事之地也。然此詩中無顯著之痕跡，姑記所疑，以俟更考。此首第壹聯上句可參緪雲詩第肆首「方信春宵一刻爭」句。其出處皆爲東坡「春宵一刻值千金」之語。（見東坡續集貳「春夜」七絕。）玩味松圓語意，應指河東君而言。但當時珍惜春宵之心者，恐只是孟陽，而非河東君。松圓竟作此語，何太不自量耶？下句則頗爲實錄，前引宋讓木秋塘曲序云：「坐有校書新從吳江故相家，流落人間，凡所敘述，感慨激昂，絕不類閨房語。」據此可知河東君往往於歌筵綺席，議論風生，四座驚歎。故吾人今日猶可想見是夕杞園之宴，程唐李張諸人，對如花之美女，聽說劍之雄詞，心已醉而身欲死矣。

又列朝詩集丁壹叁松圓詩老程嘉燧小傳云：

孟陽讀書不務博涉，精研簡練，採掇菁英。晚尤深老莊荀列楞嚴諸書，鉤纂穿穴，以爲能得其用。其詩以唐人爲宗，熟精李杜二家，深悟剽賊比儗之繆。七言今體，約而之隨州。七言古詩，放而之眉山。此其大略也。

寅恪案，牧齋於孟陽推崇太過，招致當時及後世之不滿。茲以不欲廣涉，故不具論。但謂松圓晚年尤深於楞嚴及熟精李杜二家，深悟剽賊比儗之繆，則於此不得不置一言。觀朝雲詩及今夕行，其剽賊比儗杜少陵之「江畔獨步尋花七絕句」及「麗人行」，可謂至矣。牧齋何能逃阿私所好之譏乎？獨此詩第柒捌兩句，乃混合楞嚴及維摩詰兩經之辭義，以楞嚴之「天魔」，爲維摩之「天女」，造語構思，殊覺巧切。牧齋謂其晚深楞嚴，鉤纂穿穴，以爲能得其用者，似或可信歟？全祖望鮚埼亭外集叁叁「錢尚書牧齋手跡跋」云：

第二幅云：「劫灰之後，歸心佛乘，急欲請書本藏經，以供檢閱。聞霍魯齋作守道，（寅恪案，清史列傳柒捌貳臣傳霍達傳略云：「霍達陝西武功人。順治八年授浙江嘉湖道。十年遷太僕寺少卿。」及商務重印李衛嵇曾筠等修浙江通志壹貳壹分巡嘉湖道欄載：「霍達字魯齋，陝西人。順治八年九年任。」故牧齋作此書之時間，得以約略推知。又王昶明詞綜拾錄魯齋意難忘「雨夜」詞一首，可供參證。）此好機緣，春夏間欲往訪之。兄過嘉禾，幸爲商地主，不至栖栖旅人也。內典可更爲一蒐訪。」嗚呼！望塵干索，禪力何在？不覺爲之一笑。

寅恪案，牧齋之禪力，固不能當河東君之魔力，孟陽之禪力，恐亦較其老友所差無幾。吾人今日讀松圓此詩並謝山此跋，雖所據論者有別，然亦不覺爲之一笑也。至楞嚴經，寅恪十餘歲時，已讀牧齋所作之蒙鈔，後數年，又於紹氏見一舊本蒙鈔，上鈐牧齋印記，亦莫辨其眞僞。近數十年來，中外學人考論此經者多矣。大抵認爲僞作。寅恪曩時與鋼和泰君共取古今中外有關此經之著述及乾隆時滿蒙藏文譯本參校推繹。尤注意其咒文，是否復元後，合於梵文之文法及意義。因此得一結論，即此經梵文音譯之咒心，實非華人所能僞造。然其前後諸品，則此土文士摭取開元以前關於阿難摩鄧伽女故事譯文，融會而成。故咒心前後之文，實爲僞造，非有梵文原本。譬如一名畫手卷，畫雖是眞，而前後題跋皆爲僞造。由是言之，謂此經全眞者，固非。謂其全僞者，亦未諦也。當寅恪與鋼君共讀此經之時，並偶觀尚小雲君演摩登伽女戲劇。今涉筆及此，回思前事，又不覺爲之一嘆也。

復有可注意者，此詩第陸句，若果如列朝詩集作「助清」，則亦可通。才調集叁韋莊「憶昔」詩云：

昔年曾向五陵遊。子夜歌清月滿樓。銀燭樹前長似晝，露桃花裏不知秋。西園公子名無忌，南國佳人號莫愁。今日亂離俱是夢，夕陽唯見水東流。

然則端己「子夜歌清月滿樓」句，即孟陽「助清絃管鬬玲瓏」句之出典注脚也。今姑不論松園之詩本何字，但讀者苟取孟陽並端己所作兩詩連貫誦之，則別有驚心動魄之感焉。蓋河東君此次嘉定之遊，在崇禎七年甲戌暮春至初秋之時間，昇平歌舞，猶是開元全盛之日，越十年而爲弘光元年乙酉，其所宴遊往來之地，酬酢接對之人，多已荒蕪焚毁，亡死流離，往事回思，眞如隔世矣。茲不廣徵舊籍，止略引痛史第壹壹種朱九初嘉定縣乙酉紀事之文於下，以見一斑。

朱子素「嘉定縣乙酉紀事」略云：

〔弘光元年乙酉閏六月二十一日〕南翔鎮獲〔須〕明徵妻子，斬割屠裂，一如明徵，而南翔復有李氏之禍。李氏自世廟以來，蟬聯不絕。其裔孫貢士李陟年少有儁才，知名當世。就鎮中糾合義旅，號匡定軍，未就，里兒忌之，聲言李氏潛通清兵，因羣擁至門。陟與其族杭之等自恃無他腸，對衆嫚罵自若。市人素畏李氏，恐事定後，陟等必正其罪，佯言搜得奸細。李氏無少長皆殺之，投屍義塚，縱犬食其肉，慘酷備至。

〔七月初四日〕城之初破，〔李〕成棟尚在城外小武當廟中。辰刻乃開門入，下令屠城。約聞一礮，即封刀。時日晷正長，日入後，始發礮，兵丁遂得肆其殺掠。家至户到，雖小街僻巷，無不窮搜。刀聲砉砉然，達於遠邇。乞命之聲嘈雜如市，所殺不可數計。其懸梁者，投井者，斷肢者，血面者，被斫未死，手足猶動者，狼藉路旁，彌望皆是。投河死者，亦不下數千百人。三日後，自西關至葛隆鎮，浮胔滿河，舟行無下篙處。白膏浮於水面，岔起數分。婦女寢陋者，一見輒殺。大家閨秀及民間婦有美色者，擄入民居，白晝當衆奸淫，恬不知愧。嘐俗雅重婦節，其慘死者無數。然亂軍中，姓氏不傳矣。

初六日成棟還兵太倉。成棟拘集民船，裝載金帛子女及牛馬豕等物三百餘艘而去。

二十七日太倉賊浦嶂以土兵入縣，再屠其城，城内外死者無算。嶂日夜與兵丁共分財物，並括取民間美色及机榻屏障等物，滿載歸婁東，於是嘐中貧富悉盡。

是役也，城内外死者約凡二萬餘人。其時孝子慈孫，貞夫烈婦，才子佳人，横罹鋒鏑，尚不可勝紀。謂非設縣以來，絕無僅有之異變哉！

嗚呼！後金入關渡江，其殺戮最慘之地，揚州而外，似應推嘉定。鮑明遠蕪城賦（見文選壹壹。）在文選中，列於遊覽一類。河東君之於嘉定，亦可謂之遊覽也。其平生與幾社勝流交好，精通選學。弘光乙酉嘉定屠城之役，翠羽明璫與飛絮落花而同盡。河東君起青瑣之中，（見戊寅草所載臥子序。）躋翟茀之列，（見牧齋投筆集上後秋興之三「小舟夜渡惜別而作」第伍首第柒捌兩句。）聞此慘禍，眷念宗邦，俯仰身世，重溫參軍之賦，焉得不心折骨驚乎？但或可稍慰者，即當日寓嘐相與遊宴之諸老，則唐叔達卒於崇禎九年丙子（見嘉定縣志壹玖文學門唐時升傳。）李茂初卒於崇禎十年丁丑三月。（見耦耕堂存稿文上「祭李茂初」文。）程孟陽卒於崇禎十六年癸未十二月。（見列朝詩集丁壹叁松圓詩老程嘉燧小傳。）皆已前死。故得免於身受目睹或聞知此東南之大劫。亦可謂不幸中之大幸矣。

其五云：

城晚舟迴一水香。被花惱徹只顛狂。蘭膏初上脩蛾睩。（列朝詩集「睩」作「綠」非。）粉汗微消半額黃。主客琅玕情爛熳，神仙冰雪戲迷藏。誰能載妓隨波去，長醉佳人錦瑟傍。

寅恪案，此首當是述諸老邀約河東君遊宴嘉定城內之名園，以城門須扃閉於不甚晚之時間，不能盡興作長夜之飲，不得已乘舟共返南門外之寓所，因有柒捌兩句之感嘆也。此次作主人者爲誰，頗難考知，但所遊宴城內之名園，疑即前論隱仙巷之孫元化園。關於嘉定無兩薖園一端，已詳考辨，茲不更論。此詩第叁句「蘭膏初上脩蛾睩」者，楚辭招魂「蘭膏明燭，華容備些。」王逸注云：

言日暮遊晏，然香蘭之膏，張施明燭，以觀其鐙錠，雕鏤百獸，華奇好備也。

及「蛾眉曼睩，目騰光些。」王逸注云：

言美女之貌。蛾眉玉貌，好目曼澤，時睩睩然視，精光騰馳，惑人心也。

蓋孫氏園在城內，上燈之際，城門不久將閉，故主客不能盡興，廢然而返城外也。松圓用宋玉之辭，王逸之解，甚適切當日之情景。噫！緬想嘉定諸老此時皆已「魂魄放佚，厥命將落。」惜無弟子爲作「招魂」，「復其精神，延其年壽。」殊可謂天壤間一大恨事矣。此詩第伍句「主客琅玕情爛熳」之語，乃合用杜工部集玖「與鄠縣源大少府宴渼陂得寒字」詩末二句「主人情爛熳，持答翠琅玕。」而成。或謂孟陽此句用李太白「寄遠」十一首之十一「朝共琅玕之綺食」句，（見全唐詩第叁函李白貳肆。）謂當日主客宴集之盛況也。又或謂孟陽用張衡詩「美人贈我金琅玕，何以報之雙玉盤。」之典。（見文選貳玖張平子四愁詩之二。）蓋「美人」爲河東君之號，當時之「今美人」必有酬酢諸老之篇什，而孟陽乃以解珮之意目之，堪稱大膽。平子詩中有「玉盤」之語，松圓或借用以述邀宴之意，亦即其所作今夕行「南隣玉盤過(送)八珍」之「玉盤」。（見下論「今夕行」。）且杜工部集壹貳「嚴公仲夏枉駕草堂兼攜酒饌」詩，有「竹裏行廚洗玉盤」之句，尤與此時情事符合也。若此解釋非是者，則或用杜少陵詩「留客夏簟清琅玕」之典。（見杜工部集玖「鄭駙馬宴洞中」詩。）「琅玕」二字，乃指竹簟而言。蓋時當夏季，孫氏園內，樓館之中，當備此物。果爾，則納涼之意，既可與此詩第肆句「粉汗」之辭相關應，而第陸句「神仙冰雪戲迷藏」，亦謂當日河東君於孫氏園竹林中作此遊戲也。由是推之，則此詩第貳聯上下兩句，俱指天然之竹及竹之製成品，意義更較通貫。此等解釋雖迂遠，但亦可備參考，故並錄之。至此園主人孫元化，於明清之際，與火器礮彈有關，前引嘉定縣志軼事門趙俞之說，已痛哭言之矣。嘉定以區區海隅下邑，舉兵抗清，卒受屠戮之禍。其攻守兩方之得失，又繫於礮銃彈藥之多寡強弱。然此端豈河東君與諸老當日遊宴此園酬酢嬉娛之際，所能夢想預料者耶？茲略引載記之文於下，聊見趙氏所言，易世之後，猶有未竟之餘慟在也。

檢侯峒曾年譜下弘光元年乙酉條略云：

七月一日（李）成棟遂棄吳淞，悉衆西向。黎明，鼓譟薄城，以巨砲擊城之東北，聲振樓櫓，城中驚恐。頃之，率步騎度北門之倉橋，將列營，府君已伏大將軍砲於城門下，（寅恪案，此類之礮即清人所謂「紅衣大將軍」者。蓋明末火礮傚自西洋，「紅毛夷」乃當時指西洋之稱。清人諱「夷」爲「衣」，又略去「毛」字，致成「紅衣」之名。可參清朝文獻通考壹玖肆兵考「火器」門。）視其半渡，猝發之，橋崩，步騎墜溺，死者無算。成棟一弟最勇黠，亦殲於其中，遂驚且哭，涉水引遁。頃之，復集城北，將進攻，城上發砲擊之，不得進。初三日平明，成棟遂合太倉之騎，挾火器攻具以至。天方陰雨，悉力進兵，環攻東北，砲數十發，地爲之震。府君督鄉兵，捍禦不少顧，城堞無恙。敵營中火器告竭，乃鼓譟挾雲梯薄城。自三日平明至四日五鼓，盡一晝夜，攻無頃刻之休，（城遂陷）。

「嘉定縣乙酉紀事」略云：

（弘光元年乙酉）六月廿七日偕（吳）志葵來者，爲前都督蔣若來。視庫存銅銃數十，使人舁之行。

閏六月十四日時我軍與北兵，矢礮相當，互有殺傷。

十八日廩生唐培猶率兵巷戰。李〔成棟〕兵銃箭並發，鄉兵大奔，培被獲。

二十三日鄉兵合圍，殺獲五騎，餘騎將過倉橋，城上急發大礮，連橋擊斷，殺三人一馬。其一黃纛紅繖佩刀，被槍死路傍，蓋成棟弟也。

二十五日〔侯〕峒曾以書幣迎蔡〔喬〕軍。其兵皆羸弱，惟喬頗勇健，差似可用。其所攜火藥糧儲在舟中，求姑置城中，身自率兵於城外。議者皆曰宜許之。彼戰而勝，軍資在城，其心益固。不勝，留以爲質，勢不敢棄我去。當事者猶豫不聽，遣人餽問，令泊舟南關外。

二十六日喬血戰良久，力盡幾陷。頃之，北兵十餘騎薄城，城上連發大礮，傷二人，遂引去。

七月初三日成棟會同太倉兵擁大衆至，盡銳攻城，礮聲轟轟不絕，守城百姓股慄色變。先是，錢令〔默〕去時，開庫盡給羣胥，軍器火藥惟人所取。四門城樓扃鐍甚堅，尚有存者。鄉兵至，乃悉發用。至是徒手應敵而已。嘉定本土城，嘉隆間，倭奴屢攻，不能克。自邑令楊旦築磚城，最稱完固。北兵發大礮衝之，頹落不過數升。然下瞰城下，兵益衆，攻益力，舉礮益繁，終夜震撼，地裂天崩。礮硝鉛屑，落城中屋上，簌簌如雨。

初四日城陷。成棟進兵，屠其城。

上論朝雲詩可分兩組，前五首爲一組，後三首及「今夕行」爲一組。後一組之特點，實爲款待河東君之主人，在其城內寓所，且與唐叔達直接或間接有關。今考釋前一組已竟，請續論後一組於下。

其六云：

> 青林隱隱數蓮開。風渚飄飄一燕回。選伎欲陪芳宴醉，攜錢還過野橋來。花間人迫朝霞見，天際雲行暮雨迴。纖月池涼可憐夜，嚴城銀鑰莫相催。

寅恪案，朝雲詩第壹首第捌句云：「出飲空床動涉旬。」可知孟陽至少一度必在城外友人家寄寓旬日。然當無自暮春至初秋，長期留滯城外，達數月之理。至唐叔達是否亦曾暫寓城外，今難考知。即使一度出居城外，但依此首所述，則固在其城內寓園，想此時程唐二老，俱已端居敝廬，恭候佳客矣。所以知者，此首第陸句「天際雲行暮雨迴」及第捌句「嚴城銀鑰莫相催」，明是河東君寓居城外，在城內遊宴，不能停留過晚之證。至其在何人家遊宴，則依此首第壹聯上下兩句所言，必非孟陽本人寓所，自不待言。若非孟陽之家，則舍叔達之寓園莫屬。第壹聯下句固出杜少陵「攜錢過野橋」之典（見杜工部集壹壹「王十五司馬弟出郭相訪兼遺營茅屋貲」。）但由孟陽家至款待河東君之主人所寓之地，必有一橋可過。此首第柒句「纖月池涼可憐夜」，則此主人之寓園，又有納涼之池畔。據孟陽自謂在此數年間與叔達「東隣西圃，尋花問柳。」之語推之，則此首所述款宴河東君之處，叔達寓園頗合條件。觀耦耕堂存稿詩中「贈西鄰唐隱君」詩云：「西家清池貫長薄，中壘岑隅望青郭。」及「溪鳥銜魚佐盃勺」，並嘉定縣志叁拾「處士唐時升宅」條，附張鵬翀「過叔達先生故居」詩云：「惟有唐君居，猶在北郭旁。」及「回橋俯清溪」等語，則叔達爲孟陽之「西鄰」，即「西家」。「清池」即「纖月池涼」之「池」。「長薄」即「青林」。「青郭」用李太白「送友人」詩「青山橫北郭」句，（見全唐詩第叁函李白壹柒。）亦即張氏詩所謂「北郭」。孟陽以「青」代「北」者，蓋因聲調不協之故。古體詩亦應協聲調，孟陽精於音律，於此可見。「中壘岑隅」當指唐氏園中之紫萱崗而言。程詩既言「溪鳥」，張詩又言「清溪」，有溪必有橋。或謂此橋即孟陽「今夕行」序中「舍南石橋上」之橋，亦有可能。松圓此首「過野橋」之句，用古典兼用今典也。此首第柒句所言，乃七月初間夜景。朝雲詩第柒首乃述七夕宴遊事，故疑此首乃述叔達於崇禎七年七月七夕以前，夜宴河東君於其寓園，而孟陽赴約往陪。所以有第叁句「選伎欲陪芳宴醉」之語。果爾，則此首列於第柒首前，自有時間先後之理由在也。

其七云：

針樓巧席夜紛紛。天上人間總不分。絕代傾城難獨立，中年行樂易離羣。會逢銀漢雙星度，眞見陽臺一段雲。堪是林泉攜手妓，莫輕看作醉紅裙。

寅恪案，此首所述者，即今夕行序所謂「甲戌七月唐四兒爲楊朝賦七夕行」之事。蓋是年七夕河東君實在叔達家渡此佳節。此首第貳句「天上人間總不分」，「人間」當指唐氏寓園，唯不知諸老中，誰有牛郎之資格。若以年齡論，松圓比唐李爲最少，其所以偏懷野心者，殆由此耶？一笑！餘可參下論「今夕行」節。第叁句出李太白「白紵辭」三首之三「傾城獨立世所稀」。（見全唐詩第叁函李白叁。）此句與陳臥子爲河東君所賦「早梅」詩，「念爾凌寒難獨立，莫辭冰雪更追攀。」之句，辭意相同，孟陽詩作於崇禎七年秋，臥子詩亦作於是年冬。當時河東君年僅十七，程陳兩人具此感想，本無足怪。然臥子於崇禎十二年春爲河東君而賦之「上巳行」云：「垂柳無人臨古渡，娟娟獨立寒塘路。」則已改變其五年前之觀念。夫女子之能獨立如河東君，實當日所罕見。臥子與河東君交誼摯篤，而得知此特性，何太晚乎？此首第肆句「中年行樂易離羣」出李太白「憶東山」二首之二「我今攜謝妓，長嘯絕人羣。」（見全唐詩第叁函李白貳貳。）更用晉書捌拾王羲之傳所云：

謝安嘗謂羲之曰，中年以來，傷於哀樂。與親友別，輒作數日惡。羲之曰，年在桑榆，自然至此。須正賴絲竹陶寫，恆恐兒輩覺，損其懽樂之趣。

及李義山詩集上「杜工部蜀中離席」七律云：

人生何處不離羣。世路干戈惜暫分。雪嶺未歸天外使，松州猶駐殿前軍。座中醉客延醒客，江上晴雲雜雨雲。美酒成都堪送老，當壚仍是卓文君。

之出典。松圓句「中年」乃「中年以來」之省略，即王右軍所謂「年在桑榆」之義。否則，唐李程諸老中，是時叔達年八十四，茂初年七十一，孟陽年七十，皆不得以杜少陵「飲中八仙歌」中「宗之瀟灑美少年」相況，明矣。（見杜工部集壹。）儻嚴格解釋安石「傷於哀樂」之語，則「哀樂」二字乃複辭偏用，僅是「哀」之意，非與「樂」爲對文。「傷於哀樂」者，困於哀感之謂，絕不與喜樂之「樂」相關涉也。此複辭偏用之義，松圓同時之通儒顧炎武自能知之，未可以是苛責藝術家之程嘉燧也。又松圓此詩與玉谿生擬杜七律關係密切，他不必論，即就兩詩同用一韻，可以推知。玉谿生詩題意旨本爲送別，想當日河東君亦擬於七夕不久以後，歸返松江。在此旬日之宴飲，皆可以「離席」目之。由是推論，義山詩中「晴雲」「雨雲」俱藏河東君之名，「卓文君」之放誕風流亦與河東君類似，暗借此詩辭意，以影射河東君，頗爲適合。至「醉客」則當是練川諸老，而「醒客」恐非河東君莫屬。蓋諸老此夕俱已心醉酒醉，獨河東君一人，則是「神仙賓客」之人間織女，大有三閭大夫「衆人皆醉我獨醒」之感也。此首第陸句用李太白「寄遠」十一首之十一「美人美人兮，歸去來。莫作朝雲暮雨飛陽臺。」及「出妓金陵子呈盧六」四首之一「何似陽臺雲雨人」句。第柒句復用太白「示金陵子」詩「謝公正要東山妓，攜手林泉處處行。」之語。（俱見全唐詩第叁函李白貳肆。並可參上論第肆句所引李太白「憶東山」詩。）孟陽以金陵子比河東君，固頗適切。但終不免生吞活剝之誚。至東山之謝安石，孟陽自無此資格。若指周念西，則亦頗適當。在松圓賦此詩之際，原不料及別有一東山謝安石之錢探花與河東君結緣。然則，孟陽此句非河東君前日之舊史，乃後來之預讖耳。一笑！第捌句則出韓退之「醉贈張秘書」五古（見全唐詩第伍函韓愈貳。）其詩中一節云：

長安衆富兒，盤饌羅羶葷。不解文字飲，惟能醉紅裙。雖得一餉樂，有如聚飛蚊。

夫當日練川諸老之「解文字飲」，吾人自無異議。但唐程乃嘉定貧子，其款待河東君之宴席，當如松圓自述之「蔬筍盤筵」，(見上引「過張子石留宿」詩。)而非長安富兒之「盤饌羶葷」。吾人於此亦無異議。雖松圓借取韓句，聊以自慰自豪，然寒酸之氣，流露紙背，用此自卑情緒，賦「伎席」，「艷詩」，今日讀之，不覺失笑也。

其八云：

幾株門柳一蟬吟。款夕幽花趁夕陰。令我齋中山岫響，知卿塵外蕙蘭心。瑶林迴處宜邀月，秋水湛時最賞音。絜榼便追逃暑會，天河拌落醉橫參。

寅恪案，孟陽「今夕行」序云：

甲戌七月唐四兄爲楊朝賦七夕行。十二夜復過余成老亭。酒酣乘月納涼舍南石橋上，絲竹激越，賞心忘疲，因和韻作此。

據此頗疑朝雲詩最後一首，即述崇禎七年七月十二夜河東君如蕚綠華之降羊權家，而降松圓西城寓所之事。此首與「今夕行」雖同述一事，但「今夕行」乃和叔達「七夕行」韻之作，此首則孟陽自誇其稀有之遭遇，特賦七律紀之，並以完成此朝雲一段因緣也。此首第壹聯上句用傅休奕「又答程曉」詩「洪崖歌山岫」之語。(見漢魏百三名家集傅鶉觚集。)應是河東君當時在成老亭歌唱，故松圓賦此。下句疑借用玉谿生「荆門西下」詩，「蕙蘭蹊徑失佳期」之意。（見李義山詩集上。）但松圓於此，竟用「卿」字。考世說新語惑溺類云：

> 王安豐婦常卿安豐。安豐曰，婦人卿婿，於禮爲不敬。後勿復爾。婦曰，親卿愛卿，是以卿卿。我不卿卿，誰當卿卿？遂恆聽之。

夫明末清初之時，能「卿」河東君者，周文岸姑置不論。錢受之則自崇禎十四年六月七日以後，始正式取得此資格。觀有學集貳秋槐詩支集附錄河東君和牧齋「人日示內」詩二首之二，其末句云：「不唱卿家緩緩吟。」據此可以證知河東君實以安豐縣侯夫人自命。孟陽乃一窮酸之山人，豈有封侯夫婿之骨相耶？至若其他諸人，如宋轅文陳臥子李存我等，雖皆與河東君爲密友，然猶未備此條件。孟陽於此，可謂膽大於姜伯約矣。宜乎牧齋選詩，痛加刪削也。第貳聯上句之「瑤林」，似謂朝雲詩第陸首「青林隱隱數蓮開」之「青林」。或即指孟陽「贈西鄰唐隱君」詩，第壹句「西家清池貫長薄」之「長薄」，亦未可知。下句疑指橋下及船邊照影之秋波也。此首第柒句之「絜榼」恐與今夕行「南隣玉盤過(送)八珍」句有關。此夕想程唐諸老各自分備殽酒，以宴萼綠華。至第捌句結語用龍城錄趙師雄羅浮夢事。「月落參橫」之時，嘉定城門必不能開啓通行。豈河東君在此數夕之間，不居寓城外，而留宿於叔達寓園耶？孟陽今夕行序謂「十二夜復過余成老亭」，恐此夕河東君之過成老亭，未必一人獨來，叔達當亦伴行。若此揣測不謬，則成老亭之命名，本用杜詩「與子成二老，來往亦風流。」之典，（見杜工部集叁「寄贊上人」五古。）程唐「二老」是夕眞可謂風流之至，不負此亭之名矣。

論朝雲詩八首既竟，頗覺松圓生吞活剝杜詩原句太多。今寅恪百尺竿頭更進一步，戲集唐人成句爲七絶一首，以博讀者一笑。

詩云：

霸才無主始憐君。（溫飛卿「過陳琳墓」。寅恪案，「君」指河東君。從顧云美河東君傳之先例也。）世路干戈惜暫分。（李義山「杜工部蜀中離席」。寅恪案，陳臥子於崇禎七年，即程松圓賦朝雲詩之年，其爲河東君作「早梅」詩云：「干戈繞地多愁眼。」）兩目眵昏頭雪白，（韓退之「短燈檠歌」。）枉拋心力畫朝雲。（元微之「白衣裳」二首之二。）

耦耕堂存稿詩「今夕行」幷序云：

甲戌七月唐四兄爲楊朝賦七夕行。十二夜復過余成老亭。酒酣，乘月納涼舍南石橋上，絲竹激越，賞心忘疲，因和韻作此。（此序上文已引。茲爲解釋便利，故重迻錄。）

七夕之夕明河新。飛來烏鵲塡河津。今夕何夕織女降，南隣玉盤過（送）八珍。綵雲翩躚入庭户，明月自與幽人親。李謩賀老並同舍，彈絲吹竹無昏辰（晨）。一聲裂石衆譁寂，四筵不勞錄事瞋。白頭當場自理曲，向月吹簫教玉人。玉人羽衣光𦑣𦑣，似有霓裳來碧落。香霧寒生半臂綃，暗塵襟解羅襦縛。玉指參差送夜光，雲鬟娿婧聞宵柝。只云三萬六千是（日），莫惜顛狂且行樂。

寅恪案，孟陽此詩與朝雲詩第捌首同述一事，前已論及。此詩乃和叔達七夕行韻之作，不過唐氏所賦爲崇禎七年河東君在其寓園遊宴之經過。孟陽此詩，則雖和唐韻，而所言乃七夕後五日，即十二日之夜，河東君過其家之事。唐程兩詩，雖同體同韻，其內容應有互異之點。今既不得見唐氏七夕行，取以相發明，姑止就程氏今夕行略加論釋，自必不能滿意，須更詳考。至叔達七夕行乃用少陵「麗人行」之韻。（見杜工部集壹。）所以如是者，疑別有寓意，因河東君夙稱「美人」。「麗人」即「美人」。子美此詩題所謂「麗人」，指楊氏諸姨而言。「楊」復河東君之姓也。孟陽今夕行之命名，本出少陵原題。其第叁句「今夕何夕」，亦與杜詩第壹句相同。（見杜工部集壹「今夕行」。）但此皆表面之解釋，非眞知孟陽用意所在者。頗疑松圓實用詩經唐風綢繆篇：「今夕何夕，見此粲者。」之典。據朱子集傳「粲，美也。此爲夫語婦之辭也。」若所推測者不誤，則孟陽命題之原意，亦與朝雲詩第捌首第肆句之「卿」河東君者，用心正復相似。上引牧齋論松圓之詩，以爲「七言古詩，放而之眉山。」（寅恪案，上海前合衆圖書館藏耦耕堂存稿詩中，此詩題下有評語云：「敍題大似東坡，詩亦相近。」並可參證。）今觀松圓今夕行，頗有摹擬東坡松風亭梅花詩之跡象。（見東坡後集肆。）錢氏之言，殊爲可信。蘇詩第壹首「海南仙雲嬌墮砌，月下縞衣來扣門。」之語，亦與崇禎七年七月十二夜孟陽寓所之情景暗合。借「仙雲」之辭，以目河東君，頗爲適切。蓋是夕河東君以萼綠華及「神仙賓客」之身分，降松圓家，而「雲」復爲河東君之名也。又蘇詩第貳首「耿耿獨與參橫昏」之句，復與同述此夕經過之朝雲詩第捌首結句「天河拌落醉橫參」句有關。朝雲詩此句，雖出少陵詩「天橫醉後參」及「自待白河沉」之典，（見杜工部集壹貳「送嚴侍郎到綿州」。仇兆鰲杜詩詳注壹壹，釋此詩之「白河」爲「天河」，是。寅恪以爲程詩之「落」，即出杜詩之「沉」也。）然松圓遺辭，固出於杜，而用意則實取於蘇也。孟陽此詩「南隣玉盤過八珍」之「過」，雖可借用杜工部集壹「夏日李公見訪」詩「牆頭過濁醪」之「過」。但仍疑爲「送」字之誤。所以作此推測者，因叔達七夕行本用少陵「麗人行」之韻，今唐氏原詩未見，不知其與麗人行內容關係如何。但麗人行有「御廚絡繹送八珍」之語，松圓改爲此句。其「送」字之意，與朝雲詩第捌首第柒句「挈榼」二字相涉，且「玉盤」之辭，亦出杜工部集壹貳「嚴公仲夏枉駕草堂，兼攜酒饌。」詩「竹裏行廚洗玉盤」之典，甚合叔達此夕「挈榼」之事。然則諸老各具酒饌，湊成夜宴，寒乞情況，可以想見。此夕處士山人之筵席，固遠不如後來富商汪然明，貪宦謝象三之豪侈招待，即候補閣老錢受之之半野堂寒夕文讌，其酒饌之豐盛，亦當超過唐程諸老之逃暑會無疑也。詩中「李謩賀老並同舍，彈絲吹竹無昏晨。」及「白頭當場自理曲，向月吹簫教玉人。」等句，足徵牧齋謂孟陽精於音律，其言實非虛譽，而河東君從之有所承受，抑又可知。顧云美河東君傳云：「定情之夕，在辛巳六月七日。君年二十四矣。宗伯賦前七夕詩，要諸詞人和之。」嘻！此爲唐叔達賦七夕行後七年之事也。牧齋當崇禎甲戌之秋，尚未「見此邂逅」（見詩經唐風綢繆篇第貳章並朱注。）然終能急追躍進，先期一月完成心願，誠足誇叔達於地下，傲孟陽於生前矣。

耦耕堂存稿詩中，今夕行之後第叁第肆及第捌第玖第拾共五題，皆與河東君有關。茲分別論述之於下。

「秋雨端居有懷」云：

> 百日全家藥裏間。不論風雨不開關。籬邊秋水愁中路，郭外春湖夢裏山。時倚餅花滋起色，漫懸梁月見衰顏。南村賸客如相憶，好就茅齋一宿還。

「病餘戲咏草花」云：

> 鶯粟雞冠畫不成。神農漢使未知名。千年血漬丹砂在，一寸心灰縞雪生。望裏蜉蝣弦晦數，睡餘蝴蝶夢魂清。天花散處宜蠲疾，不比文園露一莖。

寅恪案，河東君於崇禎七年初秋離嘉定返松江後，練川諸老當有孟子滕文公篇。所謂「孔子三月無君，則皇皇如也。」之情狀。（此「君」借作「河東君」之「君」。）故孟陽詩中應可發現痕跡。此二題初視之，似無關係。細繹之，實爲懷念河東君之作。前一題言全家秋雨時患病，諒是河魚腹疾之類，姑不置論。獨七八兩句乃追念河東君於七年暮春至初秋間寄寓城南之盛會。「南村賸客」疑指李茂初而言，蓋松圓欲茂初至其家，與之商量招約河東君重來嘉定一事。故河東君於崇禎九年乙亥歲暮再遊練川。觀孟陽和茂初「停雲」詩「相望經時滯洒翁」之句可證。詩題中之「有懷」乃懷茂初，兼懷河東君也。後一題懷念河東君之意，較前一題更爲明顯。第肆句乃合用李義山詩「一寸相思一寸灰」（見李義山詩集上「無題」四首之二。）及蘇東坡詩「月下縞衣來叩門」（見前引。）之意。七八兩句謂河東君既如天女之來散花於示疾之維摩詰丈室矣。今不應似司馬相如之爲卓文君而病消渴也。

「停雲次茂初韻」云：

停雲靄靄雨濛濛。相望經時滯洒翁。莫往豈能忘夙好，聊淹俄復得深衷。不愁急管哀絲迸，且喜殘年皓首同。況值新知多道氣，只言此地古人風。

寅恪案，李茂初原作今未得見，其以「停雲」爲題，固出陶淵明「停雲」詩序「停雲思親友也」之意。但李氏心中「雲」乃「阿雲」之「雲」。「停」則停留之意。夫河東君之於嘉定諸老，只可謂之「友」，而未能爲其「親」。且陶詩義正辭嚴，不宜借作綺懷之題。豈松圓後來亦覺此題未妥，遂以「緪雲」代之，而作七律八首耶？至若有學集玖紅豆初集「戊戌新秋日吳巽之持孟陽畫扇索題，爲賦十絕句。」其第拾首（錢曾王注本爲第貳首。）云：「依約情人懷袖裏，每移秋扇感停雲。」則「停雲」一辭，兼指孟陽及河東君而言，殊與「思親友」之義切合。此亦松圓茂初輩賦「停雲」詩時，所不及料者也。餘詳後論緬雲詩扇條。李程二老賦停雲詩，疑在崇禎九年初春。蓋此題後一題爲「和爾宗春讌即事」詩。據列朝詩集孟陽詩選本，緬雲詩前，即春讌詩。但題上多「丙子立春」四字。依鄭鶴聲近世中西史日對照表，崇禎九年丙子無立春。但七年甲戌正月六日立春，十二月十七日又立春。八年乙亥十二月廿八日立春。寅恪以爲當日曆官定曆，必無一年之內，缺去或重複立春節氣之理。故知鄭表中七年歲末之立春，應移於八年歲初，而八年歲末之立春，應移於九年歲初。如此移置，方與當時事理及孟陽詩題符合。又據耦耕堂存稿文中「祭李茂初」文略云：

> 崇禎歲丁丑春正月李茂初先生寢疾里中，會余留滯郡城。（寅恪案，「郡城」指蘇州言。明代嘉定爲蘇州府屬縣。孟陽此次至蘇州，疑是送牧齋被逮北行。俟考。）二月晦日拏舟候兄於室。先生顧余微笑。明晨復小語而別。又四日爲三月癸卯，先生終於正寢。春秋七十有四。越二七日丁巳表弟程某哭奠於几筵而告之曰，去歲之春，同遊湖壖。尋花放狂，把燭迴船。歡笑累夕，和詩幾篇。

寅恪案，孟陽祭茂初文作於崇禎十年丁丑。文中「去歲之春」指崇禎九年丙子之春。「尋花放狂」之「花」，指河東君言，即孟陽「正月同李茂初沈彥深郊遊，次茂初韻。」詩中，（此題「正月」二字，從孫氏鈔本增補。全詩見下引。）所謂「尋花舍此復何之」之意也。考河東君以崇禎八年秋深別臥子於松江，重返盛澤鎭徐雲翾家。值此惆悵無聊之際，當思再作嘉定之遊。何況練川諸老知其已脫幾社名士之羈絆，逸興野心，遂大發動，更復殷勤促其重來，以踐崇禎七年初秋相別時之宿諾耶？孟陽詩中「況値新知多道氣」句之「新知」自指河東君言。「新知」一辭，本出楚辭九歌少司命「樂莫樂兮新相知」之句，然松圓之意，注重在「樂」，而不在「新」。觀其後來所作「六月鴛湖飮朱子暇夜歸，與雲娃惜別」詩「一尊且就新知樂」之語，（全詩見下引。）足證其「新」字之界說。餘可參前論宋尙木秋塘曲序條，茲不復贅。又杜工部集壹壹「過南隣朱山人水亭」詩云：「看君多道氣，從此數追隨。」松圓用少陵「多道氣」之語，豈欲「從此數追隨」河東君耶？竊恐阿雲接對唐李程諸老之際，固多道氣，但其周旋宋轅文陳臥子李存我之時，則此「道氣」一變而爲妖氣，松圓於此可謂「枉拋心力」矣。又茂初卒於崇禎十年丁丑三月。其卒前一年，尙與此「多道氣」之「新知」相往來。論語里仁篇「子曰，朝聞道，夕死可矣。」朱注云：「道者，事物當然之理。苟得聞之，則生順死安，無復遺恨矣。」然則，若茂初者，殆可謂生順死安者歟？

「丙子立春和爾宗春讌即事」（「丙子立春」四字，據列朝詩集所錄增補。）云：

歸舠夜發促春盤。少長肩隨各盡懽。花鳥婁春迎宿雨，天雲釀雪作朝寒。何嫌趨走同兒戲，便許風流比畫看。暈碧裁紅古來事，醉痕狼藉任闌干。

寅恪案，爾宗者，金德開之字。事蹟見嘉定縣志壹柒忠節門本傳。其父兆登本末見耦耕堂存稿文下「都事金子魚先生行狀」及初學集伍肆「金府君墓誌銘」等。又嘉定縣志叁拾第宅園亭門「金氏園」

條云：

東清鏡塘北。中有柳雲居，（寅恪案，「柳雲」二字可注意，不知是否與河東君有關。俟考。）止舫，霽霞閣，冬榮館。金兆登闢。別有福持堂，在塔院西。兆登別業。

據此，崇禎九年丙子立春日爾宗之春宴，河東君當亦預坐。此詩第壹句之「歸舠」，乃指河東君此次來嘉定，寓居城外，或即南翔鎮之檀園。爾宗既設春宴於其城內之寓園，則城門夜深必須扃閉，故河東君不能甚晚返其城外居處，所謂「促」者，指時間之迫促。第貳句「少長盡懽」之「少」，指爾宗輩，「長」指孟陽輩。第肆句暗藏「朝雲」二字，否則既是夜宴，何必用「朝」字也。此詩第貳聯之「兒戲」「風流」，甚合當時情事。第柒句疑用梁簡文帝「春盤賦」語。（寅恪檢佩文韻府壹一東紅韻下云：「梁簡文帝春盤賦，裁紅暈碧，巧助春情。又裁紅點翠愁人心。」今檢丁福保輯全漢三國晉南北朝時全梁詩壹簡文帝「東飛伯勞歌」二首之一有「裁紅點翠愁人心」之句。元好問遺山詩集捌「春日」詩：「里社春盤巧欲爭，裁紅暈碧助春情。」自注云：「歐陽詹春盤賦，裁紅暈碧，巧助春情，爲韻。」全唐文伍玖伍歐陽詹春盤賦及佩文韻府壹佰上十一陌碧韻下並同。但漢魏百三名家集及嚴可均輯全梁文簡文帝文等，皆無春盤賦。更俟詳考。）又後來河東君於崇禎十三年所賦「春日我聞室作，呈牧翁。」詩「裁紅暈碧淚漫漫」句，亦是追感此類春讌，所以有「淚漫漫」之語耳。「古來事」者，孟陽非僅謂自古相傳有此節物風俗，兼具和李茂初「停雲」詩，「只言此地古人風」之意。

頗疑「此地古人風」之語，實出於河東君之口。作此等語，即所謂「道氣」者是也。觀此夕之春讌，河東君來去迫促如此，眞玉谿生「重過聖女祠」詩所謂「蕚綠華來無定所，杜蘭香去未移時。」者也。(見李義山詩集上。)

「正月十一十二夜雲生留余家，與客連夕酣歌，醉餘夜深，徘徊寺橋，俯仰昔遊，題三絕句。」云：

傷心無奈月明橋。秋水橫波凝玉簫。十八回圓天上月，草芳何盡綠迢迢。

經過無處不關情。寺冷臺荒月自明。相見解人腸斷事，夜深閒上石橋行。

美人一去水連村。風月佳時獨掩門。今夕酒闌歌散後，珊珊邀得月中魂。

寅恪案，此題三絕句與緪雲詩八首殊有密切關係。不過孟陽此三絕句，止詠崇禎九年丙子正月十一十二兩夕，河東君留宿其家之奇遇。至緪雲詩八首，則爲總述河東君此次嘉定之重遊，包括崇禎九年正月燈節前數日，在其家小住後，至二月下旬離嘉定返盛澤，並去後不久時，相思甚苦之事實也。蓋蕚綠華之降羊權家，乃曠世難逢之大典，豈可以三絕句短章草率了事？但七律八首，又費經營，絕非一時所能寫就。職此之故，兩題內容固有相同之處，而作成時間，則有先後。頗疑緪雲詩之完成，當在河東君崇禎九年二月末，離去嘉定不久之後，即是年三月暮春也。

此詩題中之「昔遊」，指崇禎七年七月十二夜，即今夕行所述之事。「雲生」指河東君，固不待言。考徐釚續本事詩伍袁宏道「傷周生」詩題下注云：

按吳人呼妓爲生。

據此，孟陽自可呼河東君爲「雲生」。又檢王聖塗闢之澠水燕談錄拾「談謔」類（可參趙德麟令時侯鯖錄捌「錢塘一官妓」條。）云：

子瞻通判錢塘，嘗權領州事。新太守將至，營妓陳狀詞以年乞出籍從良。判曰，五日京兆，判狀不難。九尾野狐，（寅恪案，趙氏書謂此妓「性善媚惑，人號曰，九尾野狐。」）從良任便。有周生者，色藝爲一州之最，聞之，亦陳狀乞嫁。惜其去，判云，慕周南之化，此意雖可嘉。空冀北之羣，所請宜不允。其敏捷善謔如此。

然則呼妓爲「生」，宋人已然。但孟陽所以取男性之稱目之者，疑有其他理由。一方面河東君往往以男性自命，和與汪然明尺牘之稱「弟」及幅巾作男子服訪牧齋於半野堂等，即是其例。別一方面，則河東君相與往還之勝流，亦戲以男性之稱目之。如牧齋稱之爲「柳儒士」之例。（見牧齋遺事「國初錄用前朝耆舊」條。）寅恪更疑此詩題中之「雲生」，其初稿當作「雲娃」，蓋用唐汧國夫人稱「李娃」之典。（見太平廣記肆捌肆白行簡所撰李娃傳「汧國夫人李娃，長安之倡女也。」等語。）如其「二月上浣同雲娃踏青」及「六月鴛湖與雲娃惜別」等題，同一稱謂。（兩詩俱見下引。）後來發覺以「雲娃」爲稱，而留宿其家，甚涉嫌疑，兩方均感不便，遂改「娃」爲「生」，以圖蒙混歟？又吳梅村「琴河感舊詩」序亦稱卞玉京爲「卞生」。蓋以賦詩之際，雲裝亦將委身於人之故。此點可與孟陽詩題序相參證也。（見梅村家藏稾陸，並後論卞玉京事節。）總而言之，牧齋於松圓與河東君之關係，雖不甚隱諱，然值此重要關頭，即「雲生留予家」之問題，則風流才子之錢謙益，亦不得不倣效陳腐迂儒之王魯齋柏，撰著「詩疑」，於鄭衞諸篇，大肆刪削矣。呵呵！至題中之「寺橋」，第壹首第壹句之「橋」，第貳首第貳句之「寺」及第肆句之「石橋」，俱指西隱寺之橋，亦即孟陽改其名爲「聽鶯橋」者，見前論隱仙巷非別有藹園條及後論緪雲詩第貳首，「聽鶯橋下波仍綠」句，茲不多贅。

第壹首與杜牧之「寄揚州韓綽判官」詩：「青山隱隱水迢迢。秋盡江南草木凋。二十四橋明月夜，玉人何處教吹簫。」及孟浩然「留別王侍御維」詩：「欲尋芳草去，惜與故人違。」有關。（見全唐詩第捌函杜牧肆及同書第叁函孟浩然貳。）否則孟陽賦詩正値嚴寒草枯之際，焉得有第肆句「草芳何處綠迢迢」之語耶？更申言之，孟陽此首之意，大有玉谿生「小姑居處本無郎」（見李義山詩集中、「無題」二首之二。）及辛稼軒詞「見說道，天涯芳草無歸路。」（見稼軒詞貳摸魚兒「王正之置酒小山亭賦」。）之微旨也。第壹句所謂「傷心」者，鄙意河東君之爲人，感慨爽直，談論敍述，不類閨房兒女。觀前引宋尙木秋塘曲，知其當日在白龍潭舟中，對陳宋彭諸人，道其在周文岸家，不容於念西羣妾事，絕未隱諱，可爲例證。由是推之，此次重遊練川，亦必與孟陽言及其所以離松江遷盛澤之經過，而於其不能爲臥子家庭所容之原委，復當詳盡痛切言之也。「十八回圓天上月」

者，蓋河東君於崇禎七年七月七夕後，離去嘉定，復於九年正月元日前重遊練川。孟陽若忘却七年閏九月，不計在內，則其間天上明月正合十八回圓之數也。又白氏文集壹捌「三年別」七絕云：

悠悠一別已三年。相望相思明月天。腸斷青天望明月，別來三十六迴圓。

孟陽殆有取於香山此題。因三年別之語，若自河東君於崇禎七年孟秋離去嘉定，至松圓賦「正月十一十二夜」詩時，實際上雖非經過三十六月，但名義上亦可謂已閱三年矣。

第貳首第叁句所謂「腸斷事」者，不知孟陽指何方面而言。但河東君與孟陽兩人，皆有斷腸之事，即臥子送別河東君滿庭芳詞所謂「怨花傷柳，一樣怕黃昏。」者也。（全詞見下引。）

第叁首孟陽述其自崇禎七年秋間，河東君別後相思之苦及此夕即九年正月十一十二夜相見之樂。詩語雖不甚佳，但為賦此題之本旨。其姍姍來遲，令人期待欲死之意，溢於言表矣。

上海前合衆圖書館藏吳興劉氏舊抄本耦耕堂存稿詩中「緪雲詩」第捌首末句「風前化作綵雲行」下有朱筆評語云：

「綵雲」首尾呼應，是八首章法。音調悽惋，情致生動，是從長慶得來，與西昆（崑）艷詩有別。

寅恪案，此評語出自何人之手，今難考知。甚疑是孟陽同時之人。即使出自後人手筆，亦必其人生年與孟陽相近，尚能聞知當日故實，如孫松坪之流。否則不得親切若是也。至其言孟陽此詩「是從長慶得來，與西崑艷詩有別。」若就緪雲詩之意境言之，則頗與西崑近，而不似長慶。但就辭語論之，則實與香山之詩有關。檢白氏文集壹貳「簡簡吟」一題結語云：「彩雲易散琉璃脆。」此題後即「花非花」一題，其辭云：

花非花，霧非霧。夜半來，天明去。來如春夢幾多時，去似朝雲無覓處。

由此推之，孟陽賦朝雲詩實從香山「花非花」來。蓋河東君之「來無定所，去未移時。」甚與樂天所言者符合。孟陽既取「花非花」辭意，以作朝雲詩，則用「簡簡吟」末句「彩雲」之語爲題，更賦緪雲詩八首，本極自然。但簡簡吟後半述蘇家小女之早夭，孟陽後來亦當發現其用此不祥之辭爲題，甚是不妥。因前賦正月十一十二夜三絕句時，撏撦樊川詩集得「孤直緪雲定」之句，（見全唐詩第捌函杜牧貳「贈沈學士張歌人」詩。）遂改「綵雲」爲「緪雲」。且與河東君之擅長歌唱者，頗相適合也。

「緪雲詩」八首，非一時所作。其完成時間，大約在崇禎九年暮春，前已略論及之。此題八首之作，其最前時限當是崇禎九年正月。其最後時限，亦不能越出是年三月也。此題八首既非一時所完成，其內容所述者，亦不止關涉一事。約略言之，可分爲四端。第壹第貳兩首爲言其寫作緪雲詩扇。（此扇有河東君畫像並孟陽自題詩。）第叁第肆兩首爲細寫河東君留宿其家。第伍第陸兩首爲敍述河東君之離去嘉定。第柒第捌兩首爲陳訴己身自河東君別後相思之痛苦。（寅恪案，徐電發續本事詩陸選松圓緪雲詩第壹第叁第柒共三首，亦可謂得其要領矣。）凡此八首皆步一韻，與前此所賦朝雲詩有別。耦耕堂存稿詩此題下並第陸第柒兩首上有評語云：

八詩同用一韻，比朝雲詩更工鍊矣。其用韻略無一意同者，而極自然，無斧鑿之迹，故佳。各詩承接俱能打成一片，正在起結處得力耳。不止以對句求工，押字取致而已。押爭字各見筆力，尤在與前後一氣貫注，移動不得，乃見作法。

寅恪案，此等評語推崇至極，究屬何人所加，殊爲可疑。其非出自牧齋，固不待言。但當時稱賞松圓之詩，若此之甚者，舍牧齋外，又難覓其他相當之人。然則豈松圓本人所自爲耶？文士故作狡獪，古今多有之，不足異也。鄙意此題八首之用韻，實有問題。頗疑是次韻之作。蓋第伍首云：「艷曲傳來還共和。」據此可知當時松圓必有和河東君之作。但今檢耦耕堂集，此數年中所賦之詩，尚未發現有和河東君之篇什。或者緪雲詩八首，即步河東君原詩之韻者。河東君此原詩，乃孟陽所謂「艷曲」者歟？俟考。茲依次迻錄緪雲詩八首，分別論釋之於下。

其一云：

緪雲一散寂無聲。此際何人太瘦生。香縱反魂應斷續，花曾解語欠分明。白團畫識春風在，紅燭歌殘夕淚爭。從此朝朝仍暮暮，可能空逐夢中行。

其二云：

抹月塗風畫有聲。等閒人見也愁生。聽鶯橋下波仍綠，走馬臺邊月又明。芳草路多人去遠，梅花春近鳥嘶爭。殘更亡寐難同夢，爲雨爲雲只自行。

寅恪案，有學集玖紅豆初集「戊戌新秋日吳巽之持孟陽畫扇索題，爲賦十絕句」其二（錢曾注本列爲第叁。）云：

斷楮殘縑價倍增。人間珍賞若爲憑。松圓遺墨君應記，不是緪雲即送僧。（自注：「孟陽別妓有緪雲詩扇。」）

有學集中此十絕句詳見後論。茲可注意者，爲牧齋此首自注「緪雲詩扇」一語。蓋詩扇有孟陽自書其贈妓詩，固不待言。但扇面空間不甚廣闊，緪雲詩八首，若全部盡書，則必是蠅頭小字，方可容納。松圓於崇禎九年已七十二歲，當時雖有眼鏡，松圓未必具此工具。（參初學集玖崇禎詩集伍「眼鏡篇送張七異度北上公車」詩。）故此詩扇之詩，應不能超過兩首。若依此限度，則當是此題之第叁首並第肆首，因此兩首乃述河東君留宿其家之事，且第叁首結語「綵雲緪定不教行」，實緪雲詩全部之核心，絕無遺漏之理。又牧齋十絕句乃應吳巽之之請，題松圓畫扇者。據此可知雖稱之爲緪雲詩扇，其上除詩外，當尚有畫在。如松圓浪淘集壹叁春帆「埜巾樓中宋比玉對雪鼓琴，余戲作圖便面漫題。」之例，可以爲證。蓋通常團扇，兩面皆可作畫書字。其一面無終貫之扇骨者，便於作畫。其別一面之貫有扇骨者，不礙作書。由此推之，牧齋所謂緪雲詩扇，仍爲松圓之畫扇，不過其別一面，則有孟陽自書之緪雲詩耳。緪雲一事乃松圓平生最得意者，故往往作畫題字以示密友。巽之此扇當亦其中之一。未必即是孟陽親贈於河東君者也。

緬雲詩第壹首第壹句「綵雲一散寂無聲」，固出李太白「宮中行樂詞」八首之一「只愁歌舞散，化作綵雲飛。」（見全唐詩第叁函李白肆。）但「無聲」二字，松圓之意除指歌聲外，恐兼指扇上之畫言。蓋目畫爲無聲之詩，河東君離去，而畫圖仍在也。第伍句「白團畫識春風在」，用梁武帝「手中白團扇，淨如秋團月。」及簡文帝「白團與秋風，本自不相安。」並杜工部「畫圖省識春風面，環珮空歸月夜魂。」等詩句之典。（見丁福保輯全梁詩壹梁武帝「團扇歌」及簡文帝「怨詩」。並杜工部集壹伍「詠懷古跡」五首之三。）亦足證此句與第壹句皆謂扇上之畫也。第陸句「紅燭歌殘夕淚爭」，用杜牧之「蠟燭有心還惜別，替人垂淚到天明。」及晏叔原詞「紅燭自憐無好計，夜寒空替人垂淚。」之典。（見全唐詩第捌函杜牧伍「贈別」二首之二及晏幾道小山詞蝶戀花詞。）俱爲世人所習知，不過松圓以之作別妓詩，更覺適切也。第柒第捌兩句自是出於宋玉高唐賦「旦爲朝雲，暮爲行雨。」之語。（見文選壹玖。）河東君此時以「朝」爲名，以「朝雲」爲字，如江總字總持，杜牧字牧之之例。特點出之，亦當日賦詩者之風氣。前第貳章已詳論之。

第貳首第壹句「抹月塗風畫有聲」，指扇上之詩言。蓋目詩爲有聲之畫也。第叁句「聽鶯橋下波仍綠」，關於聽鶯橋一端，見上論西隱寺前石橋，本名「寶蓮」，松圓改爲「聽鶯」事，茲可不贅。第肆句「走馬臺邊月又明」，其古典則用漢書柒陸張敞傳「敞無威儀，時罷朝會，過走馬章臺街，使御吏驅，自以便面拊馬。」之語及文選貳柒班婕妤怨歌行「新製齊紈素，皎潔如霜雪。裁爲合歡扇，團團似明月。」之句。（參玉臺新詠壹班婕妤「怨詩」。）蓋「便面」即扇。且「章臺街」一辭，復合於太平廣記肆捌伍許堯佐柳氏傳中「章臺柳」事。「團團似明月」，即「月又明」。並與第壹首第伍句有關。又松圓正月十一十二夜所賦三絕句之第叁首末句「姍姍招得月中魂」，亦與之有干涉也。其今典則借用南翔鎮「走馬塘」之名。（見陳枬校印南翔鎮志壹水道門「走馬塘」條。）而以漢書張敞傳中「過走馬章臺街」之「臺」代「塘」。並取許堯佐柳氏傳中「章臺柳」故事，混合融貫，足見此老之匠心。故此次河東君之遊嘉定，寄居之處，與檀園及李茂初有關，亦可藉是推知矣。餘可參前論松圓「秋雨端居有懷」及「停雲次茂初韻」兩詩條。「芳草路多人去遠，梅花春盡鳥喃爭。」一聯，上句謂河東君已離嘉定返盛澤。據此可知緪雲詩第壹首第貳首，雖排列最前，但其作成之時間，實在第叁第肆兩首之後矣。下句有「梅花春盡」之語。考明末曆官所定節氣，梅花開時，常與春分相近。東山詶和集貳「（崇禎十四年）二月十二日春分日橫山晚歸作」有句云：「殘梅糝雪飄香粉。」依鄭氏近世中西史日表，崇禎十四年春分在二月十日，即陽曆三月廿日。崇禎九年春分在二月十四日，即陽曆三月廿日。鄭氏所推算，雖與當時所用之曆微有差錯，但春分在陰曆二月，則絕無可疑。松圓崇禎九年有「二月上浣同雲娃踏青」詩，（全詩見下引。）可知河東君此次之去嘉定，適在梅花開放，而包含春分節氣之二月。此爲第壹第貳兩首作於第叁首第肆首以後之又一旁證也。

其三云：

朝簷天外鵲來聲。夜燭花前太喜生。婪尾宴收燈放節，埽眉人到月添明。香塵澒洞歌梅合，釵影差池宿燕爭。等待揭天絲管沸，綵雲縆定不教行。

其四云：

梅飄妝粉聽無聲。柳著鵞黄看漸生。雷茁玉尖梳底出，雲堆煤黛畫中明。（列朝詩集「雲」作「雪」。）不嫌晝漏三眠促，方信春宵一刻爭。背立東風意無限，（列朝詩集「無」作「何」。）衱腰珠壓麗人行。

寅恪案，此兩首皆與上引「正月十一十二夜雲生留余家」三絕句同詠一事。第叁首「婪尾宴收燈放節，埽眉人到月添明。」聯，即三絕句題序中之「正月十一十二夜雲生留余家」也。「香塵澒洞歌梅合，釵影差池宿燕爭。」聯，即三絕句題序中之「與客連夕酣歌」也。

第叁首第貳句出杜工部集拾「獨酌成詩」所云：

燈花何太喜，酒綠正相親。醉裏從爲客，詩成覺有神。兵戈猶在眼，儒術豈謀身。共被微官縛，低頭媿野人。

又少陵此詩如「醉裏從爲客」及「兵戈猶在眼」諸句，亦甚切合松圓當日情事。惟松圓以「山人」終老，則與杜詩結語不合耳。第柒第捌兩句，乃合用列子湯問篇秦青「撫節悲歌，聲振林木，響遏行雲。」及杜牧之「贈沈學士張歌人」詩「孤直緪雲定」之典，不僅爲全首之警策，亦全部八首主旨之所在也。

夫河東君既於崇禎九年正月十一十二夜留宿松圓之家，松圓自不能不作畫以寫其景，賦詩以言其事。此第肆首即寫景言事之篇什，亦即緪雲詩扇有畫之一面所繪者也。才調集伍元微之「離思」六首之三「閑讀道書慵未起，水晶簾下看梳頭。」孟陽竊取其意以作畫，並採用東坡集玖「續麗人行」之辭旨以賦此首。故緪雲詩扇今雖不存，但觀緪雲詩第肆首亦可想見扇上所繪之大概也。孟陽賦詩以「慵未起」及「看梳頭」爲主旨，則其所畫者，當從美人曉妝之後面描寫，而東坡所賦「續麗人行」題序云「李仲謀家有周昉畫背面欠伸內人，極精，戲作此詩。」等語，正是孟陽心中所欲繪者，故東坡此詩亦可謂孟陽畫圖之藍本矣。玆迻錄蘇詩於下，讀者可自得之，不必詳論也。蘇詩云：

> 深宮無人春日長。沈香亭北百花香。美人睡起薄梳洗，燕舞鶯嘑空斷腸。畫工欲畫無窮意。背立東風初破睡。若教回首卻嫣然，陽城下蔡俱風靡。杜陵饑客眼長寒。蹇驢破帽隨金鞍。隔花臨水時一見，只許腰肢背後看。心醉歸來茅屋底。方信人間有西子。君不見孟光舉案與眉齊。何曾背面傷春嘑。

第肆首之辭語，除與蘇詩有關者可以不論外，唯其中「雷茁玉尖梳底出，雲堆煤黛畫中明。」一聯，尙需略加考釋。此聯上句述河東君晨起自梳頭事。「玉尖」疑用韓致堯「詠手」詩「腕白膚紅玉筍芽。調琴抽線露尖斜。」(見全唐詩第拾函韓偓肆。)至「雷茁」兩字連文，寅恪淺陋，尙未見昔人有此辭語，前引孫松坪主纂之佩文韻府，亦僅著松圓此詩。據是推之，似是孟陽創作。李義山詩集上「柳」詩云：「巴雷隱隱千山外，更作章臺走馬聲。」意者河東君此次之遊嘉定，已改易原來姓名之「楊朝」爲「柳隱」。松圓遂聯想張敞走馬章臺街及韓翃章臺柳故事，借用玉谿生詩，創此新辭耶？俟考。下句述河東君自畫其眉事。蓋松圓無張京兆之資格及幸運也。(戊寅草有「爲郎畫眉。代人作。」一詩，列於「朱子莊雨中相過」七古之後，辭意俱不易解。未知與朱氏有無關係，姑附識於此，以供參考。)「雲堆」若依耦耕堂存稿詩鈔本，則「雲」指髮言，固可通。若依列朝詩集及佩文韻府作「雪堆」，(孫氏所據何本，今不可考。)則「雪」謂手，指肌膚皎若冰雪，畫眉用煤黛，故黑白愈分明也。兩說未知孰是，更俟詳檢。第柒句「背立東風意無限」，列朝詩集「無」作「何」，雖皆可通，但蘇詩爲「畫工欲畫無窮意，背立東風初破睡。」故仍以作「無限意」爲是。「窮」改「限」以協平仄。且「無限」一辭，有李太白清平調第叁首「解識春風無限恨」之成語可依據也。若謂此首第壹句有「無」字，第柒句因改「何」字以避重複，此則拘於清代科舉制度習慣所致，昔人作詩，原不如是，即觀本文所引明末諸人篇什，可以證知，不必廣徵也。

其五云：

十夕閒窻歌笑聲。綠苔行跡見塵生。亂飛花片渾亡賴，（列朝詩集「亡」作「無」。）微露清光猶爲明。艷曲傳來還共和，新圖看去不多爭。遙知一水盈盈際，獨怨春風隔送行。

其六云：

昨夜風前柔櫓聲。無情南浦綠波生。飛花自帶歸潮急，落月猶懸宿舸明。（列朝詩集「落」作「殘」。）泖色曉分萋苑盡，人煙暗雜語溪爭。春雲倏忽隨春夢，難卜燈花問遠行。

寅恪案，此兩首雖俱述河東君離去嘉定事，但第伍首言河東君以詩留別，不及送行。第陸首則泛論河東君歸程也。前首有「亂飛花片渾亡賴」，後首有「飛花自帶歸潮急」，故知河東君去時必是飛花時候。韓君平「寒食」詩云：「春城無處不飛花，寒食東風御柳斜。」（見全唐詩第肆函韓翃叁。）據鄭氏近世中西史日表，崇禎九年清明爲二月廿九日。然則河東君之去嘉定，乃在是年二月下旬。緪雲詩第柒首「三月天涯芳草歇，一番風信落花爭。」亦可參證也。

第伍首「十夕閒窗歌笑聲」句，非謂河東君連續十夕留宿其家。不過如正月十一十二夜兩夕及二月上浣同雲娃雨譙達曙一夕之例，即緪雲詩第壹首「香縱反魂應斷續」之意也。第伍句「艷曲傳來還共和」之「艷曲」，疑即是遣人送詩告別之作，而緪雲詩乃次此詩之韻。即有「共和」一語，則嘉定諸老中，除孟陽外，當尚有他人和詩，惜河東君原作及他人和篇，皆不可見矣。（寅恪偶檢徐康前塵夢影錄下，「先叔父鴻寶至平橋書肆小憩」條云：「書賈出河東君詩四本，卷帙甚薄，丹黃殆編，係河東君手録底本。中有與松圓老人倡和，及主人紅豆詩甚多。」徐氏所言，或爲河東君選録底本，未必是遊嘉定時之作品也。俟考。）第陸句「新圖看去不多爭」之「新圖」，當即孟陽此時新繪緪雲詩扇上河東君之像。「不多爭」者，謂相差無幾。今世所傳河東君畫像，自顧云美後，亦頗不少。但皆非如松圓所畫者，對人對景直接摹寫之眞能傳神，又不待言也。第柒第捌兩句依孟陽之意，謂河東君怨其不來送行，竊恐適得其反。蓋河東君獨往獨來，雖其特性，然亦視情誼而有區分。如陳臥子於崇禎八年秋深，由松江送其赴盛澤鎭，至武塘始別去，可以證知。此次之離嘉定，則不欲諸老相送，恐非遵孔子「老者安之」之義。不過畏松圓諸人，臨別之際，依戀不舍，情態難堪。故出此策，以避煩擾耳。龔自珍「袁浦別妓」詩（見定盦文集補「己亥雜詩」中之「寱詞」。）云：

金缸花盡月如烟。空損秋閨一夜眠。報道妝成來送我，避卿先上木蘭船。

此爲男避女送行之辭，與柳程此次之事相反，但依第陸首「落月猶懸宿舸明」句，可知河東君亦避孟陽，先上木蘭船也。

第陸首「泖色曉分婁苑盡，人煙暗雜語溪爭。」一聯之「泖」「婁」及「語溪」，乃指河東君由嘉定返江浙交界之盛澤鎭，舟行所經松江嘉興之地名。（見嘉慶一統志捌貳江蘇松江府壹「泖湖」條及同書貳捌陸浙江嘉興府壹「語兒溪」條並浙江通志壹壹山川門叁「語兒溪」條。）第柒句用范致能詞「燈花結。片時春夢，江南天闊。」之語。（見范成大石湖詞秦樓月詞。）第捌句用郭彥章鈺送遠曲「歸期未定須寄書，誤人莫誤燈花卜。」之句。（見顧嗣立元詩選初集辛靜思集。）與第叁首「夜燭燈前太喜生」句，一喜其來，一念其去，兩相對映也。

其七云：

夜半空堦細雨聲。曉寒池面綠萍生。（佩文韻府引此詩「曉」作「晚」。）悠悠春思長如夢，耿耿閒愁欲到明。三月天涯芳草歇，一番風信落花爭。茫茫麥秀西郊道，不見香車陌上行。

其八云：

閒坊歸處有鶯聲。白髮傷春淚暗生。無計和膠黏日駐，枉拌不睡泥天明。千場綠酒雙丸瀉。一朵紅粧百謚爭。（寅恪案，此一聯用全唐詩第叁函李白貳肆「贈段七娘」七絕「千杯綠酒何辭醉，一面紅妝惱殺人。」二句。又上句可參第叁首所引杜工部「獨酌成詩」五律。）不見等閒歌舞散，風前化作綵雲行。

寅恪案，此兩首皆松圓自述河東君於崇禎九年二月末落花時節，離去嘉定後，其單相思之苦痛，並追憶前此河東君留宿其家之事也。

第柒首「夜半空堦細雨聲。曉寒池面綠萍生。」禮記陸「月令」云：「仲春之月，萍始生。」孟陽此年有「二月上浣同雲娃踏青歸，雨讌達曙。」詩云：「醉愛雨聲籠笑語，不知何事怨空堦。」即指此次郊遊踏青，留宿其家之事。同一聽雨，昔樂今愁，所以續以「悠悠春思長如夢，耿耿閒愁欲到明。」一聯也。此次踏青之地，不知在何處，但必在近郊無疑。當時孟陽移居西城，或即第柒句所謂「西郊」者耶？第伍句「三月天涯芳草歇」之「芳草」，或即指踏青詩「天粘碧草度弓鞵」之「碧草」歟？

第捌首「閒坊歸處有鶯聲」，當是追憶崇禎九年正月十一十二夜留宿其家，歡歌醉餘徘徊寺橋之事。（見前。）此寺橋即西隱寺之寶蓮橋，後來孟陽改其名爲聽鶯橋者。此次河東君留宿其家，實爲柳程兩人交誼之頂點。故以此事作緪雲詩之總結。然今日吾人讀至「一朶紅粧百謚爭」之句，不禁爲之傷感，想見其下筆時之痛苦也。平心而論，河東君之爲人，亦不僅具有黃金百鎰者，所能爭取。觀謝象三不能如願之事，可以證知。若孟陽心中獨以家無百鎰，不能與人競爭爲恨，則未免淺視河東君矣。

松圓完成緪雲詩八首，大約在崇禎九年三月暮春。前已考論。河東君離去嘉定在是年二月末，此次來嘉定除上論諸詩外，孟陽尚有二詩與之有關，茲迻錄於後。

「（正月）同李茂初沈彥深郊遊，次茂初韻。」云：

貯得瑤華桃李時。尋花舍此欲何之。陶情供具衰年樂，送老生涯畫史癡。地僻扶攜窺粉黛，林深枕藉共糟醨。祇傳吹角城頭早，秉燭留懽每恨遲。

「二月上浣同雲娃踏青歸，雨讌達曙。用佳字。」云：

客來蘭氣滿幽齋。少住春遊興亦佳。霞引穠桃褰步障，天粘碧草度弓鞵。烟花逕裊嬋娟入，山水亭孤竹肉諧。醉愛雨聲籠笑語，不知何事怨空堦。

寅恪案，前詩題中之李茂初，上已屢論，今不更贅。惟沈彥深本末尚未述及，茲略考之。嘉定縣志壹捌孝義傳沈宏祖傳（參侯忠節公全集肆「次張西銘翰林韻，賀沈彥深得雄。」二首。）云：

沈宏祖字彥深，高才博學。崇禎壬午奉文改兑漕米。申荃芳等赴闕上書，疏出宏祖手。嘗佐有司賑荒，民得實惠。

孟陽詩「貯得瑤華桃李時，尋花舍此欲何之。」者，意謂此時正貯得艷如桃李，絕代名花之河東君，更何必往他處尋花乎？非謂正月嚴寒之時，桃李花開也。「尋花」一辭，可參上論孟陽祭李茂初文。第肆句「畫史癡」之語，孟陽以能畫而癡絕之顧虎頭自比，固亦確切。但未具顧氏棘針釘鄰女畫像之術，以釘河東君之心，殊爲遺憾也。（見晉書玖貳顧愷之傳。）此詩下半四句謂與李沈諸人擁護河東君傍晚時郊外野餐，深恨城門將閉，不得盡歡。考當時茂初年七十三，孟陽年七十二，彥深此年雖非如李程之老耄，然依張西銘侯廣成作詩賀其得雄言之，當是中年或中年以上。蓋侯忠節公全集肆賀彥深得雄詩之前一題，爲「秦淮五日」後一題爲「南州送子演婚」。侯氏以崇禎十一年春由南京司勳郎中升江西督學，赴南昌任所。綜合推之，彥深與河東君郊遊之時，其年齡亦非甚少可知。河東君崇禎九年丙子，年十九，素不畏冷，（見下論有美詩等。）衝寒郊遊至於日暮，本不足異。獨怪李程二老忍寒冒險，不惜殘年，眞足令人欽服。更可笑者，河東君夙有「美人」之稱。「美人」與「嬋娟」二字有關，前第貳章已詳論之。松圓此詩中第伍句「烟花徑裊嬋娟入」，實指美人，即河東君，殊非泛語。寅恪忽憶幼時所誦孟東野「偶作」詩（見全唐詩第陸函孟郊貳。）云：

利劍不可近，美人不可親。利劍近傷手，美人近傷身。道險不在廣，十步能摧輪。情愛不在多，一夕能傷神。

檢緪雲詩第伍首有句云：「十夕閑窗歌笑聲」，然則松圓詩老獨不慮此「美人」「十夕」之「能傷神」耶？

後詩前已多所論及，茲不復贅。但詩題有「用佳字」之語，當是分韻賦詩。今日河東君原作已不可見，惜哉！此夕在崇禎九年丙子二月上浣，一年以前，正是河東君與臥子同居松江徐氏南樓之際。回憶當時春閨夜雨，睹景懷人，必甚痛苦。其情感絕不同於孟陽此詩結語之歡樂無疑。顧孟陽未必能察其內心耳。觀後來河東君賦金明池詠寒柳詞有「春日釀成秋日雨。念疇昔風流，暗傷如許。」等句，（全詞見下引。）則其聽春雨而傷懷抱，非出偶然，亦可證知矣。

茲有一問題即河東君何時改易姓名爲柳隱？此點俟論臥子所刻戊寅草及其「上巳行」詩時詳之，暫不多贅。但緪雲詩第貳首「走馬臺邊月又明」，第肆首「柳著鵝黄看漸生」及「不嫌晝漏三眠促」等句，似亦暗示河東君此時，即崇禎九年春間，已改易姓名爲「柳隱」矣。夫河東君原姓楊，又有章臺柳之故事，其改楊爲柳，本極自然，不待多論。唯關於「蘼蕪」爲字一點，則不得不略加考辨。（寅恪案，葛昌楣君蘼蕪紀聞上載王士祿宮閨氏籍藝文考略，一名然脂集，引古今談概云：「字蘼蕪。」但今檢文學古籍刊行社重印馮夢龍此書，未見王氏所引之文。鄧漢儀天下名家詩觀貳集附閨秀別卷柳因小傳云：「字蘼蕪。」似爲較早之紀錄。）牧齋遺事（參用虞陽說苑本及古學叢刊本。）云：

一門生具腆儀，走幹僕，自遠省奉緘於牧翁。內列古書中僻事數十條，懇師剖晰。牧翁逐條裁答，復出己見，詳加論定。中有惜惜鹽三字，其出處尚待凝思。柳姬如是從旁笑曰，太史公腹中書乃告窘耶？是出古樂府。惜惜鹽乃歌行體之一耳。鹽宜讀行，想俗音沿訛也。牧翁亦笑曰，余老健忘。若子之年，何待起予？

寅恪案，世人多喜傳誦此事，以爲談助。不知河東君之調牧翁，牧翁遜詞解嘲，兩人之間皆有隱情，不便明言。後之讀牧齋遺事此條者，未必能通解也。容齋續筆柒「昔昔鹽」條，考辨精詳，牧齋自必約略記憶。河東君亦博涉書史，其能舉此條以對錢氏門生之問，固不足異。夫薛道衡昔昔鹽云：「垂柳覆金堤。蘼蕪葉復齊。」（見漢魏六朝百三名家集薛司隸集樂府。）玉臺新詠壹古詩第壹首云：「上山採蘼蕪。下山逢故夫。」河東君既離去陳臥子，改姓爲柳，其以蘼蕪爲字，本亦順理成章之事。容齋之書考昔昔鹽甚詳，河東君溜覽及之，又所當然也。夫牧齋家富藏書，且多善本。其所見之本，必不止崇禎初年謝三賓馬元調所刻者，自不待言。至若河東君則情勢迥異。所見者，必是謝馬之本。其最初或即從幾社名士處。若不然，稍後亦可從嘉定唐叔達程孟陽諸老處，至遲更可從謝象三處得見謝馬所刻容齋此書也。今檢謝三賓刻容齋隨筆卷首馬元調紀事略云：

> 間以示玉繩周子，讀之盡卷。憫然曰：「古人學問如是，吾儕窮措大，縱欲留意，顧安所得書？又安得暇日乎？」已而周子入翰林爲修撰，寄語：「子今不患無書可讀矣。」周子謝不敏。報書：「吾則未暇，留以待子。」蓋戲之也。去年春，明府勾章謝公，刻子柔先生等集，工匠稿不應手，屢欲散去。元調實董較勘，始謀翻刻，以寓羈縻。明府遂爲之序。復紀其重刻之故，以告我後人。嗟乎！二十年間，曩時相與讀是書者，遭逢聖明，當古平章軍國之任。元調獨窮老不遇，啜粥飲水，優遊江海之濱，聊以整頓舊書爲樂事。曾不得信其舌而奮其筆，何托落之甚也。上有稷卨，下有巢由，道並行而不相悖，均之爲太平之象，亦各言其志也已矣。崇禎三年三月朔，嘉定馬元調書於僦居之紙窗竹屋。

寅恪案，此刻本當即河東君所見者，其所關涉之二人，一爲謝三賓，乃牧齋之情敵。俟後詳論。

一爲周延儒，即馬氏所謂「玉繩周子」，乃牧齋之政敵。周氏事蹟及牧齋閣訟始末，詳見史籍，茲不必述。據陳盟崇禎閣臣年表，延儒初次爲相，其時間自崇禎二年十二月至六年六月。則謝馬兩氏校刻馮氏書時，正周氏當國之日。馬氏盛稱周氏之美，當爲牧齋所不喜。牧齋平生豁達大度，似頗有宰相之量。獨於閣訟一事，則憤激不堪，頗異其平日常態。如鄭方坤本朝名家詩鈔小傳上東澗詩鈔小傳云：

其平生所最抱恨者，尤在閣訟一節。每一縱談及之，輒盛氣坌涌，語雜沓不可了。

可以爲證。然牧齋之對待政敵，殊有前後之分別。於溫體仁則始終痛恨，於周延儒，則周氏第壹期爲相，與溫氏鈎連，即閣訟有關之時期，遂亦怨之。及周溫俱罷相，溫又先死，牧齋乃欲利用玉繩，冀其助己，稍變前此態度。後因周氏阻其進用，遂更痛恨。綜觀前後，雖有異同，但錢周兩人終是政敵，而於閣訟一端，尤爲此事之關鍵也。至於男女間之問題，牧齋固不甚注重。然亦非全不介意。觀其曾隱諱河東君與陳臥子程孟陽關係中最親昵之事件，即可推知。故謝柳之問題，應亦有類似之處。此政敵情敵兩點，爲河東君所夙知，故兩人於此微妙之處，皆心知其意，不肯道破。後人因此記載，遂以爲牧齋眞如師丹之老而健忘及河東君之博聞強記者，此眞黄山谷所謂癡人前不得說夢者也。

又牧齋尺牘貳與毛子晉第壹叁通云：

昔昔鹽記得升菴詩話中有解。老學昏忘，苦不能記。問何士龍〔雲〕當知之。

或疑牧齋遺事所載一段故事，即由此札衍變而成者，亦殊有可能。今檢升菴合集壹肆肆詩話中，確有此條。可見牧齋之記憶力老而不衰，非師丹之比，於此得一例證。其記憶既如此之強，豈不記有宋代洪邁之容齋隨筆，而僅舉本朝楊慎之升菴詩話。且屬其轉問何雲耶？鄙意牧齋深惡周延儒。容齋之書，乃由謝馬二氏希迎玉繩之旨，重刻傳播，盛行一時，此點上已論及。牧齋之故意避而不言洪書，轉作遜詞以謝毛氏者，與前引笑答河東君之語，其用意正復相同也。附識於此，以供參究。

復次仲虎騰盛湖志補叁「柳如是青田石書鎮」條云：

石長二寸五分，廣二之一。刻山水亭榭。款云：「倣白石翁筆。」小篆頗工緻。面鐫：「崇禎辛巳暢月，柳蘼蕪製。」舊藏梅堰王硯農徵士之家。

寅恪案，此書鎮後人頗多題詠，如仲氏所引張鑑於源諸家詩，即是其例。但此書鎮鐫有「崇禎辛巳暢月，柳蘼蕪製。」等語，則暢月爲十一月，蓋禮記「月令」略云：「仲冬之月。命之曰暢月。」夫崇禎十四年辛巳六月七日河東君與牧齋結褵於茸城舟中。故此後不能再以蘼蕪爲稱，否則「下山逢故夫」之句，將置牧齋於何地？由是言之，此書鎮乃是贋品。更嚴格言之，則蘼蕪之稱，則止能適用於崇禎八年首夏以後至十四年六月七日以前。今人通以蘼蕪稱河東君，如葛氏蘼蕪紀聞之類，亦微嫌未諦也。或疑河東君之稱，亦自崇禎十三年冬錢柳遇見後始有之。若顧云美河東君傳之題，亦未能概括一生始末。寅恪竊謂不然。夫河東君閱人多矣，如王勝時所謂「蘼蕪山下故人多」者，（見王澐虞山柳枝詞第壹肆首。）斯乃當時社會制度壓迫使然，於此可暫不論。但終能歸死於錢氏，殺身以報牧齋國士之知，故稱河東君，以概括一生始末，所以明其志，悲其遇，非偶然涉筆之便利也。職是之故，寅恪此文亦仿顧氏先例，稱河東君，並略申鄙意，以求通人之教正。

復次，書鎮之爲僞造，既如上述，但徐乃昌小檀欒室閨秀詞鈔載趙儀姞棻濾月軒詩餘（參胡文楷君婦女著作考壹柒清代壹壹「濾月軒集」條。）金明池一闋，乃詠河東君書鎮並次河東君「詠寒柳」詞韻者，以其爲女性所撰，且與河東君最佳之作品有關，故附錄之。至書鎮之眞僞及蘼蕪稱號之不適切，則置之不論可也。儀姞金明池并序云：

震澤王研農藏河東君書鎮，青田石，高寸餘，刻山水亭樹。款云：「倣白石筆。」小篆字。面鐫「崇禎辛巳暢月柳蘼蕪製」十字。研農方搜輯河東君詩札爲蘼蕪集，將以付梓。適得此於骨董肆，云新出土者。自謂冥冥中所以酬晨鈔暝寫之勞也。余見其拓本，因題此闋，即用蘼蕪集中「詠寒柳」韻。

片玉飛來，脂香粉艷，解佩疑臨蘭浦。誰拾得，絳雲殘燼，歎細帙，早成風絮。賸芳名，巧琢苔華，揮小艸，依約芝田鶴舞。伴十樣濤箋，摩挲纖手，記否我聞聯句。　玉樹南朝霏洎雨。共紅豆春蕤，飄零何許。霑幾縷，綠珠恨血，只畫裏，山川如故。二百年，洗出苔痕，感詞客多情，燃膏辛苦。想蘇小鄉親，三生許認，試聽深篁幽語。（原注：「河東君原楊氏，小字影憐，盛澤人。」）

更有一趣味之事，即牧齋與緪雲詩之關係。請略論之。牧齋於列朝詩集中選錄松圓緪雲詩八首全部不遺一篇，其注意此詩，自不待言。今檢有學集玖「戊戌新秋日吳巽之持孟陽畫扇索題爲賦十絕句（寅恪案，吳巽之名士權。見汪然明春星堂詩集叁西湖韻事「雪後吳巽之集同社邀鄒臣先生探梅聞笛」詩，附吳士權次韻。又閔麟嗣纂黃山志伍藝文門載吳士權「別湯泉小劄」云：「今來故鄉。」然則巽之乃徽州人，與程孟陽爲同鄉也。）云：

長日繙經懺昔因。西堂香寂對蕭晨。前塵影事難忘却，只有秋風與故人。

斷楮殘縑價倍增。人間珍賞若爲憑。松圓遺墨君應記，不是緪雲即送僧。（自注：「孟陽別妓有緪雲詩扇。」）

參錯交蘆黯淡燈。扁舟風物似西興。每於水澗雲多處，愛畫袈裟乞食僧。

畫裏僧衣接水文。菰烟蘆雨白紛紛。看他皴染無多子，只帶西灣幾片雲。

細雨西樓墊角巾。鬖絲香篆淨無塵。如今畫裏重看畫，又說陶家畫扇人。

落葉蕭疏破墨新。摩挲手跡話霑巾。廿年夜月秋燈下，無復停歌染翰人。

輕鷗柔艣羃江烟。櫓背三僧企脚眠。只欠渡頭麾扇叟，岸巾指點汎江船。

春水桐江訣別遲。孤舟搖曳斷前期。可憐船尾支頤者，還似江干招手時。

一握齊紈颺刦灰。封題鄭重莫頻開。衹應把向西臺上，東海秋風哭幾回。（錢曾有學集詩注本「東」作「遼」。）

秋風廿載哭離羣。泉路交期一葉分。依約情人懷袖裏，每移秋扇感停雲。（此首錢曾注本爲第貳首。其餘各首排列，依次順推。）

寅恪案，此十絕句甚佳。然欲知詩中所言之事實，則須取牧齋及孟陽兩人其他諸作參之，始能通解。初學集肆陸「遊黃山記」序云：

辛巳春余與程孟陽訂黃山之遊。約以梅花時相尋於武林之西溪。踰月而不至。余遂有事於白嶽，黃山之興少闌矣。徐維翰書來勸駕，讀之兩腋欲舉，遂挾吴去塵以行。（可參後論東山詶和集有關吴拭條。）

列朝詩集丁壹叁程嘉燧之傳云：

辛巳春孟陽將歸新安。余先遊黃山，訪松圓故居，題詩屋壁。歸舟抵桐江，推篷夜語，泫然而別。

耦耕堂存稿詩首載耦耕堂自序云：

庚辰春主人（寅恪案，「主人」指牧齋。）移居入城，余將歸新安。仲冬過半野堂，方有文酒之燕。留連惜別，欣慨交集。且約偕遊黃山，而余適後期。辛巳春，受之過松圓山居，題詩壁上。歸舟相值於桐江，篝燈永夕，泫然而別。

同書下「和錢牧齋過長翰山居題壁詩」序云：

辛巳三月廿四日未至桐廬廿里，老錢在官舫，揚帆順流東下。余喚小漁艇絕流從之。同宿新店，示黃山新詩，且聞曾至余家，有題壁詩。次韻一首。

耦耕堂存稿文下「古松煤墨記」略云：

長翰山故多喬木，古宅後巨松千尺。千餘年物也。邇年生意頓盡。余博訪古燒松擣煤之法，得之周藩宗侯。歲辛巳自吳裹糧歸，董治之。墨成，命曰古松煤。是年春海虞錢學士遊黃山，過山居看松題詩而去。

同書同卷「題歸舟漫興册」略云：

崇禎辛巳三月歸自湖上，將入舟，則錢老有歸耗矣。（可參後論東山訓和集與此有關諸條。）庚辰臘月望，海虞半野堂訂遊黃山。正月（十）六日牧翁已泊舟半塘矣。（寅恪案，「六」字上當闕「十」字。茲據東山訓和集壹柳錢沈蘇諸人上元夜詩補「十」字。）又停舟西溪，相遲半月，乃先發。余三月一日始入舟，望日至湖上，將陸行從，而忽傳歸耗，遂泝江逆之，猶冀一遇也。未至桐廬二十里，而官舫挾兩舸揚帆蔽江而下。余駕漁艇，截流泝之，相見一笑。隨出所收汪長馭家王蒙九峯圖及榆村程因可王維江雪卷同觀，並示余黃山紀遊諸詩。讀未半，而風雨驟至，欹帆側柁，雲物晦冥，溪山改色。因發錢塘梁娃所貽關中桑落，共斟酌之，（寅恪案，此「梁娃」疑是梁喻微。可參後論林天素柳如是尺牘小引「時唱和有女史纖郎」句下所考。）不覺迫暮。同宿新店下，去富陽不遠矣。知老錢曾獨訪長翰山居，留詩松圓閣壁，看松於舊宅之旁，由南山隖取逕而去。

綜觀上列錢程諸作，知牧齋詩所言者，爲與孟陽生離死別之情況也。第叁首云：「愛畫袈裟乞食僧。」則孟陽畫扇上舟中之人，牧齋皆以僧目之。第柒首云：「櫓背三僧企脚眠。」（可參康熙乙丑金匱山房本有學集肆陸「題李長蘅畫扇册」第玖則。）第捌首云：「可憐船尾支頤者。」皆畫中之僧。「三僧」即牧齋吳去塵及孟陽。第柒首中「渡頭麾扇」，「岸巾指點」及第捌首中「江干招手」之人，即孟陽與牧齋最後訣別時之狀。第貳首中「送僧」之「僧」，乃牧齋自謂之辭。蓋牧齋於明亡以後，即以空門自許。必作如是解，然後知第貳首中，（錢遵王注本爲第叁首。）「不是緗雲即送僧」之意，乃謂松圓遺墨之最有價值者，實爲有關河東君及本人之作品。觀第貳首原注，則又知孟陽當日爲河東君畫像並自書緗雲詩於扇上，以贈河東君。河東君尚藏此扇，而牧齋獨見及之也。第伍首云：「細雨西樓墊角巾。」者，孟陽流寓嘉定時，居汪無際墊巾樓，前已論及。吳巽之索題之扇，不知何時所畫。至於緪雲詩扇，雖亦非孟陽居此樓時所作，但「西樓」二字，當從晏小山蝶戀花「別恨」詞「醉別西樓醒不記。春夢秋雲，聚散眞容易。」而來。晏氏之詞本綺懷之作，亦正與緪雲詩情事相類，可以借用也。第玖首中「東海揚塵」「西臺慟哭」（見謝翱晞髮集拾登西臺慟哭記。）亡國遺民之語，不忍卒讀。子陵釣臺復是當日錢程二人經過之地也。第拾首云：「秋風廿載哭離羣」者，錢程二人自崇禎十四年辛巳暮春別後，（可參「春水桐江訣別遲」句。）至順治十五年戊戌新秋吳巽之持扇索題時，將近廿年矣。牧齋此十首詩中，三用「秋風」之語，自與吳巽之索題時之新秋季節及班婕妤「怨歌行」有關，（見文選貳柒樂府上及玉臺新詠壹。）不待贅言。但第壹首云：「前塵影事難忘却，只有秋風與故人。」第玖首云：「祇應把向西臺上，東海秋風哭幾回。」則借用世人所習知之張季鷹「因見秋風起，乃思吳中菰菜蓴羹鱸魚膾。」故事，（見晉書玖貳張翰傳。）以故鄉爲故國，抒寫其心中之隱痛耳。更可注意者，牧齋題此詩之次年，鄭成功即以舟師入長江，攻金陵。題此詩之前年秋冬，牧齋往遊南京，逼歲除乃還家。蓋牧齋自弘光後復明之活動，始終不替。魏耕說國姓之策，當亦預聞。詳見第伍章所論。「東海」「秋風」之句，實暗寓臧子源答陳孔璋書中「秋風揚塵，伯奎馬首南向。」之意。（見後漢書捌捌臧洪傳。）牧齋賦詩之時，殊屬望於延平，非僅用神仙傳麻姑之語已也。俟後詳論。又此首末句「每移秋扇感停雲」，即此全十首之結語。「停雲」固用陶詩舊題，又是松圓爲河東君所賦之詩題。（詳見前論耦耕堂存稿詩中「停雲次茂初韻」七律。）今此「雲」則停留於家中，相與偕老而不去矣。辭意雙關，足見牧齋之才思。當崇禎十三年庚辰之冬至十四年辛巳之春，牧齋於松圓，則爲楚辭九歌少司命之「悲莫悲兮生別離」。於河東君，則爲「樂莫樂兮新相知」。此舊新悲樂異同之樞紐，實在「緪雲」一詩。故述牧齋一生生活之轉捩點，不可不注意此詩也。

抑更有可笑可悲者，牧齋外集貳伍「題張子石湘遊篇小引」（可參同書拾「嘉定張子石六十壽序」。）云：

> 孟陽晚年歸心禪說，作緪雲詩數十章，嬋媛不休。至今巡留余藏識中。夢迴燈炧，影現心口間。人生斯世，情之一字，熏神染骨，不唯自累，又足以累人乃爾。頃者見子石湘遊諸詩，風神氣韻，居然孟陽。却恨孟陽已逝，不獲搖頭附髀，共爲吟賞。予讀此詩，感嘆宿艸，不復向明月清風，閑思往事，亦少有助於道心也。嘉平廿日蒙叟錢謙益題。

寅恪案，牧齋此文不知作於何年。然其時孟陽之卒必已久矣。列朝詩集所選孟陽緪雲詩共八首。今牧齋云：「孟陽晚年歸心禪說，作緪雲詩數十章。」豈孟陽所作原有數十章之多，而耦耕堂詩之留存於今日者僅其中之八首耶？抑或牧齋以松圓之詩與河東君有關者，概目爲緪雲詩，如其所編東山詶和集之例耶？俟考。若牧齋之言可信，則「歸心禪說」之老人，窮力盡氣，不憚煩勞，一至於此。河東君可謂具有破禪敗道之魔力者矣。牧齋此文自謂「不復向明月清風，閑思往事，亦少有助於道心。」但其於垂死之時，所作「病榻消寒雜詠」第叁首「追憶庚辰冬半野堂文讌」詩云：「蒲團歷歷前塵事，好夢何曾逐水流。」（見有學集壹叁東澗詩集下。）是猶不能忘情者。言之雖易，行之實難。斯誠所謂「情之一字，熏神染骨。」者歟？至牧齋所以題張子石湘遊篇，言及孟陽緪雲詩者，其僅由張氏此篇，其性質與孟陽緪雲詩同類，實亦因子石孟陽當年與河東君有詩酒清遊一段因緣也。

崇禎九年丙子孟陽尚有一詩關涉河東君及朱子暇。此點與牧齋間接有關，茲論述之於下。耦耕堂存稿詩中及列朝詩集丁壹叁所選「二月上浣同雲娃踏青」詩後，即接以此詩。「六月鴛湖飲朱子暇，夜歸，與雲娃惜別。」詩云：

尋得伊人在水湄。移舟同載復同移。水隨湖草閒偏亂，愁似橫波遠不知。病起尚憐妝黛淺，情來頗覺笑言遲。一樽且就新知樂，莫道明朝有別離。（寅恪案，楚辭九歌少司命云：「悲莫悲兮生別離，樂莫樂兮新相知。」乃孟陽此兩句所從出，自不待言。至新知一辭及其界說，見前論孟陽停雲詩並宋讓木秋塘曲序等條，茲不復贅。）

寅恪案，朱子暇即朱治憪。其事蹟見劫灰錄壹永曆帝紀，小腆紀年壹叁，小腆紀傳伍柒，明詩綜陸陸，檇李詩繫壹玖，光緒重修嘉興府志伍壹文苑傳，道光修同治重刊廣東通志貳肆職官表，道光修光緒重刊肇慶府志壹貳職官貳等，茲不詳述，但據廣東通志云：

〔崇禎〕十年　同知　朱治憪　吳大伊

十一年

十二年

十三年　同知　倪文華

肇慶府志云：

〔崇禎〕十年　同知　李含璞　朱治憪

十一年

十二年　同知　（以後缺。）

可知崇禎十年朱子暇外，任肇慶府同知者，尚有其他之人。兩志所列之人名雖不同，然朱氏之到任所，（明詩綜，嘉興府志「同知」皆作「通判」。據小腆紀傳云：「天啓辛酉舉於鄉，選肇慶通判，歷同知。」蓋先選通判，後遷同知也。）必在崇禎十年無疑。故孟陽此詩亦應是九年所作。崇禎十三年肇慶府同知既非朱氏，則朱氏此時或已離任返家。其後來在廣東之活動，當是重返粵省以後所爲也。檢程錢兩家之集，關涉朱氏者，除此詩外，皆爲崇禎三年春夏間事，時間太早，無關考證。（可參耦耕堂存稿詩上「答朱子暇次牧齋韻三首」。列朝詩集丁壹叁上選程孟陽此詩，題作「答朱子暇見訪同牧齋次韻三首」題下有「庚午春」三字。初學集玖崇禎詩集伍「夏日偕朱子暇憩耦耕堂次子暇訪孟陽韻三首」。）自崇禎九年夏，至十三年冬河東君訪半野堂之前，未發現錢朱兩人有往還踪跡。牧齋集中涉及河東君之詩，最先爲第貳章所引之「觀美人手跡戲題七絶句」。此詩爲崇禎十三年春間所作。顧云美謂「嘉興朱治憪爲虞山宗伯稱其才，宗伯心豔之，而未見也。」檢商務重印本浙江通志壹肆拾選舉門舉人表載：「天啓元年辛酉科。朱治憪。嘉興人。肇慶同知。」是朱氏乃牧齋主浙江鄉試時所取士也。其以絶代名姝告於老座師，藉報受知之深恩，原無足怪。但此點恐爲朱氏尚未到肇慶同知任所前，或是崇禎十二年末離任所後之事，俱難決言。所可注意者，孟陽於崇禎十一年及十二年除夕，皆在牧齋家度歲，（參耦耕堂存稿詩下「（戊寅）除夕拂水山莊和牧齋韻二首」及「（己卯）除夕次牧齋韻」等詩。「戊寅」「己卯」皆據列朝詩集增入。）此時何不以河東君之才貌介紹於牧齋？可知此老心中直以「禁臠」視河東君，不欲他人與之接近，其情誠可鄙可笑矣。松圓於崇禎十三年冬復循例至牧齋家度歲，不意忽遇河東君，遂致狼狽而返。以垂死之年，無端招此煩惱，實亦有自取之道也。

抑更有可論者，上已推定河東君於崇禎九年二月末，離嘉定返盛澤，何以距離僅百日，松圓忽在嘉興與雲娃惜別？若謂由於難堪相思之苦，高年盛暑，往訪河東君，則河東君非輕易接待不速之客者，如後引河東君與汪然明尺牘第壹叁通及第壹肆通之例，可以類推。松圓於此點應有感會，似不作斯冒昧之舉。檢初學集伍叁「封監察御史謝府君墓誌銘」略云：

　　鄞縣謝府君諱一爵。君以次子太僕寺少卿三賓封陝西道監察御史。以崇禎八年二月廿四日卒，年六十有四。其配孺人周氏，以是年十月廿七日卒，年六十有二。三賓與其兄三階弟三台三卿以崇禎十三年某月甲子，合葬君夫婦於郡西翠山之陽。三賓余門人也，狀君之行來乞銘。

及耦耕堂存稿文上「弔問」略云：

　　四明謝侯去嘉定之明年，以名御史監軍山東。出奇破賊，有勘定功。朝命擢公太僕寺卿。未幾，以太公封侍御翁憂去，奔喪戒行，而橫罹讒口。繼而有母太夫人之喪，前後遠邇之會弔者，彌年未已。丙子夏六月亢旱，驕陽流金鑠石，禾槁川涸，水無行舠。門下布衣新安程某貧老且廢，纍然扶杖擔簦而前。客或有止之者，又有難之者曰：「公有遺愛深德於子，子老而赴弔，宜矣。然古者弔不及哀，謂之非禮。今日月有時，喪制有嘗，怙恃之戚皆已卒哭。子之往，其何說之詞」？不肖對曰：「否否。禮之弔，非獨哀死也。凡列國水旱之不時，年穀之不登者，皆弔。古者三月無君，則弔。侯不幸廉貞而蒙讒毀。聞風慕義，猶將弔屈哀賈，悲歌涕泗於千百世之間，又烏可以尋常久近論哉」？客聞之，斂容拱手退曰：「唯唯。」敬書之，以告於閽人下執事。

寅恪案，孟陽此次之冒暑遠弔謝氏之喪，必多譏笑之者。其作文解嘲，甚至以三賓爲「廉貞」，可鄙可笑。其文引經據典，刺刺不休，茲不備錄。究其實情，當爲希求象三之救濟耳。明代山人之品格，如平山冷燕所描寫之宋信，即是一例。松圓平日生活，除得侯廣成錢牧齋等資濟之外，尤受象三之援助，自無可疑。崇禎九年春間，河東君來遊嘉定，孟陽竭盡精力財力，相與周旋。「三月無（河東）君」之後，困窘至極，故不能不以七十二歲之殘年，觸六月之酷熱，遠赴浙東，以弔過時之喪。舍求貸於富而多金之謝太僕，恐無其他理由。鴛湖乃嘉定鄞縣往還所經之路線。據「弔問」中「丙子夏六月門下布衣新安程某貧老且廢，纍然扶杖擔簦而前。」等語推之，則松圓「與雲娃惜別」詩，實往弔象三途中所作。又文中二客之語，自是孟陽假設，不必確定爲何人。但此次鴛湖所遇見之河東君及朱子暇，觀其後來所表現，人格俱出孟陽之上。然則此兩人於中途勸阻，亦有可能。不必如文中所述，二客之言乃發於嘉定啓行之時也。寅恪曩誦列朝詩集所選松圓此詩，未達其六月至鴛湖之意。今見「弔問」之文，始豁然通解，益信松圓謀身之拙。（寅恪案，全唐詩第拾函韓偓貳「安貧」七律云：「謀身拙爲安蛇足。」韓程兩人，雖絕不相似，然孟陽於河東君之關係，亦可謂蛇足之拙。故取以相比。讀者幸勿誤會。）河東君害人之深也。

又牧齋所作象三父母合葬墓誌銘之時間，止言其葬在「崇禎十三年某月甲子。」而未詳何月。依通常之例，江浙地域以氣候關係，葬墳往往在冬季。墓誌乃埋幽之石，乞人爲文，自在葬墳稍前之時。據鄭氏近世中西史日對照表，崇禎十三年庚辰十月十七日及十二月十八日均爲甲子。若象三葬其父母在十二月甲子者，則或與河東君於此年十一月訪半野堂事有關。蓋牧齋此際文酒訓酢，必需多金，象三錢刀在手，當不甚吝嗇。但象三或未得知河東君此時適在虞山。老座主諛墓之文，實爲建築我聞室金屋之用者。否則象三將如崇禎十六年秋牧齋構絳雲樓以貯阿雲，貸款迫急，不得已出賣其心愛之宋槧漢書，減損原價二百金之例，以逞其雖失美人，而得異書之快意矣。

復次，朱子暇介紹河東君於牧齋，出自顧云美之口，自應可信。至其在崇禎何年，尚難確定，但牧齋最初得見河東君，實在崇禎十三年庚辰冬間，記載明顯，絕無疑義。豈意竟有怪誕之說，如牧齋遺事中之「柳姬小傳」所言者，今不得不略引其文辨斥之。此傳亦不甚短，故茲先錄其上半節於下，其後半節則俟於第伍章論之。傳文略云：

柳雲產也。匪師匪濤，而能擷篇綴句，蠱及虞山鮮民。鮮民者，宗伯勝國，内院新朝者也。鮮民始以文章氣誼，樹幟東林，而仕格牴牾，不無晚節之慨。叩其沈博艷麗，掞藻鉤玄，堪追衮國黄州之步。惟是青娥之癖與年俱深，雖身近楚山，而心懷女校書，商訂風雅，於姬慊焉。適民以被訐事北逮。姬踉蹌歸里，復爲豪者主之，先折之悵，激於言旋。桎梏其人，而姬始出，所要於民者萬端，金屋之貯，予倡汝和，詡司馬之清娛，媲冶成之尚書矣。時而佳辰令節，宗族中表，窮百變，至百物，噓之春溫，拂之霜折，姬若爲夷然也者。

傳末附跋語云：

右柳姬小傳，八十翁於曩時目見其事，而爲之者也。後戊辰秋簡菴閱而錄之。寅恪案，八十翁究爲何人之託名，不易考知。至簡菴則疑是林時對。據結埼亭集貳陸「明太常寺卿晉秩右副都御史繭菴林公逸事狀」（參雍正修寧波府志貳捌人物志及小腆紀傳伍柒遺臣二林時對傳等。）略云：

公諱時對，字殿颺。學者稱爲繭菴先生。浙之寧波府鄞縣人。公以崇禎（十二年）己卯，（十三年）庚辰連薦成進士，時年十八，授行人司行人。常熟□侍郎□□，聞公名，招致之，公不往。公論人物，不少假借。同里錢光繡嘗講學石齋黃公之門。其於翰林張溥，儀部周鑣，皆嘗師之，而學詩於□□。公曰，婁東朝華耳，金沙羊質而虎皮者也，皆不足師。□□晚節如此，又豈可師？子師石齋先生，而更名師乎？光繡謝之。先公嘗曰，吾年十五，隨汝祖往拜公牀下，自是嘗摳衣請益。間問漳海黃公遺事。公所舉自東厓所作行狀外，別傳哀誄輓詩祭文及雜錄諸遺事，幾百餘家，其餘所聞，最少者亦不下數十家。恨不能強記。自公歿後，所謂繭菴逸史者，闕不完。其詩史共四卷。今歸於予。

殿颺於崇禎十三年庚辰中式會試，其年十八，下數至康熙戊辰應爲六十六歲。似與八十翁之稱不合。然文人故作狡獪，亦常有事，殊不能謂必非殿颺自託筆名也。至若「簡菴」，當是林氏以「繭」

與「簡」音近詭稱耳。取林氏所著留補堂文集貳「朋黨大略記」並荷牐叢談「東林依草附木之徒」條及論錢牧齋及黃石齋事等觀之，頗與柳姬小傳類似。然則此傳縱非林氏自撰，亦是林氏所嘉許，以爲作傳者所目見，而實可信者也。

復次，錢柳同時人有松江籍曹千里家駒號繭菴者，著說夢一書，述明末清初松江事。其自序略云：

余行年八十，天假之年，偷生長視，使得縱觀夫升沈榮瘁之變態。若輩之夢境已盡，何不以筆代舌，使後人得寓目焉。余非目覩不敢述，匪曰傳信，或不至夢中說夢云爾。

則「柳姬小傳」跋語中之號「八十翁」者之年及「目見其事」等語，與曹氏似有關，亦似無關，未敢決言。又此書中不道及錢柳事。或以牧齋不屬松江之範圍，遂不列於此帙。但有可注意者，此書壹「紀侯懷玉〔承祖〕殉難事」條云：

鼎革之際，惟〔吳〕繩如〔嘉胤，夏〕瑗公〔允彝〕，從容就義，言之齒頰俱香。即臥子一死，直是迫於計窮，未得與吳夏比烈也。

則於臥子尚有微辭，豈由臥子與河東君有關之故歟？姑記於此，以俟更考。夫牧齋於崇禎九年丙子冬奉逮捕之命，十年丁丑春北行，是年夏，至京下獄。十一年戊寅夏被釋出獄，是年冬抵家。此皆年月先後之確可考者。焉有如柳姬小傳所謂「民以被訐事北逮，姬踉蹌歸里。」等不與年月事實相符之妄言耶？斯本稍知明季史事者所易辨，無取多贅。惟傳云：「佳辰令節，宗族中表，窮百變，致百物，噓之春溫，拂之霜折，姬若爲夷然也者。」則最能得當日河東君適牧齋後與錢氏宗親關係之實況。後來錢曾假其族貴錢朝鼎，迫害河東君以洩夙憤，殊非偶然。由是言之，此傳之記述，亦有可取之點也。

崇禎九年丙子河東君之踪跡，尚有可以考見者，即第貳章中，節引之沈虬河東君傳，所載張溥往訪徐佛，因得見河東君一事。此傳間有可取之處。寅恪草此文，分段全錄顧云美所撰河東傳。今更全錄沈作，以供讀者之互證。但葛昌楣君蘼蕪紀聞上引此傳，共分前後兩段，文義不貫。茲以鄙意取後段之文，依其辭理插入前段中，以便觀覽焉。沈氏傳云：

河東君柳如是者，吴中名妓也。美丰姿，性狷慧，知書善詩律。分題步韻，頃刻立就。使事諧對，老宿不如。四方名士，無不接席唱酬。崇禎戊寅間，年二十餘矣。昌言於人曰，吾非才學如錢學士虞山者不嫁。虞山聞之，大喜過望。曰，今天下有憐才如此女子者乎？吾非能詩如柳是者不娶。庚辰冬如是始過虞山，即築我聞室居之，以迎其意。十日落成，留之度歲。辛巳六月虞山於茸城舟中與如是結褵。學士冠帶皤髮，合巹花燭，儀禮備具。賦催妝詩，前後八首。雲間搢紳，譁然攻討，以爲褻朝廷之名器，傷士大夫之體統。幾不免老拳。滿船載瓦礫而歸，虞山怡然自得也。稱爲繼室，號河東君。建絳雲樓，窮極壯麗，上列圖史，下設幃帳，以絳雲仙姥比之，褻甚矣。不數年，絳雲樓災，宜也。但河東君所從來，余獨悉之。我邑盛澤鎮有名妓徐佛者，能詩善畫蘭，雖居鄉鎮，而士大夫多有物色之者。丙子年間，婁東張西銘先生慕其名，至垂虹亭，易小舟訪之，而佛已於前一日嫁蘭溪周侍御之弟金甫矣。院中惟留其婢楊愛。楊色美於徐，詩字亦過於徐。因攜至垂虹，余於舟中見之，聽其音，禾中人也。及長，豪宕自負，有巾幗鬚眉之論。易姓名爲柳。歸錢之後，稍自斂束，在絳雲樓校讎文史。牧齋臨文，有所檢勘，河東君尋閱，雖牙籤萬軸，而某册某卷，立時翻點，百不失一。所用事或有舛誤，河東君頗爲辨正，故虞山甚重之。常衣儒服，飄巾大袖，間出與四方賓客談論，故虞山又呼爲柳儒士。

寅恪案，八十翁之「柳姬小傳」，乃王子師所謂司馬遷之謗書。其誣妄特甚之處，本文略加駁正，其餘不符事實之小節，亦未遑詳論也。顧云美爲河東君作傳，頗多藻飾之辭，固不足怪。但甚至不言其自徐佛處轉入周念西家，後復流落人間一節，似未免過泥公羊春秋爲尊者諱親者諱賢者諱之旨矣。次雲傳雖遠勝於八十翁，而不及顧云美。然其中實有可取之處，如言河東君「豪宕自負，有巾幗鬚眉之論。」及「歸錢之後，稍自斂束。」等，甚能寫出河東君之爲人，並可分辨其適牧齋前後之稍有不同也。茲所欲考者，即崇禎九年丙子，河東君與張西銘會見一事。據蔣逸雪編張溥年譜崇禎九年丙子條云：

九月出遊蘇錫江陰，十月始歸。

關於曾訪盛澤鎮及遊垂虹亭等事，皆無痕跡可尋。但次雲之言，必非虛構。豈天如於此年秋間出遊蘇錫，乘便一往盛澤耶？若此推測不誤，則河東君之遇見張天如，乃在是年六月於鴛湖遇見程朱兩人之後矣。更俟詳考。至錢士青文選誦芬堂文稿六編「柳夫人事略」所言天如臥子與牧齋爭娶河東君事，殊爲荒謬，不足置辨。

第貳期

此期爲崇禎八年春季並首夏一部分之時間。臥子與河東君在此期內，其情感密摯，達於極點，當已同居矣。顧云美河東君傳所謂「適雲間孝廉爲妾」者，即指此時期而言。其實河東君於此期內，與臥子之關係，與其謂之爲「妾」，不如目之爲「外婦」，更較得其眞相也。此期陳楊兩人之作品頗多，僅能擇其最要者論述之。至於詩餘一類，則編輯者以詞之調名同異爲次序，非全與時間之先後有關係。故就詩餘以考證年月行事，自極困難。獨不如集中詩文之排列，略有時代早晚之可推尋也。今不得已，唯擇取陳忠裕全集詩餘一類中春閨諸詞及其他有關河東君者，並戊寅草中詩餘之與臥子或春季有關者，綜合論述之，要以關涉春令者爲多。不論是否陳楊兩人前此和韓文之作，並其他不屬於此期所賦者，亦繫於此期。所以如此者，因其大多數皆與春季有關，而此期之時間，大部分又屬於春季之故也。據前論「早梅」詩時，已引鄭氏表載崇禎七年甲戌正月六日立春，十二月十七日又立春，臥子詩「垂垂不動早春間」句之「春」，乃指崇禎七年十二月十七日立春而言。由此例推計，第貳期內所論述之臥子諸詩，其「春」字之界說，有指崇禎七年十二月十七日立春者，亦有指八年春季者，蓋跨越七年末及八年春季頗長之時間。今陳忠裕全集諸詩乃分體編輯之書，詳確劃分年月，殊爲不易。職是之故，茲論述臥子此期諸詩，未必悉作於崇禎八年，實亦雜有崇禎七年末所賦者。讀者分別觀之，不可拘泥也。

陳忠裕全集捌平露堂集「早春行」五古云：

楊柳烟未生，寒枝幾回摘。春心閉深院，隨風到南陌。不令晨妝竟，偏采名花擲。香衾捲猶煖，輕衣試還惜。朝朝芳景變，暮暮紅顏易。感此當及時，何復尚相思。韶光去已急，道路日應遲。願爲堦下草，莫負艷陽期。

寅恪案，此題後爲「清明雨中晏坐，憶去歲在河間」一題。初視之，「早春行」似爲崇禎八年春季所作。其實臥子集既爲分體之書，此兩題作成時間，非連續銜接者，未可執此遂謂「早春行」乃崇禎八年春季所作，前論「過舒章園亭」詩已及之。其他類似者，可以此例推之也。「早春行」篇中寫春閨早起之情景，甚妙。觀「感此當及時，何復尚相思」及「願爲堦下草，莫負艷陽期。」等句，則此時臥子與河東君之關係，可以想見矣。

陳忠裕全集壹壹平露堂集有「早春初晴」，「陽春歌」（原注：「和舒章。」），「櫻桃篇」及「春日風雨浹旬」等綺懷之什。除「早春行」疑爲崇禎七年冬季立春之前所作者外，其餘當是崇禎八年春間爲河東君而作者。茲不能悉載，但錄「早春初晴」及「春日風雨浹旬」兩題。所以選擇此兩題之故，因「早春初晴」一題，可與前錄五古「早春行」比較。「春日風雨浹旬」一題，可與後錄臥子所作詩餘中「春閨風雨」諸闋參證也。

「早春初晴」云：

今朝春態劇可憐。輕雲窈窕來風前。繡閣梅花墮綠玉，牙牀枕角開紅綿。宿雨猶含蘭葉紫。已多陌上繁華子。可能齊出鳳樓人，同時走馬鬪聲裏。茂陵才人獨焚香。魚箋麗錦成文章。空有蛾眉閉深院，不若盈盈嬌路旁。

「春日風雨浹旬」云：

城南十日雨，堦下生青苔。梅花溼如霧，東風吹不開。落紅滿江曲。蒿藍春水綠。黃鶯醒尚啼，白鷺飛還浴。幽雨沈沈麗景殘。浮雲入坐羅衣寒。翠竹迷離日欲暮，孤亭黯靄憑欄干。芳草風流寒食路。無限青驄楊柳樹。遙望海棠紅滿枝，可憐難向前溪渡。

陳忠裕全集壹肆平露堂集「春日酬舒章言懷之作」五律二首之一云：

積雨迷時令，不知春已深。君懷當綺艷，吾意怯登臨。自短風雲氣，猶憐花草心。何堪看淑景，辛苦獨鳴琴。

同書同卷「今年梅花爲積雨所困。過憝人館中，見其娟然哀麗。戲言欲以石甃其下，如曲水之製，酌其香雨。斯亦事之可懷者，賦此以記之。」五律云：

夜夜思春至，當時已棄捐。無從留艷質，有計酌寒泉。錦石支文砌，溫池想翠鈿。華清愁絕地，行雨出神仙。

寅恪案，臥子賦此二題，言外自有人在。其爲河東君而作，固不待言。所可注意者，即崇禎八年春間多雨一事。陳忠裕全集年譜崇禎八年乙亥條附李雯「會業序」略云：「今年春闈公臥子讀書南園。春多霖雨。」又取臥子詩證之，如陳忠裕全集捌平露堂集「清明雨中晏坐」及「上巳城南雨中」五古。同書壹壹平露堂集「春日風雨浹旬」七古。同書壹肆平露堂集除上錄兩題外，尚有「南園即事」二首之一云：「葭菼乘新漲」及「花朝溪土(上?)新雨」等五律。同書壹陸平露堂集「乙亥元日」七律云：「密雨千門花影涼。」同書壹玖平露堂集「桐花」七絕云：「輕陰微雨畫簾開。」等，可爲例證。考崇禎八年清明在二月十八日。(此月爲小盡。)清明前後約共一月，其間幾無日不有風雨。臥子與河東君之同居，適值此際，詩云：「風雨如晦，雞鳴不已。」又云：「女曰雞鳴，士曰未旦。」正陳楊二人此時之謂矣。

今檢戊寅草中崇禎八年春季河東君之詩，其與此期節物有關者，迻錄於下，以見一斑。其實河東君當時此類作品，應不止此少數也。

戊寅草「楊柳」云：

不見長條見短枝。止緣幽恨減芳時。年來幾度絲千尺，引得絲長易別離。

其二云：

玉階鸞鏡總春吹。繡影旋迷香影遲。憶得臨風大垂手，銷魂原是管相思。

「楊花」云：

輕風淡麗綉簾垂。婀娜簾開花亦隨。春草先籠紅芍藥，雕欄多分白棠梨。黃鸝夢化原無曉，杜宇聲消不上枝。楊柳楊花皆可恨，相思無奈雨絲絲。

「西河柳花」云：

艷陽枝下踏珠斜。別按新聲楊柳花。總有明妝誰得伴，憑多紅粉不須誇。江都細雨應難濕，南國香風好是賒。不道相逢有離恨，春光何用向人遮。

「春江花月夜」云：

小研紅箋茜金屑，玉管兔毫團紫血。閣上花神艷連纈，那似璧月句妖絕。結綺雙雙描鳳凰。望仙兩兩畫鴛鴦。無愁天子限長江。花底死活酒底王。臙脂臂捉麗華窘，更衣殿秘絳燈引。龍綃貼肉汗風忍。七華口令着人緊。玳筵頂飛香霧膩。銀燭媚客滅幾次。強飲犀桃江令醉。

承恩夜夜臨春睡。麟帶切紅紅欲墮(墜)。鸞釵盤雪尾梢翠。夢中麝白桃花迴。半面天烟乳玉飛。碧心跳脱紅絲匳。驚破金猊香着月。殿頭鹵簿繡髮女。籤重慵多吹不起。

寅恪案，上錄四題中，三題皆與柳有關。柳固爲詩人春季題詠之物，但亦是河東君自寄其身世之感所在。故後來竟以柳爲寓姓，殊非偶然也。崇禎八年春季多雨，可於「楊花」七律「楊柳楊花皆可恨，相思無奈雨絲絲。」之語見之。九宮大成南北詞宮譜壹南詞仙呂宮引有「西河柳」之調名，並載李伯華開先(林冲)寶劍記(第貳伍出)中此曲。其結語云：「落紅滿地，肯學楊花無定。」河東君賦此詩，殆有感於斯語耶？據東山詶和集壹程偈菴「次牧翁再贈」詩云：「彈絲吹竹吟偏好。」牧齋初學集貳拾東山集肆「仲春十日自和合歡詩」四首之四云：「流水解翻筵上曲」及「歌罷穿花度好音」等句，可知河東君固能彈絲吹竹解曲善歌者。其賦「西河柳花」之詩，亦無足怪矣。今日所見河東君諸詞，除金明池「詠寒柳」數闋外，其他諸詞頗多有似曲者。此點恐與河東君之長於度曲有關。當時松江地域施子野輩以度曲著稱，河東君居此地域，自不免爲其風氣所薰習也。又「春江花月夜」一題，乃效溫飛卿之艷體，(參樂府詩集肆柒「春江花月夜」題，所錄諸家之作。)而作李長吉之拗詞。其中「無愁天子限長江。花底死活酒底王。」之句，尤新麗可誦也。

又陳忠裕全集壹捌平露堂集「晚春遊天平」五言排律云：

自入桃源去，層阿翠不收。珮環空澗響，雲霧曉窗流。紅藥生金屋，青山倚畫樓。鶯啼開玉帳，柳動拂銀鉤。解帶溫泉夜，凝妝石鏡秋。碧潭春濯錦，丹樹雨張油。斜月通蕭史，微風醉莫愁。人緜花上度，客似夢中遊。歌舞何時歇，山川盡日留。橋猶名宛轉，鄉已失溫柔。豈必千年恨，登臨見古邱。

寅恪案，臥子賦此詩之年，雖難確定，似是崇禎九年丙子暮春所作。細玩詩意，疑爲前此曾與河東君共遊天平，追念昔遊，詠懷古跡，詩特工麗，可稱佳什。故迻錄之，以備臥子排律之一體焉。

陳忠裕全集壹玖平露堂集「春思」七絕二首云：

深春無人花滿枝。小欄紅藥影離離。（「影」字可注意。）爲憐玉樹風前坐，（「憐」字可注意。）自翦輕羅日暮時。

桃李飛花谿水流。垂簾日日避春愁。不知幽恨因何事，無奈東風滿畫樓。

又「春日早起」七絕二首云：

獨起憑欄對曉風。滿溪春水小橋東。始知昨夜紅樓夢，身在桃花萬樹中。

柳葉初齊暗碧池。櫻桃花落曉風吹。好乘春露迷紅粉，及見嬌鶯未語時。

臥子在崇禎八年春間所賦七絕，頗似才調集中元微之之艷詩。蓋此時環境情思，殊與元才子「夢遊春」之遇合相似故也。所可惜者，今日吾人只能窺見此時河東君與臥子訓和詩章之極少數，如上所錄戊寅草中諸篇是也。

陳忠裕全集壹玖平露堂集「寒食」七絕三首云：

今年春早試羅衣。二月未盡桃花飛。應有江南寒食路，美人芳草一行歸。

垂楊小院倚花開。鈴閣沈沈人未來。不及城東年少子，春風齊上鬭雞臺。

愁見鴛鴦滿碧池。又將幽恨度芳時。去年楊柳滹沱上，此日東風正別離。（自注：「去年寒食在瀛莫間。」）

寅恪案，前論崇禎六年春臥子所作「夢中補成新柳詩」，與崇禎十三年冬河東君所賦「春日我聞室作呈牧翁」詩有關。又前第貳章引牧齋與姚叔祥過明發堂共論近代詞人戲作詩原注中河東君「西湖」七絕一首（此詩本河東君湖上草己卯春西湖八絕句之第壹首。）云：

垂楊小苑繡簾東。鶯閣殘枝蝶趁風。最是西陵寒食路，桃花得氣美人中。

可知河東君此詩實由臥子崇禎八年「寒食」絕句轉變而來。河東君之詩作於崇禎十二年春，距臥子作詩時雖已五年，而猶眷念不忘臥子如此，斯甚可玩味者。牧齋深賞河東君此詩，恐當時亦尚未注意臥子之原作。（寅恪案，宋徵璧撰平露堂集序略云：「陳子成進士歸，讀禮之暇，刻其詩草名白雲者。已又裒乙亥丙子兩年所撰著，爲平露堂集。」然則平露堂集之刻，在臥子丁其繼母唐孺人憂時。牧齋與姚士粦論詩，在崇禎十三年秋間。以時間論，牧齋有得見臥子詩之可能，但錢陳兩人詩派不同，牧齋即使得見平露堂集，亦必不甚措意也。）後人復稱道河東君此詩，自更不能知其所從來。故特爲拈出之，視作情史文壇中一重公案可也。

茲綜合寅恪所見陳臥子河東君並宋轅文李舒章諸人之詞，相互有關者，略論述之。

河東君戊寅草中諸詞及衆香詞書集雲隊中所選河東君詞，其調名題目與陳忠裕全集貳拾詩餘全相符合者，僅有踏莎行「寄書」及浣溪沙「五更」等。茲先迻錄於下。

陳臥子浣溪沙「五更」云：

半枕輕寒淚暗流。愁時如夢夢時愁。角聲初到小紅樓。　風動殘燈搖繡幕，花籠微月淡簾鉤。陡然舊恨上心頭。

河東君浣溪沙「五更」云：

金猊春守簾兒暗。一點舊魂飛不起。（寅恪案，「起」疑是「返」之譌寫。）幾分影夢難飄斷。醒時惱見小紅樓，（寅恪案，「小紅樓」豈指徐氏別墅之南樓耶？）朦朧更怕青青岸。薇風漲滿花階院。

陳臥子踏莎行「寄書」云：

無限心苗，鸞箋半截。寫成親襯胸前折。臨行簡點淚痕多，重題小字三聲咽。　兩地魂銷，一分難說。也須暗裏思清切。歸來認取斷腸人，開緘應見紅文滅。

河東君踏莎行「寄書」云：

花痕月片，愁頭恨尾。臨書已是無多淚。寫成忽被巧風吹，巧風吹碎人兒意。　半簾燈焰，還如夢水。（寅恪案，衆香詞「水」作「裏」，較佳。恐是「裏」字僅餘下半，因譌寫成「水」也。）消魂照箇人來矣。開時須索十分思，緣他小夢難尋眎。（寅恪案，衆香詞「眎」作「你」。疑「眎」及「你」俱是「味」字之譌寫。）

寅恪案，上錄陳楊兩人之詞，調同題同，詞語復約略相同。其爲同時詶和之作，不待詳論。所可注意者，後來河東君金明池詠寒柳詞「念從前，一點東風，幾隔着重簾，眉兒愁苦。」之語，或與此時兩人所賦浣溪沙「五更」之詞有關，亦未可知也。

臥子別有浣溪沙兩闋，其題目雖與上引陳楊兩詞俱作「五更」者不同。但繹其詞意，當亦與河東君有關。故並迻錄之，以資旁證。至宋轅文所賦浣溪沙兩詞，其所言節物，雖皆與春雨無涉。然詳玩詞旨，頗疑或與河東君有關。豈是轅文脫離河東君之後，有所感觸，遂託物寄意耶？殊乏確證，未敢多論。唯詞特佳妙，附錄於此，以待推究。

陳忠裕全集貳拾詩餘浣溪沙「閨情」云：

龍腦金爐試寶奩。蝦鬚銀蒜掛珠簾。莫將心事上眉尖。　鬬草文無知獨勝，彈棊粉石好重拈。一鉤紅影月纖纖。（自注：「當歸一名文無。」）

前調「楊花」云：

百尺章臺撩亂吹。重重簾幕弄春暉。憐他飄泊奈他飛。　淡日滾殘花影下，軟風吹送玉樓西。天涯心事少人知。

顧貞觀成德仝選今詞初集下宋徵輿浣溪沙云：

徹夜清霜透玉臺。夕香銷盡博山灰。聲聲飛雁五更催。　滿地西風天欲曉，半簾殘月夢初迴。十年消息上心來。

又「雪」云：

半似三春楊柳花。趁風知道落誰家。黄昏點點濕窗紗。　何幸鳳鞵親得踏，可憐紅袖故相遮。人間冷處且留他。

陳忠裕全集貳拾詩餘中更別載踏莎行兩闋，一題作「春寒」，一題作「春寒閨恨」。「春寒閨恨」一闋復載於顧貞觀成德仝選今詞初集下及王昶國朝詞綜壹所選宋徵輿詞中，但無「春寒閨恨」之題目。鄙意此詞無論其爲何人所作，玩味詞中意旨，當與河東君有關無疑也。

又檢詞綜王氏自序作於嘉慶七年十月。陳忠裕全集凡例後附有莊師洛識語云：

嘉慶〔八年〕癸亥六月上澣編忠裕公集成，遵〔王〕述菴先生〔昶〕命，發凡起例如右。

則是兩書之成，先後相距不及一年，俱出於王氏一人之手，何以有此歧異？頗疑陳集實由莊氏等編輯，王氏未必一一詳檢，不過以年輩資歷，取得編主之名，故致此疏誤也。此詞兩書不同之字，自以詞綜爲勝。所成問題者，即此「春寒閨恨」一闋，究出誰手？豈此詞本是轅文原作，誤爲臥子之詞，而臥子「春寒」一闋乃和宋氏之作。編者不察，遂成斯誤耶？若果揣測不謬，則「春寒閨恨」一題，即前引李雯致臥子書中所謂轅文「春令」之一。至臥子和此「春令」，究在何時，雖不能確知，但不必定在河東君與轅文交好之時，亦可能在崇禎八年春季也。茲錄兩詞於下，更俟詳考。

陳忠裕全集貳拾詩餘踏莎行「春寒」云：

　　牆柳黃深，庭蘭紅吐。東風著意催寒去。迴廊寂寂繡簾垂，殘梅落盡青苔路。　綺閣焚香，閒堦微步。羅衣料峭啼鶯暮。幾番冰雪待春來，春來又是愁人處。

今詞初集下宋徵輿踏莎行（陳集題作「春寒閨恨」。）云：

　　錦屋銷香，（寅恪案，「屋」國朝詞綜同。陳集作「幔」。）翠屏生霧。（寅恪案，「霧」國朝詞綜同。陳集作「雨」。）妝成漫倚紗窗住。一雙青雀到空庭，梅花自落無人處。　回首天涯，歸期又誤。羅衣不耐東風舞。垂楊枝上月華生，可憐獨上銀牀去。

復次，楊陳宋李詞中有同是「南鄉子」，「江城子」或「江神子」之調名，而詞旨近似，或微異者，疑皆互有關係之作品。茲錄其詞，並略論之。

河東君戊寅草南鄉子「落花」云：

拂斷垂垂雨。傷心蕩盡春風語。況是櫻桃薇院也，堪悲。又有箇人兒似你。　莫道無歸處。點點香魂清夢裏。做殺多情留不得，飛去。願他少識相思路。

陳忠裕全集貳拾詩餘南鄉子「春閨」云：

羅袂曉寒侵。寂寂飛花雨外深。草色萋迷郎去路，沉沉。一帶浮雲斷碧岑。　無限暗傷心。粉冷香銷憎錦衾。濕透海棠渾欲睡，陰陰。枝上啼紅恐不禁。

前調云：

花發小屏山。凍徹胭脂暮倚闌。添得金鑪人意嬾，雲鬟。爲整犀梳玉手寒。　儘日對紅顏。畫閣深深半掩關。冰雪滿天何去也，眉彎。兩臉春風莫放殘。

前調「春寒」云：

小院雨初殘。一半春風繡幙間。強向玉樓花下去，珊珊。飛雪輕狂點翠鬟。　淡月滿闌干。添上羅衣扣幾番。今夜西樓寒欲透，紅顏。黛色平分凍兩山。

寅恪案，楊陳兩人之詞，雖調同題異，當是一時所作。至轅文之南鄉子無題目，詞中有「玉露」，「傷秋」等語。舒章之南鄉子題爲「冬詞」。雖俱是綺懷之體，然皆非春季所作也。故不錄宋李兩人原詞，僅附記於此，以備參考。河東君戊寅草江城子「憶夢」云：

夢中本是傷心路。芙蓉淚。櫻桃語。滿簾花片，都受人心誤。遮莫今宵風雨話。要他來，來得麼。　安排無限銷魂事。砑紅箋，青綾被。留他無計。去便隨他去。筭來還有許多時，人近也，愁回處。

寅恪案，「憶夢」者，夢醒追憶之義。此詞自可能爲脱離臥子之後所作，但亦可能爲將脱離臥子之時所作。陳楊之因緣乃元微之「夢遊春」所謂：「一夢何足云」，（見才調集伍並參拙著讀鶯鶯傳。）及玉谿生「無題」二首之二「神女生涯原是夢」者。（見李義山詩集中。）詞中「留他無計。去便隨他去。算來還有許多時，人近也，愁回處。」之語，爲一篇之警策。其意謂此夢不久將醒，無可奈何。故疑是將離去臥子之時所作也。考河東君於崇禎八年春季，雖與臥子同居，然離去臥子之心，亦即萌於此際。蓋既與臥子同居之後，因得盡悉其家庭之複雜及經濟之情勢，必無長此共居之理，遂漸次表示其離去之意。此意決定於是年三月末，實現於是年首夏之初。故此詞即河東君表示其離意之旨。臥子詩餘中有少年遊青玉案兩闋，與河東君此詞相關。青玉案詞尤悽惻動人。宋轅文亦有青玉案一闋，疑是和臥子之作。茲附錄陳宋兩人青玉案詞於河東君此詞之後，以供參證。至臥子少年遊一闋，則俟後論臥子與河東君李舒章同調之詞時述之，今暫不涉及。

陳忠裕全集貳拾詩餘青玉案「春暮」云：

青樓惱亂楊花起。能幾日，東風裏。回首三春渾欲悔。落紅如夢，芳郊似海。只有情無底。

華年一擲隨流水。留不住，人千里。此際斷腸誰可比。離筵催散，小窗惜別，淚眼欄干倚。

今詞初集下宋徵輿青玉案云：

金塘雨漲輕烟滑。正柳陌，東風活。閒却吳綾雙繡襪。滿園芳草，一天花蝶。可奈人消渴。暗彈珠淚蜂黃脫。兩點春山青一抹。好夢偏教鶯語奪。落紅庭院，夜香簾幙，半枕紗窗月。

陳忠裕全集貳拾詩餘江城子「病起春盡」云：

一簾病枕五更鐘。曉雲空。捲殘紅。無情春色，去矣幾時逢。添我千行清淚也，留不住，苦悤悤。　楚宮吳苑草茸茸。戀芳叢。繞遊蜂。料得來年相見畫屏中。人自傷心花自笑，憑燕子，罵東風。

寅恪案，在昔竺西淨名居士之病，乃爲衆生而病。華亭才子陳子龍之病，則爲河東君而病。臥子此類之病，今能考知者，共有四次。第壹次之病，爲崇禎六年癸酉冬在北京候會試時，因遠憶松江之河東君而病。陳忠裕全集柒屬玉堂集「旅病」五古二首之一云：

朔氣感中理，玄律思春溫。安得登高臺，隨風歸故樊。美人步蘭薄，旨酒徒盈樽。

詩中「玄律」指冬季，「故樊」指松江，「美人」指河東君。故知此詩乃臥子癸酉冬季旅京病中，懷松江河東君之作也。前論臥子「寒日臥邸中，讓木忽緘臘梅花一朵相示。」詩，已言及之，可不更詳。第貳次之病，爲崇禎八年乙亥夏初河東君已離去之時。詞中「曉雲空」之「雲」，即指阿雲也。臥子此詞可與其「詶舒章問疾之作」詩及李雯「夏日問陳子疾」詩(見陳忠裕全集捌平露堂集並蓼齋集壹貳舒章原作。)共參之。

臥子詩云：

房闈厭虛寥。愁心愧清曉。黃鳥鳴層陰，朱華長幽沼。錦衾誰能理，撫身一何小。思與帝子期，胡然化人渺。靈藥無消息，端然內煩擾。感君投惠音，款睇日未了。佳人蔭芳樹，憐余羈登眺。會當遣百慮，攜手出塵表。

舒章詩云：

孟夏延清和，林光屢昏曉。褰裳獨徘徊，風琴蕩蘿蔦。閒居成滯淫，契闊長枯槁。庭蕪久矣深，黃鳥鳴未了。思君文園臥，數日瑤華少。散髮把素書，支牀念青鳥。蹉跎蕃蘭時，果氣歇林表。江上芙蓉新，堂中紫燕小。將無同賞心，南風送懷抱。

第叁次之病爲崇禎十一年戊寅七夕。因感牛女故事，爲河東君而病。陳忠裕全集壹肆湘眞閣稿「戊寅七夕病中」云：

又向佳期臥，金風動素波。碧雲凝月落，雕鵲犯星過。巧笑明樓迥，幽暉清簟多。不堪同病夜，苦憶共秋河。

寅恪案，此詩第柒句之「同病」，第捌句之「苦憶」，其於河東君眷戀之情，溢於言表者若是。斯或與臥子此年冬爲河東君序刊戊寅草一事，不無關係也。

抑更有可論者，范鍇華笑廎雜筆壹「黃梨洲先生批錢詩殘本」條云：

> 余嘗見黃梨洲手批虞山詩殘本曰，牧翁「丙戌七夕有懷」，（此詩見下引金氏錢牧齋年譜中。）意中不過懷柳氏，而首二句寄意深遠。

寅恪案，牧齋於明南都破後，隨例北遷。至順治三年六月雖得允放還原籍。但觀其詩中「銀漏」之語，（見王子安集壹壹乾元殿頌序。）似尚留滯北京。趨朝待漏之時，感今傷昔，遙憶河東君，遂作此七絕。首句用史記天官書，次句用漢書天文志。詳見錢遵王有學集詩注壹所引。茲不復贅。梨洲甚賞首二句寄意深遠，蓋不僅切合清兵入關之事，且「天河」「女牛」皆屬天文星象。詠一類之物，而具兩重之意。黃氏乃博雅之人，通知天文曆算等學，又與錢柳關係密切，故尤能明瞭牧齋詩旨所在也。其言「意中不過懷柳氏」，殊爲允當。至金鶴沖錢牧齋先生年譜丙戌隆武二年條云：

> 「七夕有懷」云：「閣道牆垣總罷休。天街無路限旌頭。生憎銀漢偏如舊，橫放天河隔女牛。」（寅恪案，金氏所引與錢曾有學集注本全同。但涵芬樓影印康熙甲辰本「限旌頭」作「接清秋」。「銀漢」作「銀漏」。金匱山房康熙乙丑本「限旌頭」作「望樓頭」。牧齋詩當原作「限旌頭」。他本不同者，自是後來所被改。至若「銀漏」，牧齋詩本應如此。蓋指清乾清宮銅壺滴漏而言。用典雖切，而淺人不覺，因其爲七夕詩，遂譌作「銀漢」，未必是被改也。）按此詩在隆武帝即位

後十日而作，女牛之隔，君臣之異地也。

則推論過遠，反失牧齋本意，不如黄氏所言之切合也。噫！當崇禎八年乙亥七夕臥子之懷念河東君，尚不過世間兒女之情感。歷十二年至順治三年丙戌七夕，牧齋之懷念河東君，則兼具家國興亡之悲恨。同一織女，而牽牛有異，閲時幾何，國事家情，俱不堪回首矣。

第肆次之病爲崇禎十四年辛巳秋冬間。因此時得知河東君於是年六月已歸牧齋而病。臥子自撰年譜上崇禎十四年辛巳條云：

秋以積勞致病。初則瘧耳，後日增劇，服蔆附百餘劑。長至始克櫛沐。是歲納側室沈氏。

又年譜後附王澐「三世苦節傳」云：

陳氏五世一子，旁無朞功之屬。〔張〕孺人屢舉子女不育，爲置側室，亦不宜子。孺人心憂之，乃自越遣人至吳，納良家子沈氏以歸。甲申春，崇禎帝召先生入諫垣，攜家還里，至冬始舉子。先生時年三十有七，喜而名之曰嶷。

寅恪案，臥子謂其督漕於嘉興之崇德，以積勞致病，是自稱其病乃爲衆生而病。然龔自珍「己亥雜詩」云：「東山妓亦是蒼生。」由此言之，河東君亦是衆生之一，臥子自稱爲衆生而病，亦可兼括爲河東君而病也。更可笑者，王勝時盛誇張孺人自選良家女沈氏爲臥子之妾，因得生子，遂使其夫不致絶後一事。其言外殊有深鄙河東君爲倡家女，不能生子之意。豈知沈氏之子嶷，傳至四代，後亦竟絶耶？（見臥子年譜下附莊師洛等案語。）斯亦王氏作傳時所不及料者矣。

今詞初集下宋徵輿江神子云：

珍珠簾透玉梨風。暮烟濃。錦屏空。胭脂萬點，摇漾緑波中。病起看春春已盡，芳草路，碧苔封。　漫尋幽徑到吴宫。樹青葱。石玲瓏。朱顔無數，不與舊時同。料得夜來腸斷也，三尺雨，五更鐘。

寅恪案，轅文詞中「病起看春春已盡」，與臥子詞「病起春盡」之題符合。又轅文詞末句「五更鐘」之語，與臥子詞首句「一簾病枕五更鐘」之語亦相合。然則宋作乃和陳詞明矣。

今詞初集上李雯江神子云：

一篙秋水淡芙蓉。晚來風。玳雲重。檢點幽花斜綴小窗紅。羅襪生寒香細細，憐素影，近梧桐。　棲鴉零亂夕陽中。歎芳叢。訴鳴蛩。半捲鸞箋心事上眉峯。玉露金波隨意冷，愁滅蠋，聽歸鴻。

寅恪案，舒章詞有「秋水」「鳴蛩」「玉露」及「歸鴻」等語，當是秋季所作。舒章別有「題內家楊氏樓」詩，疑亦此時所作。後詳論之。但舒章詞「玳雲重」及「憐素影」中藏河東君之名字。又「嘆芳叢」與臥子原作「戀芳叢」之語相關。故舒章此詞實賦於崇禎八年秋深，即河東君離松江往盛澤鎮之時。雖非臥子「病起春盡」之際，然仍是追和臥子此詞也。

又戊寅草中有訴衷情近「添病」一闋。河東君之病當亦與臥子之病有關，所謂同病相憐者也。故附錄於此，以博好事者一笑。其詞云：

幾番春信。遮得香魂無影。銜來好夢難憑，碎處輕紅成陣。任教日暮還添，相思近了，莫被花吹醒。　雨絲零。又早明簾人靜。輕輕分付，多箇未曾經。畫樓心。東風去也，無奈受他，一宵恩幸，愁甚病兒眞。

戊寅草少年遊「重遊」云：

絲絲碧樹何曾捲。又是梨花晚。海燕翻翻，那時嬌面。做了斷腸緣。　寄我紅箋人不見。看他羅幕鞦韆。血衣着地，未息飄颺，也似人心軟。

臥子詩餘少年遊「春情」云：

滿庭清露浸花明。攜手月中行。玉枕寒深。冰銷香淺，無計與多情。　奈他先滴離時淚，禁得夢難成，半晌歡娛，幾分憔悴，重疊到三更。

寅恪案，河東君之詞有「梨花」「海燕」等語，自是春季所賦。與臥子詞「春情」相合。臥子詞後半闋與上引河東君江城子憶夢一詞，語意更爲符應。其題作「春情」，非偶然也。

今詞初集上李雯少年遊云：

綠窗煙黛鎖梅梢。落日近横橋。玉笛纔聞，碧霞初斷，贏得水沉銷。　口脂試了櫻桃潤，餘暈入鮫綃。七曲屏風，幾重簾幙，人靜畫樓高。

又「代女郎送客」云：

殘霞微抹帶青山。舟過小溪灣。兩岸蘆乾，一天雁小，分手覺新寒。　今宵霜月照燈闌。人是暮愁難。半枕行雲，送君歸去，好夢憶江干。

復次，舒章蓼齋集叁壹詩餘載玉樓春題爲「代客答女郎」。其詞云：

角聲初展愁雲暮。亂柳蕭蕭難去住。舴艋舟前流恨波，鴛鴦渚上相思路。　生分紅綬無人處。半晌金樽容易度。惜別身隨南浦潮，斷腸人似瀟湘雨。

恐此「客」當是臥子，「女郎」亦爲河東君。蓋與其少年遊「代女郎送客」一詞同時所作。臥子河東君皆工於意內言外者，舒章何不憚煩而爲兩人捉刀？文人閒居好事，故作狡獪，殊可笑也。

寅恪案，周美成賦少年遊「感舊」詞後，凡詩餘中此調多與李師師有關一類綺懷之作，自無足怪。舒章詞此調前一闋，疑是和臥子之作，即爲河東君而賦者。後一闋題爲「代女郎送客」，詞中有「蘆乾」「雁小」「新寒」「霜月」等句，明是秋深景物。河東君戊寅草載崇禎八年秋離松江赴盛澤鎮詩兩題。第壹題爲「曉發舟至武塘」五律二首。其一「還思論異者」句下自注云：「時別臥子。」其二云：「九秋悲射獵。」第貳題爲「秋深入山」七律一首，「深閒大抵仲弓知」句下自注云：「陳寔字仲弓。時惟臥子知余歸山。」據此可證舒章詞後一闋題中之「女郎」，即河東君，「客」即臥子。蓋河東君此行雖有詩送臥子，但未作詞。故舒章戲代爲之耳。所謂「半枕行雲」之「雲」即「阿雲」無疑也。

復次，戊寅草有夢江南「懷人」詞二十闋，臥子詩餘有雙調望江南「感舊」一闋。夢江南即望江南，「懷人」亦與「感舊」同意。兩人所賦之詞互相關涉，自無待論。但別有可注意者，即夢江南及雙調望江南兩詞中之「南」字，實指陳楊二人於崇禎八年春間同居之徐氏南樓及遊宴之陸氏南園而言。若如此解釋，則河東君及臥子詞中所「夢」「望」之地，「懷」「感」之人，語語相關，字字有著矣。茲全錄兩人之詞於下，讀者可取以互證也。

河東君夢江南「懷人」二十首，其一云：

　　人去也，人去鳳城西。細雨濕將紅袖意，新蕪深與翠眉低。蝴蝶最迷離。

寅恪案，「鳳城」非僅用典，疑並指松江城而言。詳見前論臥子「癸酉長安除夕」詩「曾隨俠少鳳城阿」之句。「細雨濕將紅袖意」，可與下引臥子滿庭芳「送別」詞「纔提起，淚盈紅袖，未說兩三分。」之語參證也。

其二云：

　　人去也，人去鷺鷥洲。菡萏結爲翡翠恨，柳絲飛上鈿箏愁。羅幕早驚秋。

寅恪案，「人去鷺鷥洲」之「去」字，周銘林下詞選同。衆香詞作「在」，誤。「菡萏結爲翡翠恨」句，自用花間集補下李後主山花子詞「菡萏香銷翠葉殘。西風愁起綠波間。」之語。「鈿箏」二字，林下詞選同。當出晏殊珠玉詞蝶戀花調「楊柳風輕，展盡黃金縷。誰把鈿箏移玉柱。」等句。柳詞之「絲」，即晏詞之「縷」。衆香詞作「鈿簪」亦可通。河東君此詞，蓋糅合李晏兩作之語意而成也。

其三云：

　　人去也，人去畫樓中。不是尾涎人散漫，何須紅粉玉玲瓏。端有夜來風。

寅恪案，河東君此詞中之「畫樓」，當指其與臥子同居之鴛鴦樓或南樓。「尾涎」用漢書玖柒下外戚傳孝成趙皇后傳童謠「燕燕尾涎涎」之語。「玉玲瓏」疑用蔣防霍小玉傳及湯顯祖紫釵記玉燕釵事。河東君湖上草「清明行」結語云：「盤螭玉燕無可寄，空有鴛鴦棄路旁。」亦同此詞之意。即臥子雙調望江南「憶舊」詞所謂「玉燕風斜雲鬢上」者。「夜來風」或與玉谿生「無題」二首之一「昨夜星辰昨夜風，畫樓西畔桂堂東。」之語有關。（見李義山詩集上。）又玉臺新詠伍柳惲「夜來曲」云：「颯颯秋桂響，悲（一作非。）君起夜來。」樂府詩集柒伍亦載惲此曲，並引樂府解題曰：「起夜來其辭意猶念疇昔，思君之來也。」河東君之意，當在於此。至若拾遺記柒所述薛靈芸即夜來事，雖有行者歌曰，「清風細雨雜香來」之語。但與「懷人」之題不合，恐非河東君詞旨所在也。（陳忠裕全集壹玖屬玉堂集「魏宮詞」二首之二有：「細雨香風接夜來」句，即用拾遺記事。）復檢李清照漱玉詞怨王孫「春暮」云：「門外誰掃殘紅，夜來風。」河東君此詞既用漢書孝成趙皇后傳童謠「燕燕尾涎涎」之語，而此童謠中，又有「木門倉琅根。燕飛來，啄皇孫。皇孫死。燕啄矢。」之語。或者河東君因讀易安居士之詞「怨王孫」之「王孫」與漢書外戚傳童謠之「皇孫」同義，遂連類相及，而有「夜來風」之句耶？

其四云：

人去也，人去小池臺。道是情多還不是，若爲恨少却教猜。一望損莓苔。

寅恪案，「一望損莓苔」者，離去南園之意。劉文房「尋南溪常道士隱居」詩「一路經行處，莓苔見履痕。」（見全唐詩第叁函劉長卿貳。）「南溪」即指「南園」也。「道是情多還不是，若爲恨少却教猜。」者，言其離去南園，可謂非多情。但若以爲於臥子有所憎恨，則亦未合。河東君此意即臥子崇禎十一年秋間賦「長相思」七古中所述河東君之語云：「別時餘香在君袖。香若有情尚依舊。但令君心識故人，綺窗何必常相守。」者，是也。（見陳忠裕全集壹壹湘眞閣集。）餘詳後論。

其五云：

人去也，人去綠牕紗。贏得病愁輸燕子，禁憐模樣隔天涯。好處暗相遮。

寅恪案，「贏得病愁輸燕子，禁憐模樣隔天涯。」句，則是離去臥子後，燕子重來時所作，恐至早亦在崇禎九年春間矣。又臥子詩餘中有驀山溪「寒食」一闋，殊有崔護「去年今日」之感，或是崇禎九年春季所賦，姑附錄於此，更俟詳考。詞云：

碧雲芳草，極目平川繡。翡翠點寒塘，雨霏微，淡黃楊柳。玉輪聲斷，羅襪印花陰，桃花透。梨花瘦。遍試纖纖手。　去年此日，小苑重回首。暈薄酒闌時，擲春心，暗垂紅袖。
韶光一樣，好夢已天涯，斜陽候。黃昏又。人落東風後。

其六云：

人去也，人去玉笙寒。鳳子啄殘紅豆小，雉媒驕擁褻香看。杏子是春衫。

寅恪案，「人去玉笙寒」句，實暗用南唐嗣主李璟攤破浣溪沙（一名山花子。）「小樓吹徹玉笙寒」之語。（見全唐詩第壹貳函。又花間集補下作李後主山花子。）以其中有「小樓」二字，蓋指鴛鴦樓或南樓而言也。「鳳子啄殘紅豆小」句，當是互易少陵秋興八首之八「紅豆啄殘鸚鵡粒，碧梧棲老鳳凰枝。」一聯中「鸚鵡」「鳳凰」兩辭，（見杜工部集壹伍。）所以改「鸚鵡」爲「鳳子」者，不僅故意避去「棲老」之義，亦以古今注伍魚蟲門「蛺蝶」條云：「其大如蝙蝠者，或黑色，或青斑，名爲鳳子。」蓋河東君不欲自比鸚鵡，而願與韓馮夫婦之蛺蝶同科。其賦此調第壹首結句「蝴蝶最迷離」，即是此意。又臥子所賦「初夏絕句」十首之六云：「澹黃鳳子逐花隈。」（見陳忠裕全集壹玖陳李唱和集。）亦可與此闋相參證也。「雉媒驕擁褻香看」句，用陸魯望「奉和襲美吳中書事，寄漢南裴尚書。」七律「五茸春草雉媒驕」之語，（見甫里先生集玖及全唐詩第玖函陸龜蒙玖。）與茸城即松江地域切合。至「褻」疑是「爇」之譌寫。河東君作書，固喜爲瘦長之體也。「杏子是春衫」句，蓋出樂府詩集柒貳古辭西洲曲「單衫杏子紅」句。又元微之「離思」詩有「杏子花衫嫩麴塵」之語。（見才調集伍及全唐詩第陸函元稹貳柒。)河東君殆亦兼采其意。但微之此詩「杏子」原有「吉了」及「杏子」兩讀，河東君從「杏子」之讀耳。

其七云：

人去也，人去碧梧陰。未信賺人腸斷曲，却疑誤我字同心。幽怨不須尋。

寅恪案，「人去碧梧陰」之「碧梧」即前引杜工部秋興詩「碧梧棲老鳳凰枝」之「碧梧」。河東君互易杜詩「紅豆」「碧梧」一聯上下兩句，以分配第陸首及此首耳。「却疑誤我字同心」句，或與後論臥子蝶戀花詞「簡點鳳鞋交半折」句所引河東君兩同心詞有關，亦未可知也。

其八云：

人去也，人去小棠梨。強起落花還瑟瑟，別時紅淚有些些。門外柳相依。

寅恪案，「小棠梨」當用庾蘭成小園賦「有棠梨而無館」句。(見庾子山集壹。)庾賦之「小園」，當指徐氏別墅中之小園。「小棠梨」館或即指楊陳兩人於崇禎八年春間同居之南樓也。「落花瑟瑟」正是春盡病起之時，「紅淚些些」更爲薛夜來「升車就路」之狀矣。(見拾遺記柒「魏文帝所愛美人」條。)

其九云：

人去也，人去夢偏多。憶昔見時多不語，而今偷悔更生疏。夢裏自歡娛。

寅恪案，此首爲二十首中之最佳者，河東君之才華，於此可窺見一斑也。

其十云：

人去也，人去夜偏長。寶帶怎溫青驄意，羅衣輕試玉光涼。薇帳一條香。

寅恪案，自第壹首至此首共十首，皆言「人去」。蓋去與臥子同居之南樓即鴛鴦樓及遊宴之南園也。

其十一云：

人何在，人在蓼花汀。鑪鴨自沉香霧煖，春山爭遠畫屏深。金雀斂啼痕。

寅恪案，自此首以下共十首，皆言「人在」。其所在之處，雖未能確指，然應是與臥子有關者。故知俱爲崇禎八年春間徐氏別墅中楊陳兩人所同居之南樓及同遊之陸氏南園，（詳見下引徐闇公孚遠釣璜堂詩及王勝時澐雲間第宅志。）並同經之事也。此首所言之蓼花汀或即在南園內。「鑪鴨」「畫屏」「金雀」乃藏嬌定情之境況。臥子假南樓爲金屋，則河東君此詞以斂啼痕爲結語，自不嫌突兀矣。

其十二云：

人何在，人在小中亭。想得起來勻面後，知他和笑是無情。遮莫向誰生。

寅恪案，此首可與第玖首「憶昔見時多不語，而今偷悔更生疏。」之語參證。「人在小中亭」之「亭」，或即臥子所賦「秋暮遊城南陸氏園亭」詩，「孤亭喧鳥雀」之「亭」。（見陳忠裕全集柒屬玉堂集。）「知他和笑是無情」句，則出杜牧之詩「多情却似總無情。唯覺尊前笑不成。」(見全唐詩第捌函杜牧肆「贈別」二首之二。)及韓致堯詩「見客入來和笑走，手搓梅子映中門。」(見全唐詩第拾函韓偓肆「偶見」。)張泌江城子第貳闋「好是問他來得麼，和笑道，莫多情。」(見花間集伍。)河東君蓋兼采杜韓兩詩及張詞之辭意，而成此闋也。

其十三云：

人何在，人在月明中。半夜奪他金扼臂，殢人還復看芙蓉。心事好朦朧。

寅恪案，此首當是楊陳兩人同居南樓時之本事。「扼臂」出羅從事「比紅兒詩」一百首之九十四「金粟妝成扼臂環」之語，(見全唐詩第拾函羅虬。)「殢人還復看芙蓉」者，崇禎八年首夏李舒章所賦「夏日問李子疾」詩云：「江上芙蓉新，堂中紫燕小。」(見陳忠裕全集捌平露堂集「酬舒章問疾之作」附錄所引。)崇禎八年首夏，河東君離去南樓及南園，將行之時，猶能見及南園廢沼中之芙蓉。(可參下引釣璜堂存稿叁「南園讀書樓」七古，「荷香落衣袂」句及同書壹玖「坐月懷臥子」五絕，「南園菡萏正紛披」句。)楊詞李詩所謂芙蓉，蓋指出水之新荷，而非盛放之蓮花，如徐闇公詩所言者。文人才女之賦詠，不必如考釋經典，審覈名物之拘泥。又陳忠裕全集壹玖陳李唱和集「初夏絕句」十首之七云：「芙蓉葉放小於錢。」臥子此詩雖未必是崇禎八年所賦，但同是初夏景物之描寫，故亦可取以互證也。

其十四云：

人何在，人在木蘭舟。總見客時常獨語，更無知處在梳頭。碧麗怨風流。

寅恪案，「總見客時常獨語，更無知處在梳頭。」句，殆用張文和「薊北旅思」（一作「送遠人」。）詩，「失意常獨語，多愁祇自知。」之語。（見全唐詩第陸函張籍叁。）文和詩題既一作「送遠人」，則河東君「人在木蘭舟」句，即「送遠人」之意。頗疑太平廣記壹玖伍載甘澤謠「紅綫」條中冷朝陽送紅綫詩（參全唐詩第伍函冷朝陽「送紅綫」七絕。）云：

採菱歌怨木蘭舟。送別魂銷百尺樓。（全唐詩「別」作「客」。）還似洛妃乘霧去，碧天無際水長流。（全唐詩「長」作「空」。）

殆亦與之有關涉。蓋河東君此詞題爲「懷人」與張冷兩詩約略相似，乃其自言失意多愁之情況。又陳忠裕全集壹有「採蓮賦」一篇，同書伍平露堂集有「採蓮童曲」樂府。同書壹壹平露堂集有「立秋後一日題採蓮圖」七古與戊寅草中「採蓮曲」，皆陳楊兩人於崇禎八年所作。冷氏詩云，「採蓮歌怨木蘭舟」，故河東君此詞「木蘭舟」之語，疑即指兩人所作之詩賦而言也。至「碧麗怨風流」句其義不甚解。戊寅草寫本及林下詞選皆同。惟衆香詞作「妖艷更風流」，語較可通。但上文已有「更」字，昔人作詩詞，雖不嫌重複，然細繹詞旨，此處似不宜再用「更」字。且「怨風流」亦較「更風流」爲佳。據是，衆香詞與戊寅草寫本及林下詞選不同之點，恐經後人改易，殊失河東君原作之用心也。

其十五云：

人何在，人在綺筵時。香臂欲擡何處墮，片言吹去若爲思。況是口微脂。

寅恪案，此首乃河東君自述其文酒會時，歌舞之情態。「香臂欲擡何處墮」句，指舞言。「片言吹去若爲思。況是口微脂。」句，指歌言。有學集壹叁東澗詩集下「病榻消寒雜詠」四十六首之三十四「追憶庚辰冬半野堂文讌舊事」詩云：「蒲團歷歷前塵事，好夢何曾逐水流。」此爲牧齋垂死之作，猶不能忘情於崇禎十三年冬河東君初訪半野堂時，餞別程松圓之讌會。據是可以想見河東君每值華筵綺席，必有一番精采之表演，能令坐客目迷心醉。蓋河東君能歌舞，善諧謔，況復豪於飲，酒酣之後，更可增益其風流放誕之致。此詞所述非誇語，乃實錄也。

其十六云：

人何在，人在石秋棠。好是捉人狂耍事，幾回貪却不須長。多少又斜陽。

寅恪案，「石秋棠」之義未解。若「棠」字乃「堂」字之譌寫，則「石秋堂」當是南園一建築物之名。此爲妄測，須更詳考。「好是捉人狂耍事，幾回貪却不須長。」句，指捉迷藏之戲。(可參前論程松圓「朝雲詩」第伍首「神仙冰雪戲迷藏」句。)才調集伍元稹「雜憶詩」五首之三云：「憶得雙文朧月下，小樓前後捉迷藏。」河東君蓋自比於雙文，而令臥子效元才子所爲者，雖喜被捉，但不須久尋。蓋作此戲，本資笑樂，不必使捉者過勞。然則其愛惜臥子之意，溢於言表。「多少又斜陽」句，則事過境遷，不覺感慨系之矣。

其十七云：

人何在，人在雨煙湖。篙水月明春膩滑，舵樓風滿睡香多。楊柳落微波。

寅恪案，「雨煙湖」恐是南園中之湖沼。「睡香」即「瑞香」，乃早春季節開放之花。河東君於此際泛舟，風吹此花香氣，固合當時景物也。

其十八云：

人何在，人在玉階行。不是情癡還欲住，未曾憐處却多心。應是怕情深。

寅恪案，此首爲河東君自言其去住兩難之苦況。然終於離去，則其苦更甚，可以推知。「應是怕情深」之「怕」字殊妙。

其十九云：

人何在，人在畫眉簾。鸚鵡夢回青獺尾，篆烟輕壓綠螺尖。紅玉自纖纖。

寅恪案，李舒章會業序云：「猵獺白日捕魚塘中，盱睢而徐行，見人了無怖色。」（見後論臥子桃源憶故人「南樓雨暮」詞，所引舒章此文。）又文選捌楊子雲羽獵賦「蹈猵獺」。李善注引郭璞三蒼解詁曰：「猵似狐，青色，居水中，食魚。」然則「青獺」之語，乃古典今事，合而用之者。「鸚鵡夢」固出明皇雜錄「天寶中嶺南獻白鸚鵡」條。（見事文類聚後集肆拾及六帖玖肆所引。並可參楊太眞外傳下及何薳春渚紀聞伍「隴州鸚歌」條。）但其所指搏殺「雪衣娘」之鷙鳥，頗難考實。豈河東君之居南樓，所以不能久長者，乃由臥子之妻張孺人號稱奉其祖母高安人繼母唐孺人之命，率領家嬪將至徐氏別墅中之南樓，以驅逐此「內家楊氏」耶？俟考。

其二十云：

人何在，人在枕函邊。只有被頭無限淚，一時偷拭又須牽。好否要他憐。

寅恪案，此首爲二十首最後一首，亦即「人在」十首之末闋。故可視爲夢江南全部詞中「警策」之作。其所在處，乃在枕函咫尺之地，斯爲賦此二十首詞所在地也。「淚痕偷拭」，「好否要憐」，絕世之才，傷心之語，觀臥子雙調望江南「感舊」詞結句云：「無計問東流」，可以推知其得讀河東君此二十首詞後，所感恨者爲何如矣。

臥子雙調望江南「感舊」云：

思往事，花月正朦朧。玉燕風斜雲鬢上，金猊香燼繡屏中。半醉倚輕紅。何限恨，消息更悠悠。弱柳三眠春夢杳，遠山一角曉眉愁。無計問東流。

寅恪案，臥子此詞有「消息更悠悠」之語，當是在河東君由松江遷往盛澤鎭以後不甚久之時間所作。然則河東君夢江南詞二十闋爲原唱，而臥子雙調望江南乃和作。明乎此，則知河東君詞題爲

「懷人」，而臥子詞題作「感舊」，所以不同之故也。

前引黃九煙之語云：「雲間宋徵輿李雯共拈春閨風雨諸什。」並論崇禎八年春間多雨一事。今檢臥子詩餘中，其題爲「春閨風雨」「春雨」者，共有三首。故知此三首當即黃氏所言。疑俱是臥子於崇禎八年春間爲河東君而作者。茲更取河東君戊寅草中更漏子「聽雨」二闋，與臥子詞參證，以其亦爲春雨，當是同時所作也。

臥子醉落魄「春閨風雨」其一云：

春樓繡甸。韶光一半無人見。海棠夢斷前春怨。幾處垂楊，不耐東風捲。飛花狼藉深深院。滿簾寒雨罏煙篆。黃昏相對殘燈面。聽徹三更，玉枕欹將半。

其二云：

花嬌玉煖。鏡臺曉拂雙蛾展。一天風雨青樓斷。斜倚欄干，簾幕重重掩。紅酥輕點櫻桃淺。碧紗半掛芙蓉捲。眞珠細滴金杯軟。幾曲屏山，鎭日飄香篆。

又菩薩蠻「春雨」云：

廉纖暗鎖金塘曲。聲聲滴碎平蕪綠。無語欲摧紅。斷腸芳草中。幾分消夢影。數點臙脂冷。何處望春歸。空林鶯暮啼。

河東君更漏子「聽雨」(寅恪案，河東君此調兩闋頗難句逗，姑以意標點之，可不必深究也。)云：

風繡幕，雨簾櫳。好箇淒涼時候，被兒裏，夢兒中。一樣濕殘紅。　香餤短，黃昏促。催得愁魂千簇。只怕是，那人兒，浸在傷心綠。

其二云：

花夢滑，杏絲飛，又在冷和風處。合歡被，水晶幃，總是相思塊地。　影落盡，人歸去。簡點昨宵紅淚。都寄與，有些兒，却是今宵雨。

李舒章虞美人「春雨」（見蓼齋集叁壹詩餘。）云：

廉纖斷送荼蘼架。衣潤籠香罷。鷓鴣題（嗁）處不開門。生怕落花時候近黃昏。　艷陽慣被東風砑（妬）。吹雨無朝暮。絲絲只欲傍妝臺。却作一春紅淚滿金杯。

又吳園次虞美人「春雨次李舒章韻」（見今詞初集下。）云：

紅絨冷落秋千架。人約西陵罷。梨花和淚閉重門，却似玉兒憔悴憶東昏。　孟婆苦把東君妬，做作催春暮。愁春人正在朱樓，聽盡絲絲點點倚香篝。

寅恪案，閔爾昌碑傳集補貳守令壹王方岐撰「吳園次後傳」略云：

先生諱綺，字園次，江都人。（順治十一年）甲午灤州石學士申視學江南，得先生卷，拔冠多士，以明經薦入都。冢宰胡公兆龍拔置第一，授中書舍人，掌制誥。（順治十五年）戊戌遷兵部職方司主事。（康熙三十三年）甲戌夏杪，先生年七十有六，微有腹疾，不數日而歸道山矣。

當崇禎八年時，園次年十七歲。其入都則在順治十一年，而李舒章於順治三年丙戌以父喪歸葬，事竣還京即卒。（見陳忠裕全集年譜下順治四年丁亥條考證引松江府志李逢申傳。）故園次此詞作成時間必不甚遲，作詞之地亦應在松江地域，其時間或即在崇禎八年春季，亦未可知。園次年少美才，其和春閨風雨之詞，殊不足異也。

復次，臥子詩餘中關涉春閨或閨閣之題目者頗多，如桃源憶故人「南樓雨暮」及探春令「上元雨」諸闋，皆當屬此類。除「南樓雨暮」一詞，將於論李舒章「題內家楊氏樓」詩時合併論之，其餘今不備錄。至於柳梢青「春望」，天仙子「春恨」之類，則名士民族興亡之感，與兒女私情絕無關涉。故雖爲春季所作，亦不錄之也。

臥子詩餘菩薩鬘「春曉」云：

玉人裊裊東風急。半晴半雨臙脂濕。芳草襯凌波。杏花紅粉多。　起來慵獨坐。又擁寒衾臥。金雀帶幽蘭。香雲覆遠山。

又蝶戀花「春曉」云：

纔與五更春夢別。半醒簾櫳，偷照人清切。簡點鳳鞋交半折。淚痕落鏡紅明滅。　枝上流鶯啼不絕。故脱餘綿，（寅恪案，「餘綿」謂當日女性臥時所著之綿緊身也。可參紅樓夢壹佰玖回「候芳魂五兒承錯愛」節。）忍耐寒時節。慵把玉釵輕綰結。恁移花影窗前沒。

寅恪案，此兩詞皆言春曉。菩薩蠻調可與上引臥子「早春行」五古之「不令晨妝竟，偏采名花擲。香衾捲猶煖，輕衣試還惜。」等句互證。戊寅草中復有兩同心「夜景代人作」一闋。所代之人，疑是臥子，而首句亦與鞋有關，故並附錄於此，藉資好事者之談助耳。

河東君河傳「憶舊」云：

花前雨後，暗香小病，眞箇思清切。夢時節。見他從不輕回，風動也，難尋覓。簡點枕痕剛半折。淚滴紅綿，又早春文滅。手兒臂兒，都是那有情人，故把人心搖拽。

又兩同心「夜景代人作」云：

不脫鞋兒，剛剛扶起。渾笑語。燈兒廝守。心窩內，着實有些些憐愛，緣何昏黑，怕伊瞧地。　兩下糊塗情味。今宵醉裏。又塡河，風景堪思。況銷魂，一雙飛去。俏人兒，直恁多情，怎生忘你。

復次，臥子蝶戀花詞可與下章牧齋有美詩之「弓鞋笑足纏」及「輕寒未折綿」等句參較。「簡點鳳鞋交半折」句，似與西廂記「酬簡」元和令「繡鞋兒剛半折」之語有關。或謂此「鳳鞋」，疑是指舊日纏足女子睡眠時所著之「軟鞋」而言。此種「軟鞋」，蓋以增加美感，兼有防止纖足漲大，並可免纏足帛條散亂之用，其底非木或骨所製者。至若程松圓詩「天粘碧草度弓鞋」之「弓鞋」，（見列朝詩集丁壹叁所選孟陽「二月上浣同雲娃踏青，雨譙達曙，用佳字。」七律。詳見前引。）則指河東君所著踏地行走之鞋而言。其底版爲木或骨所製，與臥子蝶戀花「春曉」詞中所詠之軟鞋，區以別矣。

復據劉鑾五石瓠「濮仲謙江千里」條云：

> 蘇州濮仲謙水磨竹器，如扇骨酒杯筆筒臂擱之類，妙絕一時。亦磨紫檀烏木象牙，然不多。或見其爲柳夫人如是製弓鞋底版二雙。又或見其製牛乳湩酪筒一對，末矣。（可參宋琬安雅堂未刻稿貳「竹罌草堂歌」題下注：「疁城朱松鄰白門濮仲謙皆以竹器擅名。」詩中述濮仲謙事頗備。）

寅恪案，河東君自矜其足之纖小，至於令當時良工爲之製作弓鞋底版。由今觀之，固覺可笑，但舊日風習，纖足乃美人不可缺少之主要條件，亦不必苛責深怪。河東君初訪半野堂，雖戴幅巾及著男子服，然仍露其纖足者，蓋欲藉是表現此特殊優美之點也。（可參第肆章論河東君初訪半野堂節。）

抑更有可笑者，有學集壹秋槐詩集「贈濮老仲謙」詩云：

> 滄海茫茫換刼塵。靈光無恙見遺民。少將楮葉供遊戲，晚向蓮花結淨因。杖底青山爲老友，牕前翠竹似閒身。堯年甲子欣相並，何處桃源許卜鄰。（自注：「君與余同壬午。」）

寅恪案，牧齋此詩當作於順治五年戊子。蓋牧齋以黃毓祺案，被逮至南京，出獄之後，尚留居金陵也。其時仲謙亦在白下。牧齋此詩以「遺民」稱仲謙，則濮氏亦非如劉鑾所記僅以製造工巧擅長。仲謙既與牧齋同庚，其爲河東君製弓鞋底版，雖不能確定在何年，要亦在河東君適牧齋以後，濮氏之年齡，至少已過六十。以老叟而爲此，可謂難能之事。然則牧齋詩「晚向蓮花結淨因」之句，不但如遵王注本，解作結遠公蓮社之淨因，亦兼可釋爲助美潘妃細步之妙跡矣。呵呵！

又蝶戀花詞「淚痕落盡紅明滅」句，疑用才調集伍元稹「古決絕詞」三首之二「感破鏡之分明，覩淚痕之餘血。」之意。蓋臥子賦此詞時，河東君離去之志已決。可參下引臥子少年遊「春情」及青玉案「春暮」兩詞附論。所應注意者，微之此首詩中「矧桃李之當春，競衆人而攀折。」之語。臥子與河東君之關係，雖頗相合，然微之此首詩中「幸他人之既不我先，又安能使他人之終不我奪。」之語，則周文岸宋轅文輩皆已先於臥子而攀折之矣。後來終爲他人，即錢牧齋之所奪，亦是必然之理。吾人今日取微之臥子之詩詞並讀，殊不勝感惜也。「故脫餘綿」之「綿」，疑指舊日女子寒冷季節臥時所著之絲綿短襖而言，即俗所謂「綿緊身」者，前已述及。臥子此兩詞所描寫者，如特喜早起，不畏寒冷等情狀，非一般女子之通性，而是河東君個人之特性。臥子造語能曲盡其妙，即此可見其爲高才，非庸手所及也。

又陳忠裕全集貳拾詩餘虞美人「詠鏡」云：

碧闌囊錦妝臺曉。冷冷相對早。剪來方尺小清波。容得許多憔悴暗消磨。　海棠一夜輕紅倦。何事從教看。數行珠淚倩他流。莫道無情却會替人愁。

寅恪案，臥子此詞後半闋尤妙。此鏡必爲河東君之物無疑，否則臥子詞中語意不如是也。清代文人集中賦詠河東君遺鏡之作品頗多。（見繆荃孫秦淮廣記貳之肆紀麗類及葛昌楣蘼蕪紀聞下所引。）然大抵轉襲舊文，別無新說。既是釀詞，無關考證。且後人所詠之鏡，究難定其眞僞，故不備引。今唯擇錄錢塘汪菊孫詩一首於下，汪詩固不甚佳，但以菊孫與河東君同屬女性，因附錄之，聊資談助云爾。汪遠孫清尊集壹伍載菊孫「河東君妝鏡詩」並引云：

周南卿明經藏唐鏡一枚，背有銘云：「照日菱花出，臨池滿月生。官看巾帽整，妾映點妝成。」證以初白庵金陵雜詠，知爲河東君物也。今歸又村仲弟，以拓本裝冊索題，即次初白韻應之。

紅粉偏能國士知。可憐末路事參差。流傳一片開元月，曾照香奩夜選詩。

復次，戊寅草中聲聲令「詠風箏」一闋，乃河東君自述之作。蓋其性格身世實與風箏相似。故此詞爲美人自己寫眞傳神之作，如杜麗娘「自行描畫，留在人間。」者也。（見還魂記「寫眞」。）其詞云：

楊花還夢，春光誰主。晴空覓箇顛狂處。尤雲殢雨，有時候，貼天飛，只恐怕，捉他不住。絲長風細。畫樓前，艶陽裏。天涯亦有影雙雙，總是纏緜，難得去。渾牽繫。時時愁對迷離樹。

檢列朝詩集閏肆楊宛「看美人放紙鳶」七絕五首云：

共看玉腕把輕絲。風力蹉跎莫厭遲。頃刻天涯遥望處，穿雲拂樹是佳期。
愁心欲放放無由。斷却牽絲不斷愁。若使紙鳶愁樣重，也應難上最高頭。
羨伊萬里度晴虛。自歎身輕獨不如。若到天涯逢蕩子，可能爲報數行書。
薄情如紙竹爲心。辜負絲絲用意深。一自飛揚留不住，天涯消息向誰尋。
時來便逐浮雲去，一意飄揚萬種空。自是多情輕薄態，佳人枉自怨東風。

似與河東君此詞有關，姑附記之，以俟更考。

河東君與臥子同居在崇禎八年春季，離去在是年首夏。其時間既可推知矣。其同居之地點，究在何處耶？此問題殊難解決，但可斷言者，必非臥子松江之家，（臥子自撰年譜上崇禎九年丙子條附錄引華亭縣志云：「平露堂。陳忠裕子龍宅，在普照寺西。」）而别在松江某處。其地今固不易考實，但鄙意似尚可依據臥子自撰年譜及所作之詩詞並徐闇公李舒章之詩文等，推測得之也。茲略陳所見，以求當世通人之教正。

陳忠裕全集貳拾詩餘桃源憶故人「南樓雨暮」云：

小樓極望連平楚。簾捲一帆南浦。試問晚風吹去，狼藉春何處。　相思此路無從數。畢竟天涯幾許。莫聽嬌鶯私語。怨盡梨花雨。

寅恪案，臥子取此「桃源憶故人」調名，以抒念舊之感，自不待言。至其以南樓爲題目，當有深意。考南樓之典，最著者，應推庾元規之南樓。（見世說新語容止類「庾太尉在武昌」條及晉書柒叁庾亮傳。）此固與河東君無涉。或謂才調集伍元稹「所思」二首之一（萬首唐人絶句陸載入劉禹錫詩內，題作「有所嗟」。全唐詩第陸函劉禹錫壹貳及元稹貳柒並載此詩。）云：

庾亮樓中初見時。武昌春柳似腰肢。相逢相失還如夢，爲雨爲雲今不知。

臥子取此詩之庾亮樓即南樓爲題，以指河東君，似無不可。或又謂文選叁拾謝靈運「南樓中望所遲客」詩云：「登樓爲誰思，臨江遲來客。」及「孟夏非長夜，晦明如歲隔。」臥子蓋有取於孟夏之時，南樓之名，望所遲客之旨，而賦是闋。或更謂東坡永遇樂詞「夜宿燕子樓夢盼盼」一闋云：「燕子樓空，佳人何在，空鎖樓中燕。」及「異時對南樓夜景，爲余浩嘆。」臥子用「南樓」爲題，實暗寓人去樓空之感。並可與牧齋崇禎十三年「八月十六夜有感」永遇樂一詞相啓發。以上諸說，雖皆可通，然恐尚有未發之覆。鄙意臥子詞題之「南樓」，即徐孚遠弟致遠别墅中之小樓，亦即鴛鴦樓是也。徐闇公釣璜堂存稿叁「南園讀書樓」五古云：

陸氏構此園，冉冉數十歲。背郭面良疇，緩步可休憩。長廊何緜延，複閣亦迢遞。高樓多藏書，歲久樓空閉。丹漆風雨摧，山根長薜荔。我友陳軼符，聲名走四裔。避喧居其中，干旄罕能戾。招余共晨昏，偃蹇搜百藝。徵古大言舒，披圖奇字綴。沿隄秋桂叢，小橋春杏麗。月影浮觴斝，荷香落衣袂。心賞靡不經，周旋淡溶濟。豈意數年來，哲人忽已逝。余復凌滄波，曩懷不可繼。既深蒿里悲，還想華亭唳。他時登此樓，眷言申末契。

同書壹肆「夢與臥子奕」云：

思君頻有夢相隨。此夕從容方賭棋。恰似東山攜妓日，兼如淝水破秦時。即今猶憶元龍氣，向後誰傳野鶴姿。驚起寒窗魂已失，蕭蕭零雨漫題詩。

同書同卷「旅邸追懷臥子」云：

風雨淒然發重嗟。昔年聯席愧龍蛇。空悲同綴羽陵簡，不及相期句漏砂。牆内桐孫抽幾許，房中阿鶩屬誰家。蕭條後事無人問，惟有遺阡噪暮鴉。

同書壹捌「憶臥子讀書南園作」云：

與君披卷傲滄洲。背郭亭臺處處幽。昔日藏書今在否，依然花落仲宣樓。

同書壹玖「坐月懷臥子」云：

自從屈子沈湘後，江左風流異昔時。此夕把杯邀皓月，南園菡萏正紛披。

同書貳拾「南園杏」云：

南郭芳菲黃鳥鳴。杏花斜映野橋平。陳君昔日觀書處，無限春風湖海情。

同書同卷「武靜弟別墅有樓，臥子名之曰南樓，時遊憩焉。」云：

郭外南園城内樓。春光欲度好閒遊。當年嵇阮林中飲，總作滄浪一段愁。

王勝時澐雲間第宅志略云：

南門内新橋河南〔徐〕陟曾孫文學致遠宅，有師儉堂。申文定時行書。西有生生菴別墅，陟子太守琳放生處。

陳乃乾陳洙撰徐闇公先生年譜略云：

祖琳，字雍卿，號裕湖。以蔭任太常典簿。〔歷官至〕雲南楚雄府知府。晚年皈依蓮池大師，法名廣潙，字警庵，又稱生生道人。

陳忠裕全集自撰年譜八年乙亥條云：

春偕闇公讀書陸氏之南園，創爲時藝，閎肆奇逸，一時靡然向風，閒亦有事吟詠。

崇禎九年丙子條云：

春讀書南園，時與宋轅文相倡和。

崇禎十一年戊寅條云：

是夏讀書南園，偕闇公尚木網羅本朝名卿鉅公之文有涉世務國政者爲皇明經世文編。

崇禎十二年己卯條云：

讀書南園，編農政全書。

嘉慶修松江府志柒柒婁縣附記園林門云：

南園在南門外阮家巷。都憲陸樹德世居修竹鄉金沙灘，後葺別業於此，侍郎彥禎繼居之。有梅南草廬讀書樓，濯錦窩諸盛。崇禎間幾社諸子每就此園讌集。

李雯蓼齋集叁肆課業序（參臥子年譜上崇禎八年乙亥條。）略云：

今年春闇公臥子讀書南園。余與勒卣文孫輩或間日一至，或連日羈留。樂其修竹長林，荒池廢榭。登高岡以望平曠，後見城堞，前見邱壟。春風發榮，芳草亂動。雖僻居陋壤，無憑臨弔古之思，而覽草木之變化，感良辰之飈馳，意慨然而不樂矣。兼以春多霖雨，此鄉有惡鳥，雉尾而赤背，聲若甕中出者，繞籬大鳴，鳴又輒雨。臥子思挽弓而射之，竟不可得。又有啄木鳥，巢古藤中，數十爲伍，月出夜飛，肅肅有聲。獱獺白日捕魚塘中，盱睚而徐行，見人了無怖色。文孫曰，即我南園之中，我數人之所習爲制科業者，集而廣之，是亦可以志一時相聚之盛矣。雖然今天下徒以我等爲飲酒賦詩，擴落而無所羈，方與古之放言之士，鄙章句，廢畦町，岸然爲躍冶者，以自異於世，而不知其局促淹困，相守一方，是區區者，蓋亦有所不免也。

寅恪案，綜合上引材料推論，知崇禎八年乙亥春間，臥子實與河東君同居於松江城南門内徐闇公弟武靜致遠之生生菴別墅小樓，即臥子所命名之南樓。至南門外之陸氏南園之讀書樓，則爲臥子與幾社諸子，或河東君亦在其内，讀書論文吟詠遊宴之處。徐墅陸園兩處相距不遠，往來甚便，臥子之擇此勝地爲著書藏嬌之所，當非無因也。

又徐闇公「旅邸追懷臥子」詩中之「阿鶩」，實用三國志貳玖魏書朱建平傳之典。其文云：

> 初潁川荀攸鍾繇相與親善。攸先亡，子幼。繇經紀其門户，欲嫁其妾。與人書曰，吾與公達曾共使朱建平相，建平曰，荀君雖少，然當以後事付鍾君。吾時啁之曰，惟當嫁卿阿鶩耳。何意此子竟早殞沒，戲言遂驗乎？今欲嫁阿鶩，使得善處。追思建平之妙，雖唐舉許負，何以復加也。

據此，「阿鶩」非目河東君，乃指臥子其他諸妾而言。蓋河東君已於崇禎十四年辛巳夏歸於牧齋，闇公豈有不知之理。若就陳楊之關係嚴格言之，河東君實是臥子之外婦，而非其姬妾。然顧云美河東君傳既有「適雲間孝廉爲妾」之文，臥子「乙亥除夕」詩亦有「桃根渺渺江波隔」，（見陳忠裕全集壹壹平露堂集。）牧齋「有美詩」復有「迎汝雙安槳」，（見東山訓和集壹。）河東君和牧齋「中秋日攜內出遊」詩，更有「夫君本自期安槳，賤妾寧辭學泛舟。」等句，（見初學集貳拾東山詩集叁。）恐讀者仍爲當時習用名詞及河東君詩中謙巽之語所迷惑，別生誤解，遂附辨之於此。所以不憚煩贅者，因河東君自離去周文岸家後，即不甘作人姬妾。職是之由，其擇壻之難，用心之苦，自可想見。但幾歷波折，流轉十年，卒歸於牧齋，殊非偶然。此點爲今日吾人研考河東君之身世者，所應特加注意也。餘詳第肆章論崇禎十四年辛巳夏錢柳茸城結褵節。

又全唐詩第捌函杜牧叁「池州李使君沒後十一日，處州新命始到。後見歸妓，感而成詩。」七律第貳聯云：

巨卿哭處雲空斷，阿鶩歸來月正明。

上句之「巨卿」，乃范式字。其以死友之資格哭張元伯劭事，詳見後漢書列傳柒壹獨行傳范式傳，人所共知，不須贅引。牧之以元伯目李使君，而自命爲巨卿，固不待言。但「雲空斷」之語，似襲用杜少陵「別房太尉墓」五律，「低空有斷雲」句。（見杜工部集壹叁。）闇公詩之「阿鶩」，除用三國志朱建平傳外，疑更用牧之此聯下句，并暗以牧之此聯上句「雲空斷」三字指阿雲已與臥子斷絕關係也。如此解釋，是否能得徐詩眞意，尙待詳考。

復次，蓼齋集貳叁「題內家楊氏樓」（寅恪案，「楊」爲河東君之本姓，「內家」之稱，又與河東君身分適合。）云：

微雨微煙咽不流。南窗北窗鎖翠浮。濤聲夜帶魚龍勢，水氣朝昏鴻雁秋。歸浦月明銀海動，捲簾雲去綠帆愁。（寅恪案，「雲」即「阿雲」也。）如今不有吹簫女，猶是蕭郎暮倚樓。

寅恪案，舒章「題內家楊氏樓」詩，雖不能確定何時所作，但詳檢蓼齋集此卷諸詩排列次序，第壹叁首爲「傷春」，第壹肆首爲「觀射」，第壹伍首爲「悲秋」，第壹陸首即此詩。詩中有「鴻雁秋」之語，明是秋深作品，與前引舒章江神子詞，乃一人同時所賦。更檢陳忠裕全集壹壹平露堂集，卷中諸詩排列次序，第肆首爲「春日風雨浹旬」，第伍首爲「觀楊龍友射歌」，第陸首爲「偉南築居遠郊」，第捌首爲「立秋後一日題採蓮圖」，第壹壹首爲「乙亥除夕」。今綜合李陳二集諸詩排列次序推計之，臥子所作「偉南築居遠郊」詩中有「夏雲縱横白日間」之句，足證舒章「觀射」一詩，蓋與臥子「觀楊龍友射歌」爲同時所作。依春夏秋冬四季先後排列計之，更可證舒章「題内家楊氏樓」詩，乃崇禎八年乙亥秋深所作。河東君與臥子同居，在崇禎八年春季。離臥子别居，在是年首夏。離松江往盛澤鎮歸家院，在是年秋深。然則舒章此詩乃河東君離松江後所作也。故知此「内家楊氏樓」，即河東君與臥子同居之處，亦即臥子桃源憶故人詞題「南樓雨暮」之「南樓」。據上引衆香詞，知河東君「遺有我聞堂(室)鴛鴦樓詞。」夫「我聞室」乃牧齋營築之金屋，所以貯阿雲者，河東君取以名其詞集，似有可能。但此點尚未證實，仍俟詳考。至河東君之鴛鴦樓詞，與臥子之屬玉堂集，實互有關係，乃相對爲文者。若更加推測，則臥子之所謂屬玉堂，與鴛鴦樓，即南樓，同屬徐武靜别墅中之建築物，又同爲臥子所虛構之名也。

舒章詩中「吹簫」之「[秦]女」，指河東君。「倚樓」之「蕭郎」，指臥子。人去樓空之感，爲舒章此詩之主旨。若非推定舒章作詩之時間及此樓所在之地點，則舒章詩意不能明矣。復檢陳忠裕全集玖湘眞閣集，崇禎十一年仲冬所作「擬古三首，别李氏(雯)也。」之後，有「蕭史曲」一篇。其意旨殊爲隱晦。但人去樓空之感，則甚明顯。故頗有爲河東君而作之可能。蓋舒章於崇禎八年秋深賦

「題內家楊氏樓」一詩之際，在楊已去不久，陳尚往來陸氏南園，徐氏別墅之時。至崇禎十一年，則楊固早已離去南樓，陳雖屢借寓南園，而南樓則久空矣。斯「蕭史曲」所以有「一朝攜手去，此地空高臺。」之句耶？又同書壹肆湘眞閣集載「戊寅七夕病中」五律一首，亦似爲河東君而作者。今得見戊寅草，首載臥子一序。其中作品止於崇禎十一年秋間。據此可以推知臥子於此時尚綣戀不忘河東君如此。則崇禎十一年爲河東君作「蕭史曲」，涉及此樓，亦不足怪矣。

復次，今檢蓼齋集叁拾有「聞一姬爲友人所苦，作詩解圍。」七絕一首云：

> 高唐即在楚西偏。（寅恪案，「西偏」之語，可參上引雲間第宅志「西有生生菴別墅」句。）暮暮朝朝亦偶然。但使君王留意住，飛雲更落阿誰邊。

詩中之「飛雲」，豈即「阿雲」耶？但此「友人」，究不知誰指，頗有爲臥子之可能。姑附記於此，以俟更考。

崇禎八年乙亥春間，陳楊兩人之關係，已如上所考定。茲有一疑問，即顧云美「河東君傳」所謂「適雲間孝廉爲妾」之語。臥子爲崇禎三年庚午舉人，十年丁丑進士。歷官刑部主事，惠州紹興推官，兵科給事中，兵部右侍郎兼翰林學士。何以僅稱之爲「雲間孝廉」，而不以其他官名稱之耶？應之曰，云美之以「孝廉」目臥子者，蓋謂河東君「爲妾」，實即「外婦」之時，臥子之資格身分實爲舉人，而非進士及其他諸職也。此點云美既所以爲河東君及臥子諱，又標明其關係之時代性。斯固爲云美之史筆，亦足證此關係發生於臥子爲舉人時，即崇禎三年庚午至十年丁丑之時期，此八年之間，唯有崇禎八年乙亥春季最爲適合。故「雲間孝廉」之爲臥子，可以無疑也。

抑更有可論者，觀臥子所自述崇禎八年春讀書南園，雖號稱與徐闇公孚遠李舒章雯周勒卣立勳陸文孫慶曾（寅恪案，陳忠裕全集壹陸平露堂集「送陸文孫省試金陵」詩附考證引復社姓氏錄云：「陸慶曾字文孫。」）幾社諸名士共爲制科業，間亦有事吟詠。其實乃如陸氏所言「飲酒賦詩，擴落而無所羈，方與古之放言之士，鄙章句，廢畦町，岸然爲躍冶者，以自異於世。」又婁縣志謂「崇禎間幾社諸子每就是園（寅恪案，指南園。）讌集。」由是推之，幾社諸名流之讌集於南園，其所爲所言，關涉制科業者，實居最少部分。其大部分則爲飲酒賦詩，放誕不羈之行動。當時黨社名士頗自比於東漢甘陵南北部諸賢。其所談論研討者，亦不止於紙上之空文，必更涉及當時政治實際之問題。故幾社之組織，自可視爲政治小集團。南園之讌集，復是時事之坐談會也。河東君之加入此集會，非如儒林外史之魯小姐以酷好八股文之故，與待應鄉會試諸人共習制科之業者。其所參預之課業，當爲飲酒賦詩。其所發表之議論，自是放言無羈。然則河東君此時之同居南樓及同遊南園，不僅爲臥子之女膩友，亦應認爲幾社之女社員也。前引宋讓木秋塘曲序云：「坐有校書，新從吳江故相家，流落人間。凡所叙述，感慨激昂，絕不類閨房語。」可知河東君早歲性情言語，即已不同於尋常閨房少女。其所以如是者，殆萌芽於吳江故相之家。蓋河東君夙慧通文，周文岸身旁有關當時政治之聞見，自能窺知涯涘。繼經幾社名士政論之薰習，其平日天下興亡匹「婦」有責之觀念，因成熟於此時也。牧齋初學集貳拾東山詩集叁「（崇禎）壬午除夕」詩云：「閒房病婦能憂國，却對辛盤歎羽書。」有學集拾紅豆貳集「後秋興」八首之四云：「閨閣心縣海宇棋。每於方罫繫欘悲。」牧齋所言，雖是河東君年二十五歲及四十二歲時事。夫河東君以少日出自北里章臺之身，後來轉具沈湘復楚之志。世人甚賞其奇，而不解其故。今考證幾社南園之一段佳話，則知東海麻姑之感，西山精衛之心，匪一朝一夕之故，其來有自矣。

嗚呼！臥子與河東君之關係，其時間，其地點，既如上所考定。明顯確實，無可致疑矣。雖不敢謂有同於漢廷老吏之斷獄，然亦可謂發三百年未發之覆。一旦撥雲霧而見青天，誠一大快事。自牧齋遺事誣造臥子不肯接見河東君及河東君登門詈陳之記載以後，筆記小說剿襲流布，以譌傳譌，一似應聲蟲，至今未已，殊可憐也。讀者若詳審前所論證，則知虛構陳楊事實如王澐輩者，心勞計拙，竟亦何補？眞理實事終不能磨滅，豈不幸哉？

崇禎八年首夏，河東君離去與臥子同居之徐氏南樓及同遊之陸氏南園，別居松江他地，此地或即橫雲山，詳見下論。臥子有詞贈別，詞之佳妙，固不待論，即就陳楊兩人關係言之，此詞亦其轉捩點之重要記錄也。茲論述之如下。

湯漱玉玉臺畫史叁云：

借閑漫士曰，予弟子惠從禾中得〔黄〕皆令金箋扇面，仿雲林樹石，署欵「甲申夏日寫於東山閣。皆令。」鈐「閨秀」朱文，「媛介」白文，「皆令」朱文三印章。左方上有詞云：「紫燕翻風，青梅帶雨，（寅恪案，「紫燕」句可與前引李舒章「夏日問陳子疾」詩「堂中紫燕小」句相參證。杜工部集壹捌附錄「柳邊」詩，後四句云：「紫燕時翻翼，黄鸝不露身。漢南應老盡，霸上遠愁人。」乃臥子「紫燕」句所出，實寓春老送別之意。「青梅」句出杜工部集玖「梅雨」詩前四句「南京犀浦道，四月熟黄梅。湛湛長江去，冥冥細雨來。」河東君離去南園，當在梅子尚青未黄之時，蓋亦暮春初夏之節候。四處風土記云：「夏至前雨名黄梅雨。」周氏爲江南人，取以證臥子之詞，雖不中亦不遠矣。「帶雨」二字豈復暗用白樂天長恨歌「梨花一枝春帶雨」之意，與下文「淚盈紅袖」之語相比應耶？）共尋芳草嗁痕。（寅恪案，全唐詩第叁函孟浩然貳「留別王侍御維」詩云：「欲尋芳草去，惜與故人違。」臥子改「欲尋」爲「共尋」者，蓋臥子雖與河東君短期同居南樓並屢次讀書南園，然不過借其地爲編著之處。故其在南樓及南園，乃暫寓性質，非家居所在。此句意謂其本人不久當離去，歸其城中本宅。河東君亦將離去，移居橫雲山，因改「欲尋」爲「共尋」耳。復檢陳忠裕全集壹陸平露堂集崇禎八年詩，有「初秋出城南弔邇機之喪，隨遊陸氏園亭。春初予輩讀書處也。感賦二律。」之題，尤足證臥子亦於是年夏間即離去南樓及南園，還居城内本宅也。邇機名靖，崇禎六年癸酉舉人。見嘉慶修松江府志肆伍選舉表。又河東君湖上草「西泠」十首之二云：「青驄點點餘新迹，紅淚年年屬舊人。」痛史第貳壹種甲申朝事小紀柒「柳如是小紀」引此詩，「新迹」作「芳草」。細玩語意，豈亦與臥子此詞有關耶？）明知此會，不得久殷勤。（寅恪案，臥子用「明知」二字者，可見其早已深悉河東君之性情既如此，己身家庭之狀況又若是，則南樓及南園之會合，絕無長久之理。雖已明知之，而復故犯之，致有如是結局。此意與希臘亞力斯多德論悲劇之旨相符。可哀也已！）約略別離時候，綠楊外，多少消魂。重提起，（顧貞觀成德仝選今詞初集上滿庭芳，歷代詩餘陸壹滿庭芳「和少遊送別」及陳忠裕全集貳拾詩餘滿庭芳「送別」詞，「重」俱作「纔」，較佳。）淚盈翠袖，（今詞初集，歷代詩餘及陳忠裕全集，「翠」俱作「紅」。是。）未說兩三分。紛紛。（寅恪案，淮海集滿庭芳詞云：「多少蓬萊舊事，空回首，煙靄紛紛。」臥子此詞既是和少游，則「紛紛」二字，本於秦詞，自不待言。但玉臺新詠壹「古詩爲焦仲卿妻作」云：「新婦謂府吏，勿復重紛紜。」「紛紛」即「紛紜」。臥子遣去河東君，當不出於「阿母」即唐宜人之意，實由臥子妻張孺人假祖母高太安人之命，執行其事。大樽著此「紛紛」二字，蓋兼具淮海詞及孔雀東南飛詩之兩重出處。其隱痛深矣！）重去後，（今詞初集歷代詩餘及陳忠裕全集「重」俱作「從」。是。）瘦憎玉鏡，寬損羅裙。念飄零何處，煙水相聞。欲夢故人憔悴，依稀只隔楚山雲。無非是，（今詞初集，歷代詩餘及陳忠裕全集「非」俱作「過」。）怨花傷柳，一樣怕黃昏。調寄滿庭芳，留別無瑕詞史。我聞居士。」鈐「如是」朱文小印。

寅恪案，徐乃昌小檀欒室閨秀詞鈔玖及梁乙眞清代婦女文學史第叁章第貳節「柳如是」條，並引玉臺畫史，俱認此詞乃河東君所作。不知淮海「山抹微雲」原詞，雖題作「晚景」，明是「別妓」。蓋不僅從語意得知，即秦詞「高城望斷，燈火已黃昏。」之結語，用唐歐陽詹別太原妓申氏姊妹之典，更可爲證也。（見全唐詩第陸函歐陽詹「初發太原途中，寄太原所思。」詩「高城已不見，況復城中人。」之句，並可參晁無咎補之琴趣外篇肆憶少年「別歷下」詞，「南山尙相送，只高城人隔。」及姜堯章白石詞長亭怨慢「望高城不見，只見亂山無數。」等句。）臥子即和原韻，其爲送別河東君之作，詞旨甚明，無待詳辨矣。今詞初集選於康熙十六年丁巳。（見此書魯超題詞及毛際可跋語。）歷代詩餘編於康熙四十六年丁亥。兩書時代皆較早。陳忠裕全集出於莊師洛等之手，考證頗精。此三書既皆以此詞爲臥子所作，殊可信也。

此詞本爲臥子崇禎八年首夏送別河東君之舊作，而河東君所以復重錄之於黃媛介扇面者，殆由畫扇之時令，正與當年臥子送別己身之景物相同，因而悵觸昔情，感念題此歟？關於以他人之詩詞題扇，因而誤爲題扇人所作，如容齋四筆壹叁「二朱詩詞」條略云：

> 朱載上舒州桐城人。中書舍人新仲翌，其次子也。有家學，十八歲時，戲作小詞，朱希眞見而書諸扇，今人遂以爲希眞所作。又有摺疊扇詞，公親書藁固存，亦因張安國書扇，而載於

于湖集中。

又詞中「芳草」「故人」之語，出孟襄陽詩，前已言之。但「故人」一語，臥子除用孟詩之成句外，兼襲用古詩「上山采蘼蕪」中「新人工織縑，故人工織素。」之舊辭。(見玉臺新詠壹古詩八首之一。)此點可與河東君湖上草「西泠」七律十首之二，末四句所云：

> 青驄點點餘新迹，紅淚年年屬舊人。芳草還能邀鳳吹，相思何異洛橋津。

等語，互相參較也。「無瑕」者，疑是媛介之別號。「東山閣」即「惠香閣」，當在絳雲樓。可參第肆章論黃媛介與錢柳關係節及論牧齋絳雲樓節。此扇爲媛介之畫，既不署受者之款，尤可證此扇乃媛介所自用，而「無瑕詞史」與媛介應是一人也。更有可注意者，即崇禎十三年庚辰冬河東君所賦「春日我聞室作，呈牧翁。」七律，「此去柳花如夢裏」之句，(見東山詶和集壹。)與此詞「怨花傷柳」之語，殊有關係。此點亦俟下章論之。寅恪頗喜讀臥子此詞，又見媛介畫款有「東山閣」之語，遂戲改昔人成句，共賦短詩三章。茲附錄於下。

> 崇禎甲申夏日黃皆令於東山閣畫扇，上有柳如是題陳臥子滿庭芳詞。詞云：「無非是，怨花傷柳，一樣怕黃昏。」因戲改晉時舊語，兼采龔璱人詩句，而易其意旨，共賦三絕。
>
> 美人顧影憐憔悴，烈士銷魂感別離。一樣黃昏怨花柳，豈知一樣負當時。

清和景物對茫茫。畫裏江山更可傷。一念十年拋未得，（寅恪考定此詞爲崇禎八年四月大樽送別河東君之作，至崇禎十七年首夏題扇時，已十年矣。是年河東君將偕牧翁自虞山往南都翊戴弘光也。）柳花身世共迴腸。

興亡江左自關情。遠志休慚小草名。我爲謝公轉一語，東山妓即是蒼生。

近日得見重印本皇明經世文編一書，雖不能詳讀，但就其序及凡例並卷首所列鑒定名公姓氏有關諸人中可與臥子自撰年譜崇禎十年丁丑，十一年戊寅及十七年甲申等條互相印證者，約略論述之。至其所言諸人，本文前後已詳言者，或雖未言，而其姓名爲世所習知者，亦不多贅。其他諸人之可考見者，則少加箋釋。明知不能完備，姑附鄙見，以求教於當世深通明季史事之君子。唯原書卷首有「雲間平露堂梓行」七字及長方印章「本衙藏板，翻印千里必究。」十字。論者取儒林外史第壹叁，壹肆，壹捌，貳捌等回，以「平露堂」爲書坊之名，以陳臥子等爲書坊聘請選文之人。殊不知平露堂乃臥子宅中之堂名，（詳見下引王澐雲間第宅志。）實非書坊之名。且臥子自撰年譜上崇禎九年丙子條明言「是歲有平露堂集」。（見陳忠裕全集卷首，並可參陳集中之平露堂集及集首之凡例。）故論者以儒林外史相比擬，未諦也。或謂臥子家貧，一人何能鐫此巨册？由書坊出資，請其編選，似亦可能。鄙意臥子之家固貧，此書所列作序及鑒定諸人，疑皆不僅以空文相藻飾，實或多或少曾有金錢之資助，不過當時風氣，不便明言耳。就諸人中之姓名及文字考之，知當日松江府知府方岳貢助力最多。此書乃當時江左文社之政見，諸文士一旦得志，則此書不但託之空言，即可付之實施矣。又方氏請其時江南最高長官張國維作序，並列有復社魁首張溥之序，可知當日江南名宦及士紳，亦皆贊同此政見。斯鑒定及作序者之姓名所以繁多若是之故歟？至印章中之「本衙」二字，殆指松江府，或指臥子崇禎十三年庚辰所任紹興司李之衙門，未敢斷定，仍俟詳考。

皇明經世文編卷首載有序九篇，茲擇錄最有關者於下。

方岳貢序云：

貢待罪守郡十有一年。政拙心長，勞輕過重，猶幸此鄉多文雅之彥，若徐文學孚遠，陳進士子龍，宋孝廉徵璧，皆負韜世之才，懷救時之術，相與網羅往哲，搜抉巨文，取其關於軍國，濟於時用者，上自洪武，迄於今皇帝改元，輯爲經世一編。文從其人，人從其代，覽其規畫，足以益才智。聽其敷奏，足以壯忠懷。考其始終，足以識時變。非徒侈一代之鴻章，亦將以爲明時之獻納云爾。襄西方岳貢禹修父題。

張國維序略云：

雲間陳臥子仝徐闇公宋尚木所集經世編成，郡守以其書示余，余讀而歎曰，猗與旨哉！我國家治安三百年，列聖之所疇咨，諸臣之所竭思，大約可見於茲矣。今三君俱以通達淹茂之才，懷濟世安邦之略，採遺文於二百七十年之間，襄盛事於數月之内，而郡守又能於政事之暇，兼統條貫，以揚厲厥事，故功相得而速成。後之君子其欲覽觀於斯者，豈非有不勞之獲哉！余待罪江南，既嘉三君有當世之志，而又多太守能博盡英才之意，以布之天下，而即以卜諸賢異日之所樹也。於是乎言。東陽張國維題。

張溥序略云：

余間語同志，讀書大事，當分經史古今爲四部。讀經者輯儒家，讀史者辨世代，讀古者通典實，讀今者專本朝，就性所近，分部而治，合數人之力治其一部，不出二十年，其學必成。同志聞者，咸是余説，而雲間徐闇公陳臥子宋尚木尤樂爲之。天才英絶，閉關討論，直欲以一人兼四部不難也。客年與余盱衡當代，思就國史。余謂賢者識大，宜先經濟，三君子唯唯，遂大搜羣集，采擇典要，名經世文編。卷凡五百。偉哉是書，明興以來未有也。今三子悠遊林麓，天假以時，載筆之始，又先以國家爲端，他日繼涑水者，其在雲間乎。社弟張溥題。

許譽卿序云：

予被放以來，杜門寡交，臥子闇公尚木獨時相過從。臥子讀書養氣，其勁骨熱腸，亟當爲世用。尚木與闇公諸子，竝以曠世才，閉户著述，究心千秋之業。予嘗覽斯編，一代兵農禮樂刑政大端，賅是矣。而於忠佞是非之際，尤凜凜致辨焉。以故言以人傳者，重其人，亟錄其文。言不以人廢者，存其文，必斥其人。諸子涇渭在胸，邪正在目，其用意深，而取裁當，故足多也。以予所知，閩中黃石齋先生負重名，頃抗疏歸來，直聲震天下，而不能不心賞斯編，聞已爲之玄晏矣。予更何庸贅一詞？予惟以諸子之志如此，他日出而以天下爲己任，必可以副聖天子求賢圖治之至意，洗士大夫經濟闊疎之舊耻，則斯編固其嚆矢焉爾。同郡許譽卿題於南村草堂之遯閣。

徐孚遠序略云：

余從陳宋二子之後，上承郡大夫先生之旨，收輯明興以來名賢文集與其奏疏，凡數百家，其爲書凡千餘種，取其文之關乎國事者，凡得如干卷。他日有魏弱翁其人者當國，省覽此書，以爲有稗鹽梅之用，庶幾因是推其繇來，以漸窺高皇帝之淵微，或有弘益哉！或有弘益哉！

華亭徐孚遠闇公氏題於華隱堂。

陳子龍序云：

古者有記事之史，有記言之史。言之要者，大都見於記事之文矣。導發其端，使知所由。條晰其緒，使知所究，非言莫詳。甚矣，事之有藉於言也。而況宗臣碩彥敷奏之章，論難之語，所謂訏謨遠猷，上以備一代之典則，下以資後學之師法。不爲之裒綴，後之君子，何以考焉。此予與徐子宋子經世編所由輯也。明興二百七十年，海内治平，駕周漂漢，賢才輩生，（陳忠裕全集貳陸經世編序「輩」作「萃」。）勛在竹帛，而遺文緒論，未有統彙，散於江海。蓋有三患焉。一曰朝無良史。二曰國無世家。三曰士無實學。夫金匱之藏，非遠臣所知，然有大纂修，莫不載在方册。永樂中命閣臣（楊）士奇等輯名臣奏議，蓋前代綦備矣。昭代之文，至今闕焉。章奏貯諸省中，以待纂集，幸無蠹敗，率割裂其義不足觀。又古者大臣沒，或求其遺書，副在太史，今無有也。漢之武宣及隋唐之盛，遣使四出，懸金購書，今無有也。雖欲不散軼，安可得哉？故曰朝無良史。六季以前無論矣。唐宋以科舉取士，而世家鼎族相望於朝，家集宗功藏之祖廟。今者貴仕多寒畯，公卿鮮賢胤，（陳集「胤」作「裔」。）至有給簡册於爨婢，易緗素於市兒者，即欲搜討，文獻微矣。故曰國無世家。俗儒是古而非今，文士擷華而舍實。夫保殘守缺，則訓詁之文充棟不厭，尋聲設色，則雕繪之作永日以思。至於時王所尚，世務所急，是非得失之際，未之用心，苟能訪求其書者蓋寡，宜天下才智日以絀。故曰，士無實學。積此三患，故成書也難。夫孔子觀於周，蕭相收於秦，大率皆天下要書，足以資世用者。嘉謨令典，通今者之龜鑒，謀國者之兵衛也。失今不採集，更數十年，亡散益甚，後死者之責，其曷諉焉。予自幼讀書，不好章句，喜論當世之故，時從父老談名公偉人之迹，至於忘寢。及長，而北之燕趙之間，遊京師，凡諸司之所掌，輶軒之所及，見其人，未嘗不問。遇其書，未嘗不藏。雖苦蹇陋多遺忘，然布諸載籍者槩可見。廬居之暇，因相簡輯。徐子宋子皆海内英俊，予所稟則以幸厥成者也。雖罣漏缺失，不敢當記言之義。使權家尚其謀，儒家守其典，史家廣其事，或有取焉爾。或曰，昔漢東平王求太史公書，而大臣以爲漢興之初，謀臣奇策，地形阸塞在焉，不宜賜諸侯王。今此書多議兵食，論形勢，國之大計，何以示人？予曰，不然。祖宗立國，規模宏遠，先朝大臣學術醇正，非有縱横奇詭之論也。夫王業之深淺，觀於人才之盛衰。我明既代有翊運輔世之臣，而主上旁求俊乂，用人如江湖，則是編也，豈惟益智，其以敎忠哉！華亭陳子龍題。

宋徵璧凡例略云：

儒者幼而志學，長而博綜，及致治施政，至或本末眩瞀，措置乖方，此蓋浮文無裨實用，擬古未能通今也。唐宋以來，如通典通考暨奏疏衍義諸書，允爲切要，亦既繁多。乃本朝典故缺焉未陳。其藏之金匱石室者，聞見局促，曾未得覩記。所拜手而獻，抵掌而陳者，若左右史所記，小生宿儒，又病於抄撮，不足揄揚盛美，網羅前後。此有志之士，所撫膺而歎也。徐子孚遠，陳子子龍，因與徵璧取國朝名臣文集，擷其精英，勒成一書。如采木於山，探珠於淵，多者多取，少者少取。至本集所不載，而經國所必須者，又爲旁采以助高深。共爲文五百卷有奇，人數稱是。志在徵實，額曰經世云。

予輩志識固陋，鮮所取衷，幸高賢大良，一時雲會，若李寶翁先生，李載翁先生，王依翁先生，吳雪翁先生，（寅恪案，李寶翁即李瑞和。嘉慶修松江府志肆貳名宦傳叁李瑞和傳略云：「李瑞和字寶弓，漳浦人。崇禎七年進士。授松江推官。在郡七年，徵拜監察御史。」王依翁疑爲王佐聖。松江府志叁陸職官表明教職欄載：「崇禎十年。王佐聖。教諭。長洲人。舉人。」同治修蘇州府志捌柒人物壹肆明長洲縣王佐聖傳略云：「王佐聖字克仲。舉萬曆壬子鄉試。授青浦教諭。崇禎十四年選遵義知縣。」並可參啓禎野乘壹集玖王遵義（佐聖）傳。又李寶翁即李寶弓，李載翁即李載陽，王依翁即王依日，吳雪翁即吳雪因。均見原書所列「鑒定名公姓氏」。事蹟多未能知，仍俟詳考。）皆具良史之才，宦遊吾土，士紳咸奉規范。此編出入共稟鑑裁。遭逢之盛，良爲侈矣。

郡公禹翁方師素抱安濟之略，聿登著作之堂，居恆揚藝論文，窮日不倦。其訓迪士子，專以通達時務爲亟。經世一編，尤所注意，退食之餘，首勤評閱。雖一麾出守，十年不遷，而窮達一致，喜愠不形。亮節貞心，於斯可見。

執友陳眉公（繼儒）先生，棲心隱逸，道風映世，丹砂岣嶁，渺然塵外。其孫希天仙覺，才氣英邁，甫係髫齡，熟於史學。予輩山齋信宿，時承提命，每至夜分。因得稔識前言往行。此編去取，多所商榷。皤皤黃髮，非特後輩典型，允爲熙朝文獻矣。

同郡先輩若徐厚翁先生及唐繕部存少（寅恪案，徐厚翁疑即徐厚源禎稷。事蹟見明詩綜伍玖，嘉慶修松江府志伍肆及明詩紀事庚貳拾。唐存少疑即唐昌世。松江府志伍伍古今人傳略云：「唐昌世字興公，華亭人。天啓五年進士，補工部營繕司主事。」尚待詳檢。）聞予輩搜借艱苦，俱發鄴架之藏，悉供傳寫。至許霞翁（譽卿）先生移書遠近，廣收博覽，裨益尤多。若徐勿齋（汧），馬素修（士奇），張西銘（溥）三先生及張受先（采），黃仲霖（澍），吳志衍（繼善），夏彝仲（允彝），吳坦公（培昌）搜軼編於吳越閩浙。張訒叟（元始），吳來之（昌時），朱聞玄（永祐），郵遺集於齊魯燕趙。他若宛平金伯玉鉉，王敬哉崇簡，崔道母子忠，王大含谷。桐城方密之以智，孫克咸臨。萊陽宋澄嵐繼澄。侯官陳道掌元綸，陳克理兆相。金沙周介生鍾。丹陽荆實君廷實。檇李錢孚于嘉徵，錢彥林栴，錢雍誦泮，黃復仲子錫，陸芳洲上瀾，朱子莊茂暻。歸安唐子儀起鳳。虎林嚴子岸渡，張幼青埄。茂苑楊維斗廷樞，許孟宏元溥，姚瑞初宗典，姚文初宗昌。玉峯王與游志慶。吳江周安期逢年，吳日生易。嘐水侯雍瞻岐曾，傅令融凝之。婁東王子彥瑞國，吳純祜國杰，張無近王治。維揚鄭超宗元勳。海虞顧麟士夢麟，彭城萬年少壽祺，皆係良友素知。瓊瑤之贈，遙睎臨風。二酉之藏，傾廂倒篋矣。四方蘭譜，若楊子常彝，楊龍友文驄，則分教吾土，樂與晨夕。其他諸友，或夙係同好，或本未謀面。但曾任較讐，暨名集惠寄者，俱登姓氏，不沒其實。

此集始於戊寅仲春，成於戊寅仲冬，寒暑未週，而披覽億萬，審別精詳，遠近嘆咤，以爲神速。良由徐子陳子博覽多通，縱横文雅，首用五官，都由一目。選輯之功，十居其七。予質鈍才弱，追隨逸步，自嗤蹇拙，以二子右縈左拂，奔命不遑，間有選輯，十居其二。若溯厥始事，則周勒卣立勳，李舒章雯，彭燕又賓，何慤人剛，徐聖期鳳彩，盛隣汝翼進及家伯氏子建存標，家季轅文徵輿，咸共商酌。適李子久滯京邸，周子壯遊梁苑，彭子棲遲邗上，何子寄跡鴛水，徐子盛子則各操月旦，伯氏家季則潛心論述，曾無接談之暇，未假專日之工。若友人吴繩如嘉胤，唐允季允諧，李存我待問，張子美安茂，朱早服積，蔡季直樅，單質生恂，郁子衡汝持，沈臨秋泓，陸子玄慶曾，朱宗遠灝，董士開雲申，郁選士繼垣，張子服寬，張子退密，錢子璧穀，李素心愫，徐惠朗桓鑒，邵霏玉梅芬，徐武靜致遠，李原涣是楫，華芳乘玉芳，咸資討論。名臣爵里姓氏，具載獻徵諸書，然多有掛漏，遍搜羣籍，頗廢歲時。茲以卷帙浩汗，難於稽考。分條析緒，復於卷首另編總目，使覽者開卷瞭然，特爲詳便。此則友人謝提月廷楨一人所輯。其功不可泯也。

藏書之府，文集最少，多者百種，少者數家。四方良朋，惠而好我，發緘色動。及至開卷，恆苦重複。予等因遣使迭出，往復數四，或求其子姓所藏，或托於官跡所至，搜集千種，繕寫數萬。至條陳冗泛，尺牘寒暄及文移重疊，又悉加剪截，乃成斯集。雖未敢云聖朝之洪謨，亦足當經世之龜鑑矣。

茲編體裁，期於囊括典實，曉暢事情。故閣部居十之五，督撫居十之四，臺諫翰苑諸司居十之一。而鱗次位置，則首先代言，其次奏疏，又其次尺牘，又其次雜文云。華亭宋徵璧漫記。

寅恪案，河東君平生所與直接間接有關諸名士，幾無不列於此書作序鑒定姓氏及凡例中。主編之陳臥子固不待論，即鑒定者如牧齋，則爲河東君下半世之伴侶。若馬瑤草，河東君弘光時亦必親覿其面無疑。至牧齋在南都小朝廷禮部尚書任內，河東君與瑤草相遇時，阮圓海當亦預此盛會，但鐫刊皇明經世文編之際，圓海乃東林黨社之政敵，自不能列於鑒定人，殊可惜可笑也。

第叄期

此期爲自崇禎八年首夏，河東君離去南園及南樓，移居松江之橫雲山起，至是年秋深河東君離去松江，遷赴盛澤歸家院止。其間不逾半載，時日雖短，然楊陳兩人仍復往來頻繁，唱和重疊。其交誼之摯篤，實未嘗有所改易，今可於兩人作品中見之。茲不欲多舉例證，唯擇其關係重要者論述之。至于河東君離去南園及南樓，移居橫雲山一事，先考證之如下。

今檢陳忠裕全集壹叄平露堂集崇禎八年秋所賦詩「七夕」五律二首後，即接「秋居雜詩」五律十首。

河東君戊寅草「秋夜雜詩」五律四首後，亦接「七夕」七律一首。無論兩人詩中辭旨類似者甚多，已可證爲同時唱和之作。即就詩題之排列連接言之，更可決定其互有密切關係也。河東君「秋夜雜詩」中頗有譌字，暫未能詳校，茲姑依鈔本錄之。

「秋夜雜詩四首」其一云：

密密水新視，滲滲蟲與恆。星河淡未直，雀鳥氣全矜。雜草形人甚，（自注：「雜草甚麗也。」）稠梧久已乘。猶餘泯漠意，清夕距幽藤。

其二云：

湫壁如人意，澄崖相近看。（自注：「横山在原後。」）數紋過清瀨，多折造微湍。雲實鏤深樹，清（青？）霜落夜蘭。此清（情？）更大渺，百藥竟其端。

其三云：

月流西竹澗，惑雜放虚雲。桂影空沉瓦，松姿不虐羣。魚飛稻冥冥，鵾去荻紛紛。惟當感時候，相與姿（恣？）靈文。

其四云：

望之規所務，椒樾雜時非。芳衆逾知互，星行多可違。皂鵰雖日曼，河駟不無依。（自注：「後即七夕。」）悽懷良自爾，誰不近微幾。

寅恪案，「秋夜雜詩」第貳首「湫壁如人意，澄崖相近看。」句下注云：「橫山在原後。」第叁首云：「桂影空沉瓦，松姿不虐羣。」又河東君與汪然明尺牘第貳捌通略云：

橫山幽奇，不減赤城。山中最爲麗矚，除藥鐺禪榻之外，即松風桂渚。若覩良規，便爲情景俱勝。

綜合河東君之詩文考之，則知其在崇禎八年首夏自離去南園及南樓後，即移居橫雲山之麓。是年秋深遷往盛澤歸家院，至崇禎十三年夏季後又遷回松江之橫雲山也。其餘可參後論河東君尺牘節。

此時期內即崇禎八年初秋有採蓮圖一重公案。茲錄楊陳兩人之詩賦，略論證之，以供好事者之談助。

戊寅草「採蓮曲」云：

蓮塘格格蜻尾綠。香威陰燼龍幡曲。蘭臯欹雀金鱗濃，水底鴛鴦三十六。捉花霧蓋鳳翼牽。蜂鬚懊惱猩唇連。葉多藥破麝炷消，日光琢刺開青鸞。麒麟腰帶鴨頭絲，銀蟬佶雜蛾衣吹。郎心清徹比江水，丁香澹澹眉間黃。粉痕月避清濛濛。天露寒森迸珠網，藕花欲落絲暗從。錦鷄張翅芙蓉同。脉脉紅鉛拗蓮子，鴆波石濺秋羅衣(綺？)。臙脂霏雨儼相加，雲中叀下雙飛雉。

寅恪案，河東君此詩前一題爲「送曹鑒躬奉使之楚藩」七律二首。其第貳首云：「吳川楓動玉蕭森。」此詩之後爲「月夜登樓作」七律一首。其第伍句云：「秋原鶴氣今方縱。」據此可知「採蓮曲」乃秋季即崇禎八年秋季與臥子同時所作。河東君此曲之辭旨與臥子「采蓮童曲」，「立秋後一日題採蓮圖」及「採蓮賦」相類者頗多，蓋因題目相同，又同一時間，同一地域，故兩人作品，其間不致大相違異。茲不煩舉例，讀者可自得之也。

陳忠裕全集伍平露堂集「采蓮童曲」云：

> 蕩槳歌淥水，紫菱牽玉臂。芙蓉不解羞，那得相迴避。

同書壹壹平露堂集「立秋後一日題採蓮圖」云：

> 淥水芙蓉塘，青絲木蘭楫。誰人解蕩舟，湘妃與江妾。夜來秋氣澄天河。越谿新添三尺波。倒瀉生綃傾不足，碧空宛轉雙青蛾。今朝輕風拂未動，昨宵已似聞清歌。雜港繁花日初吐，紅裳濛濛隔霧雨。橈邊屬玉不肯飛，翠翹時落橫塘浦。圖中美人劇可憐，年年玉貌蓮花鮮。花殘女伴各散去，有時獨立秋風前。何得鉛粉一朝盡，空光白露寒嬋娟。我家五湖東百里，紅霞滿江吹不起。素舸雲中月墮時，枉渚香風出蘭芷。借問莫愁能共載，可便移家入畫裏。

寅恪案，唐杜彥之「春宮怨」云：「年年越溪女，相憶採芙蓉。」（見全唐詩第壹貳函補遺杜荀鶴）今臥子詩云：「越溪新添三尺波」，「花殘女伴各散去」及「何得鉛粉一朝盡」等句，與後來牧齋有美詩

「輪面一金錢」，（見東山詶和集上。）及「春日春人比若耶。偏將春病卸鉛華。」等句，（見初學集貳拾下東山詩集肆「（癸未）元日雜題長句」八首之八。）皆以河東君比西施，但臥子詩云：「圖中美人劇可憐」及「空光白露寒嬋娟」，則「美人」「嬋娟」俱爲河東君之名字，實將河東君之形貌寫入畫圖，而與牧齋止表見於文字者，更爲具體。臥子所題之圖，未知何人所繪，若是河東君自身所作，固可實現湯玉茗還魂記中之理想，若出他人之手，則亦是當時之寫照。其價值遠在後來顧云美余秋室諸人所爲者之上。今日此圖當必久已湮沒，惜哉！惜哉！

臥子詩云：「淥水芙蓉塘，青絲木蘭楫。誰人解蕩舟，湘妃與江妾。」及「橈邊屬玉不肯飛。」「木蘭楫」之語，與河東君夢江南詞第壹肆首「人在木蘭舟」句有關。「湘妃」之語，與臥子「湘娥賦」（見陳忠裕全集貳。）及以「湘眞閣」名其作品者有關。「屬玉」之語，又與屬玉堂集名符合。此均顯而易見，不待多論也。臥子此詩結語云：「我家五湖東百里。紅霞滿江吹不起。素舸雲中月墮時，枉渚香風出蘭芷。借問莫愁能共載，可便移家入畫裏。」「五湖」句固出樂府詩集伍拾採蓮曲「遊戲五湖採蓮歸」之典，亦兼以謝客盧家自比。但其所賦「八月大風雨中遊泖墖」七律四首之三云：「悵望五湖通一道，生平少伯最嶙峋。」（見陳忠裕全集壹陸平露堂集。）則明以河東君比西施，而自比於范蠡。豈意有志者，事竟不成耶？後來牧齋「冬日泛舟有贈」詩云：「萬里何當乘小艇，五湖已許辦扁舟。」程松圓次韻云：「從此煙波好乘興，萬山春雪五湖流。」（以上二題俱見東山詶和集上。）則以西施屬河東君，陶朱公屬牧齋。自是二老賦詩時，應有之比擬，殊不足異。至若河東君依韻和牧齋中秋日攜内出遊，次冬日泛舟韻。二首之一云：「五湖烟水長如此，願逐鴟夷汎急流。」（見初學集東山詩集貳。）則自承爲苧蘿村人，而以牧齋方少伯。斯爲臥子題採蓮圖時所不及料矣。

陳忠裕全集壹「採蓮賦」略云：

> 余植性單幽，懸懷清麗。芳心偶觸，憮然萬端。若夫秣陵曉湖，橫塘夜岸。見清揚之玉舉，受芬烈之風貽。雖渥態閒情，暢歌綽舞。未足方其澹蕩，破此孤貞矣。江蕭短製，本遠風謠。子安放辭，難娛情性。覩其託旨，豈非近累。若云玄艷，我無多焉。遂作賦曰：夫何朱夏之明廓兮，紛峨雲之鼂清。渺迴溪而逸志兮，懷淡風之潔輕。軼娟娟其淺瀨兮，濫遊波而赴平。橫江皐之宛延兮，睠披扶之遙英。植水芝於澧浦兮，固貞容而溫理。發渺沔以浮光兮，矯徽文以擅軌。蹇狄芬而越澤兮，杳不知其焉始。其爲狀也，匹溢華若，的皪濫姝。瑩瑩遹遹，炯炯蘇蘇。麗不蹈淫，傲不絕愉。文章則旅，脩姱若殊。時翻飛以暢美兮，疑色授而回避。接芳心於遙夕兮，願綢繆以解佩。惕幽芳之難干兮，懷涓涓而宛在。屬予情之善蠱兮，願弄姿而遠載。於是命靜婉，飾麗娟。理文楫，開畫船。掛綺席，揚清川。衆香縝紛，羅袖給嬛。蕩舟約約，憑橈仙仙。竝進回逐，斆肩蹁躚。讙魚怒蜂，不可究宣。礙叏絲而膠盭兮，垂皓腕而濡漬。驚鴛鴦於蘭橈兮，歇屬玉之嬌睡。墮明璫於瀟湘兮，既雜薦之

以江蘺。試搴莖以斜眄兮，撫脩閒而若私。既攀折之非余情兮，恐遲暮之見遺。彼辛苦之內含兮，閟厥愁而惠中。感連娟之碧心兮，情鬱塞以善通。寄傷心於蓮子兮，從芙蓉之蕩風。驚飛袖之牽刺兮，溼羅衣而脫紅。斷素藕而切雲兮，沈淑質之玲瓏。颺遊絲而被遠兮，曾欸欸於予衷。投歈酧以覆懷兮，矜盛年以聯綈。翦鮫綃而韞的兮，包相思以淫滯。鼓夕棹於北津兮，隱輕歌而暗逝。顧彼美之倚留兮，極幽歡於靜慧。情荒荒而罷採兮，削秋風以長閉。亂曰，橫五湖兮，揚滄浪。涉紫波兮，情內傷。副田田兮路阻長。思美人兮不可量。去何採兮低光。歸何唱兮未央。樂何極兮無方。怨何深兮秋霜。

寅恪案，臥子此賦既以蓮比河東君，又更排比鋪張，以摹繪採蓮女，即河東君。亦花亦人，混合爲一。辭旨精妙，讀者自知，可不待論。序中「江蘺短製，本遠風謠。子安放辭，難娛情性。」檢王勃採蓮賦序(見王子安集貳。)云：

昔之賦芙蓉者多矣。雖復曹王潘陸之逸曲，孫鮑江蕭之妙韻，莫不權陳麗美，粗舉採掇。豈所謂究厥麗態，窮其風謠哉？頃乘暇景，歷睹衆製，伏翫累日，有不滿焉。

臥子作此賦，蓋本於子安之作，故辭語亦多相似。如「待飲南津，陪歡北渚。」即臥子賦語「鼓夕棹於北津」之所從出。又「結漢女，邀湘娥。北溪蘂尙密，南汀花更多。」亦下引臥子「同讓木泛舟北溪四絕句」詩題之由來。至「見秋潭之四平」則前引臥子「秋潭曲」所以稱白龍潭爲「秋潭」之理由也。

（可並參樂府詩集伍拾。）賦云：「紛峨雲之亹清」，「軼娟娟其淺瀨兮」，暗藏「雲娟」二字，即河東君原來舊名。此爲採蓮賦中主人之名，所以著列之於篇首也。此賦末段云：「鼓夕棹於北津兮」，此著列採蓮泛舟之地也。檢陳忠裕全集壹玖陳李唱和集「秋雨同讓木泛舟北溪各賦四絕」云：

爲有新愁漸欲眞。強將畫艦泛芳津。豈知風雨渾無賴，自入秋來喜趁人。

浪引平橋鎖暮烟。紅亭朱草自何年。秋風一夜殘蓮子，幾度黄昏未忍眠。

迷離窈竹碧霏霏。小艇紅妝冷玉衣。涼風踈雨何處似，黄陵秋夜照湘妃。

明滅秋星起畫圖。微雲暮雨障清矑。何曾自定來朝暮，猶怨君家楚大夫。

寅恪案，第壹首第貳句「強將畫艦泛芳津」，可知「北溪」亦可云「北津」。第貳首第壹句「浪引平橋鎖暮烟」，可與賦中「鼓夕棹」之語印證。第貳首第叁句「秋風一夜殘蓮子」及第叁首第貳句「小艇紅妝冷玉衣」，亦與賦中所言之採蓮女相啓發。第肆首第貳句「微雲暮雨障清矑」，中含河東君之名。第叁第肆句云：「何曾自定來朝暮，猶怨君家楚大夫。」則以神女目河東君，宋玉目讓木也。據此頗疑採蓮賦與此四絕句有密切關係。又此四絕句題云：「秋雨同讓木泛舟北溪。」實與「立秋後一日題採蓮圖」詩，「夜來秋氣澄天河，越谿新添三尺波。」之語冥會。蓋「秋氣」「添波」與「秋雨」相合，「越溪」與「北溪」同物，然則採蓮圖或即摹寫此次北溪之遊耶？至賦云：「驚鴛鴦於蘭橈兮，歇屬玉之嬌睡。」其與河東君鴛鴦樓臥子屬玉堂之名有關，又無俟論矣。「嬌睡」一語，若出元氏長慶集貳肆連昌宮詞「春嬌滿眼睡紅綃」句，則可稱適當。若出傳世本才調集伍元稹夢遊春詩「嬌娃睡猶怒」句，則「嬌娃」乃「獢狌」之譌寫。（見拙著元白詩箋證稿第肆章。）似微有未妥。但才子詞人之文章，絕不應拘執考據版本家之言以繩之也。賦中最可注意之句，如「麗不蹈淫，傲不絕愉。文章則旅，脩姱若殊。」則可謂善於形容河東君之爲人者。「既攀折之非余情兮，恐遲暮之見遺。彼辛苦之內含兮，閟厥愁而惠中。感連娟之碧心兮，情鬱塞以善通。寄傷心於蓮子兮，從芙蓉之蕩風。」則可與才調集伍元微之「古決絕詞」三首之二「矧桃李之當春，競衆人而攀折。我自顧悠悠而若雲，又安能保君皚皚之如雪。感破鏡之分明，覩淚痕之餘血。幸他人之既不我先，又安能使他人之終不我奪。」參讀。據此可知臥子宅心忠厚，與輕薄之元才子有天淵之別。豈意河東君與臥子之關係，亦與雙文同一不能善終。悲夫！

戊寅草中有「初秋」七律八首，平露堂集中亦有「初秋」七律八首。（見陳忠裕全集壹陸。）題同，體同，又同爲八首。其爲同時所作，互有關係，玆不待論。今戊寅草傳世甚少，故全錄之。至臥子詩集，流播頗廣，除第捌首，以與河東君之作最有關涉，特錄其全文外，餘則唯擇有關河東君詩之語句，略論之於後。

戊寅草「初秋」八首其一云：

雲聯遠秀正秋明。野落晴暉直視輕。水氣相從烟未集，楓林虛極色難盈。平郊秔稻朝新沐，大澤鳧鷖夜自鳴。莫謂茂陵愁足理，龍堂新月滌江城。

寅恪案，此首結語云：「莫謂茂陵愁足理，龍堂新月滌江城。」與臥子第捌首結語云：「茂陵留滯非人意，可著凌雲第幾篇。」互相印證。並可推知臥子實初賦此題，河東君因繼和之。豈所謂「夫唱婦隨」者耶？至「新月」「江城」之語，則指崇禎八年七月初之時候及松江之地域也。

其二云：

銀河泛泛動雲涼。荒荻蒼茫道阻長。已有星芒橫上郡，猶無清角儆漁陽。遙分靜色愁難制，向晚凋菰氣獨傷。自是清暉堪倚恨，故園鷉鵜舊能妨。

寅恪案，「已有星芒橫上郡，猶無清角儆漁陽。」之句，可與臥子詩第伍首「涇原畫角秋風散，上郡〔旄〕頭夜色高。」相印證。（寅恪案，「旄頭」之典可參前論牧齋「丙戌七夕詩」。又河東君湖上草中「岳武穆詞」七律云：「重湖風雨隔髦頭。」「髦頭」即「旄頭」也。）「自是清暉堪倚恨，故園鷉鵜舊能妨。」之句，當出詩經曹風「候人」篇，「維鵜在梁，不濡其翼。彼其之子，不稱其服。維鵜在梁，不濡其咮。彼其之子，不遂其媾。」毛詩小序云：「刺近小人也。」河東君此詩結語必有本事，究何所指，殊難確言。檢臥子自撰年譜上崇禎八年乙亥條（並可參所附考證。）略云：

同郡某貴人素嫉予，適有無名子作傳奇以刺之者，疑予與舒章使之，怒益甚。予同門生朱翰林早服與貴人求復故業文園。予立議黜之。恨愈刺骨，遂行金錢賕南臺某上奏。其意專欲黜予與彝仲也。時使者江右王公行部，察予兩人行修飭，舉方正，報聞。某貴人聞之，咄咄咤歎失氣也。

或與河東君詩語有關，亦未可知。至前引錢肇鼇質直談耳記松江郡守欲驅逐河東君出境一節，則事在崇禎六年，距賦此詩之時已有二年之久，相隔較遠，似非詩意所在也。俟考。

其三云：

蒼然萬木白蘋烟。搖落魚龍有歲年。人似許玄登望怯，客如平子學愁偏。空懷神女虛無宅，近有秋風縹渺篇。（自注：「時作秋思賦。」）日暮飄零何處所，翩翩燕翅獨超前。

寅恪案，此首爲八首中最重要者，與臥子詩第捌首極有關係。蓋臥子詩第捌首乃主旨所在，河東君亦深知其意，故賦此首，同用一韻，殊非偶然也。茲迻錄臥子詩全文，以便參互論證。臥子詩云：

託蹟蓬蒿有歲年。平皐小築晚涼天。不逢公瑾能分宅，且學思光漫引船。蓮子微風香月上，葡萄垂露冷秋前。茂陵留滯非人意，可著凌雲第幾篇。

臥子此詩主旨實自傷不能具金屋以貯阿雲。「不逢公瑾能分宅」，用三國志吳志玖周瑜傳「周瑜字公瑾。〔孫〕堅子策，與瑜同年，獨相友善。瑜推道南大宅以舍策。」「且學思光漫引船」者，用南史叁貳張邵傳附融傳（參南齊書肆壹張融傳。）所云：

融字思光。融假東出，〔齊〕武帝問融在何處？答曰，臣陸處無屋，舟居無水。後上問其從兄緒。緒曰，融近東出，未有居止，權牽小船於岸上住。上大笑。

然則臥子所謂「平皐小築晚涼天」之「小築」何所指耶？檢臥子此詩題前第貳題爲「初秋出城南弔邇機之喪，隨遊陸氏園亭。春初予輩讀書處也。感賦二律。」此二律中雖未見有留宿之跡象，但據王澐纂雲間第宅志云：

> 南門外。登山主橋。薛孝廉靖宅。阮家巷陸宗丞樹德梅南草廬。有讀書樓。崇禎間，郡中諸名士嘗觴詠高會其中。人稱曰南園。

故薛氏宅與南園隣近，臥子因弔邇機之喪，遂留宿徐氏南樓，或陸氏南園，極爲可能。今觀臥子「初秋八首」之第壹首云：「池臺獨倚北風輕。水國蒼茫浸碧城。菱芡自依秋露冷，梧楸不動夜雲明。」第貳首云：「萬里清光迴不收。層霄極望此登橋。」及第叁首云：「曠野楓林消白日，滄江草閣臥黃昏。」與第捌首之「蓮子微風香月上，葡萄垂露冷秋前。」等句，其景物氣象，皆似南園，而非臥子松江城內之舊宅。此舊宅即雲間第宅志所云：

> 治西。普照寺西。陳工部所聞，給諫子龍宅。有平露堂。座師黃詹事道周書。

者。然則臥子詩所謂「小築」，豈是徐氏別墅中之小樓，即南樓。抑或陸氏南園建築物中之一小部分耶？至「不逢公瑾能分宅」之語，或是因徐闇公及武靜雖肯以其別墅借寓楊陳。陸文孫又肯以南園借臥子諸人讀書著述，不過兩處俱是暫時性質，更不可視爲固定之金屋，久貯阿雲也。河東君能知此意，故有「空懷神女虛無宅」之句，其所感恨者深矣。（寅恪案，杜工部集壹伍「熱」三首之一云：「雲雨竟虛無。」河東君詩語本此。杜詩原爲苦熱之作，下文接以「乞爲寒水玉，願作冷秋菰。何似兒童歲，風涼出舞雩。」等句，即希望秋涼之意。河東君賦此詩在初秋，正氣候炎熱之際。下句「近有秋風縹渺篇」，亦是希望秋涼之意，與少陵之旨符合。故河東君此一聯，雖出舊詩，別具新感，其措辭之精妙，於此可見一斑也。）由此推之，大約臥子松江城內舊宅，本非廣廈，此時既有祖母高氏，繼母唐氏，復有妻張氏，妾蔡氏及女頎等。又據臥子年譜下附王澐撰「三世苦節傳」云：

高安人一女，篤愛之，贅諸氏婿，共宅而居。奉議公（寅恪案，「奉議公」指臥子父所聞。）以寡兄弟而勿忍也。先生承先志，始終不替。（張）孺人承高安人歡，敬愛有加，撫其子女如同生，冠婚如禮，安人爲之色喜。（臥子繼母）唐宜人生四女，次第及笄，孺人爲設巾帨，治奩具而歸之，嫁禮稱盛，宜人忘其疾，諸姑感而涕出，曰，嫂我母也。

然則臥子之家，人多屋狹，張孺人復有支配財務之權，勢必不能更有餘地及餘資以安置志在獨立門戶之河東君。楊陳因緣之失敗，當與此點有關。後來崇禎十三年冬河東君訪牧齋於虞山之半野堂。其初則居於舟中，有同於思光引船。繼則牧齋急營我聞室迎之入居，亦是公瑾分宅。此點與錢柳因緣之能完成，殊有莫大關係也。河東君詩「人似許玄登望怯，客如平子學愁偏。」一聯，下句見文選貳玖張平子四愁詩，人所習知，不待釋證。上句之「許玄」，當用晉書捌拾王羲之傳附許邁傳。邁字叔玄，後改名玄。許傳雖有遊山登樓之記載，但無怯憚之事。故「怯」字乃河東君自謂之辭。其本性不喜登望，可與河東君與汪然明尺牘第壹叁通所云：

> 齊雲勝遊，兼之逸侶，崎嶇之思，形之有日。奈近羸薪憂，褰涉爲憚。

相參證。「褰涉爲憚」即「登望怯」之意。顧云美河東君傳云：「性機警，饒胆略。」應不怯登望。其所以怯憚者，或由體羸足小之故，有所不便耶？河東君詩「近有秋風縹渺篇」句下自注云：「時作秋思賦。」今戊寅草中有「秋思賦」一篇。據此，可證知其作賦之年月。惜此賦辭語多未解，疑傳寫譌誤所致。以暫無他本可校，姑不錄賦文，而附記於此，以俟他日求得善本，再論釋之。所可注意者，臥子作「採蓮賦」實本於王子安。檢王集壹有「春思賦」「七夕賦」在「採蓮賦」之前。或者河東君崇禎八年秋間流覽子安作品，因採蓮賦而覩春思賦。於王賦序末「幾乎以極春之所至，析心之去就云爾。」之語，有所感會，遂作秋思賦歟？

其四云：

> 輕成遊鶴下吟風。夜半青霜拂作容。偃蹇恣爲雲物態，嶙峋先降隱淪叢。五原落日交相掩，三輔新秋度不同。矯首只愁多戰伐，應知浩蕩亦時逢。

寅恪案，此首「五原落日交相掩，三輔新秋度不同。」一聯，上句疑與臥子詩第陸首「欲問故人新奉使，朔雲邊月近如何。」之注：「時吳來之使山右初歸。」有關。下句疑與臥子詩第伍首「三秦消息夢魂勞」及「涇原畫角秋風散」之句有關。所可注意者，即「輕成遊鶴下吟風」之「鶴」，及「嶙峋先降隱淪叢」之「隱淪叢」究何所指？豈謂吳來之昌時，由山西歸松江後，便先訪問臥子，因至河東君處耶？俟考。

其五云：

朧朧暝色雜平河。（湖？）秋物深迷下草鬣。不辨暗雲驅木落，惟看鮫室浴鳧孤。南通水府檣烏盛，北照高原樹影枯。同向秋風搖白羽，愁聞戰馬待單于。

寅恪案，「南通水府檣烏盛」，可與臥子詩第肆首「楚蜀檣帆向晚行」參讀。至河東君此首「同向秋風搖白羽，愁聞戰馬待單于。」之結語，則疑與臥子詩第陸首「欲問故人新奉使，朔雲邊月近如何。」句下自注有關。蓋指與吳昌時共談當日邊事也。

其六云：

幽漫飛鳥視平原。露過浮沉漠漠屯。此日風烟給（？）泗左，無勞弓矢蕩烏孫。波翻魚雁尋新氣，水冷葡萄似故園。惆悵亂雲還極上，不堪晻曖肆金樽。

寅恪案，此首與臥子詩第伍首同詠鳳陽明祖陵事。（參陳忠裕全集壹陸平露堂集「送徐闇公遊南雍」七律所附考證。臥子此詩當賦於崇禎八年夏間闇公離南園赴南京之時。臥子「初秋」詩第捌首所謂「南皮舊侶鸞龍散」，即指此也。）河東君詩「此日風烟給（？）泗左，無勞弓矢蕩烏孫。」一聯，與臥子詩第陸首「當熕大計推安攘」之語有關。至河東君之意，則謂不能安內，何能攘外。其語深中明末朝廷舉措之失矣。「水冷葡萄似故園」又可與臥子詩第捌首「葡萄垂露冷秋前」參證。此「故園」或即指南園。

其七云：

> 長風疎集未曾韜。矯雉翻然謀上皐。葭菼橫秋投廢浦，風烟當夜接虛濤。雲妍翳景縈時急，紅遜煩滋雜與（輿？）高。迴首鸞龍今不守，崔巍眞欲失戎刀。

寅恪案，「葭菼橫秋投廢浦」可與臥子詩第肆首「江湖葭菼當秋盛」之句參證。河東君此詩結語「迴首鸞龍今不守，崔巍眞欲失戎刀。」當謂鳳陽失守事。與臥子詩第壹首「南皮舊侶鸞龍散」之句，雖同有「鸞龍」字，而所指不同。蓋陳詩用「魏文帝與吳質書」語，臥子「初秋」八首前第柒題爲「送周勒卣遊南雍」，第陸首爲「送徐闇公遊南雍」，崇禎八年春間周徐二人與臥子舒章文孫及河東君等，同讀書遊讌於南園。至是年夏初河東君離去，臥子嬰疾，其他諸人亦皆星散。「南皮」之「南」，亦兼指南園及南樓而言，與河東君詞之夢江南，臥子詞之雙調望江南，俱有取於「南」字，即南園南樓之意。世人未明此點，讀楊陳作品，不能深達其微旨矣。至河東君詩「紅菼煩滋雜與高」之句，疑有譌誤，俟考。

其八云：

> 魚波唼唼水新週。高柳風通霧亦勾。曉雨掠成涼鶴去，晚烟棲密荻花收。蒼蒼前艓鷹輕甚，濕濕河房星漸賙。我道未舒採藥可，清霜飛盡磧天揫。

寅恪案，「濕濕河房屋漸賙」及「清霜飛盡磧天揫」可與臥子詩第陸首「天南磧北共秋河」之句參證。「我道未舒採藥可」之句，檢晉書捌拾王羲之傳附許邁傳云：

> 初採藥於桐廬道之桓山。餌朮涉三年，時欲斷穀。以此山近人，不得專一，四面藩之。好道之徒欲相見者，登樓與語，以此爲樂。

可知河東君以許玄自比。此點前論第叁首「人似許玄登望怯」句，已言及之。但此首有「採藥」之語，據許傳之文，採藥下即接以登樓見好道之徒一事。然則第叁首「人似許玄登望怯」之意，恐是自謂怯於見客，與許氏同，非關體羸足小。其與汪然明尺牘第伍通云：「弟所汲汲者，止過於避跡一事。」（寅恪案，「止」當作「亡」，與「無」同。）亦是此意，可取互參。復據前引錢肇鼇質直談耳所載河東君居佘山時，蠢人徐某以三十金求見事。佘山鄰接橫雲，錢氏之言，或即與河東君此詩之意有關，亦未可知也。今釋「怯」字之義，與前說有所差異，似今解較勝。茲依鄭箋毛詩，間具別解之例，姑備兩說，以待讀者之抉擇。

抑更有可笑者，河東君於崇禎八年作此詩之際，以許叔玄自比，而以臥子比王逸少。蓋臥子此時雖是雲間勝流，名聞當世。然其地位止一窮孝廉耳。目之爲王右軍，已嫌過分矣。至崇禎十三年冬間河東君訪牧齋於虞山之半野堂，初贈錢詩有「江左風流物論雄」及「東山葱嶺莫辭從」之語，則以牧齋儗謝安石，而自比於東山伎。（詳見第肆章論半野堂初贈詩節。）蓋牧齋此時以枚卜失意家居，正是候補宰相之資格，與謝太傅居東山時之身分切合也。由此言之，河東君不僅能混合古典今事，融洽無間。且擬人必於其倫，胸中忖度，毫釐不爽，上官婉兒玉尺之譽，可以當之無愧。不過許叔玄東山伎之船，亦隨王逸少謝安石之水，高低漲落，前後不同，爲可笑也。

復次，宋徵璧含眞堂集柒載有「早秋同大樽舒章賦」七絕二首云：

悵望平田半禾黍，曲蘭幽徑傍城阿。已憑青雀隨風過，更有紅裙細馬馱。

淒清落葉下梧桐。埜水蒼茫睇未窮。日暮但愁風雨後，行人多半早秋中。

寅恪案，宋氏此二絕句何時所作，未能確知。若依此題後一詩「野驛」下注「壬申會課」而言，則似此二絕句乃崇禎五年壬申或以前所作。但宋氏詩集以詩體分類，其排列次序亦難悉據以確定作成時間之先後。或謂王勝時續臥子年譜下順治四年丁亥條附莊師洛等考證引陸時隆「侯文節傳」云：「黃門乃易姓李，改字大樽。」又勝時云：「晚年自號大樽，蓋寓意於莊生五石之瓠也。」陸王兩說雖似微異。但臥子於順治四年五月十三日自沉，年四十歲。依常例推之，必三十以後始可言晚年。讓木此二絕句之題既稱大樽，豈作於崇禎十年丁丑以後耶？鄙意不然，前引含眞堂集伍秋塘曲序云：「宋子與大樽泛於秋塘。」此曲乃與臥子秋潭曲同時所作，（見陳忠裕全集拾陳李倡和集。）實在崇禎六年秋間。此年臥子僅二十六歲，斷不可謂之晚年，何以宋氏亦稱之爲大樽？明是後來尚木編集時所追改。蓋臥子以抗清死節。清人著述在乾隆朝尚未表揚臥子以前，自宜有所避忌。往往多以不甚顯著之別號，即「大樽」，稱臥子。況宋氏前與臥子關係密切，後乃改仕新朝，更當有所隱諱也。至若蓼齋集中不改臥子之稱者，殆由舒章卒於臥子抗清被害以前，遺集爲石維崐於順治十四年所刻，故仍依舊稱，未遑更易耶？職是之故，宋氏此二絕句亦有作於崇禎八年秋間之可能，疑與臥子及河東君「初秋」詩有關。姑附錄於此，以俟詳考。又「城阿」即臥子癸酉長安除夕詩所謂「曾隨俠少鳳城阿」之「城阿」，乃指松江城而言，前已詳論之矣。

河東君在崇禎八年秋深離松江赴盛澤以前，尚有與臥子詶和之作。茲全錄楊陳兩人之詩，並擇錄臥子此時所賦「秋居雜詩」十首中最關重要者，論之於下。

臥子「七夕」詩（見陳忠裕全集壹叁平露堂集。）云：

夜來涼雨散，秋至緒風多。渺渺雲澄樹，峨峨人近河。金鈿烟外落，玉佩暗中過。聞說天孫巧，虛無奈爾何。

其二云：

清影何時隱，神光迴澹浮。龍鸞虛佇月，烏鵲靜臨秋。風落花間露，星明池上樓。漢宮誰更寵，此夕拜牽牛。

河東君「七夕」詩（見戊寅草。）云：

芙蓉夜湧鱖魚颸。此夕苔篁來夢知。爲有清虛鴛閣晚，無勞幽詭蝶花滋。仙人欲下防深漠，蒼影翩然入寶湄。已是明雯星露會，烏啼燈外見來遲。

臥子「八月十五夜」詩（見陳忠裕全集壹陸平露堂集。）云：

明雯涼動桂悠悠。迢遞星河萬里秋。素魄有人常不見，碧虛無路迴含愁。九天鸞鶴聲何近，五夜樓臺影自浮。猶說紫微宮女事，焚香時待月西流。

其二云：

微風搖曳拂金河。斗迴天高出素娥。萬井鴛鴦秋露冷，三江蚌蛤夜潮多。雲能入夢嬋娟子，月解傷人宛轉歌。應有桓伊吹玉笛，倚欄人靜奈愁何。

寅恪案，臥子「八月十五夜」七律第貳首「雲能入夢嬋娟子」句，暗藏河東君之名，第貳章已論及之。蓋中秋佳節臥子必在松江城內舊宅中，與家人團聚。望月有懷橫雲山麓之河東君，因賦此二詩。當其構思之際，儻使張孺人及蔡氏在其身側者，亦可謂旁若無人矣。

河東君「八月十五夜」詩（見戊寅草。）云：

滌風初去見迂芳。招有深冥隱桂芒。翠烏趾離終不發。綺花人向越然涼。蓮魚窈窕浮虛澗，

烟柳沉沉拂淡篁。已近清萍動霏漪，秋籐何傲亦能蒼。

寅恪案，河東君此詩之題與臥子詩題同是「八月十五夜」，其爲唱詶之作，自無疑義。但河東君此詩之前第壹題爲「秋深入山」，第貳題爲「月夜舟中聽友人絃索」，第叁題爲「曉發舟至武塘」，第肆題爲「七夕」。初視之，似是抵盛澤以後追和臥子之作，而非在松江時所賦。細繹之，八月十五夜至秋深，其間最少已逾一月，河東君必早在離松江以前得見臥子此詩。且自「七夕」至「八月十五夜」，其間已賦三題四首，可證其才思並未枯竭，何以更待歷時四五十日之後，始在盛澤鎮追和臥子前什耶？此與其平日寫作敏捷之情況不符。故鄙意仍以河東君「八月十五夜」一首，乃尚未離去松江前所作，當是編寫時排列偶誤所致耳。

臥子「秋居雜詩」十首作成之時間，當在崇禎八年季秋。因第叁首有「況當秋日殘」，「鴻雁影寥廓，梧桐聲勁寒。」及第捌首有「霜寒擊柝淸」等句，皆是九月景物也。至第貳首「萬里下城阿」句之「城阿」，指松江城言。前論臥子癸酉長安除夕詩「曾隨俠少鳳城阿」句，已詳及之，可不復贅。此十首詩俱佳，茲唯擇錄三首論釋之，其餘不遑悉數迻寫也。

第肆首云：

愁思隨時積，悲涼秋更深。何當臨玉鏡，無計挽金瓠。（自注：「時予有殤女之戚。」）肅肅飛

烏鵲，冥冥啼蟪蛄。不堪兒女氣，引滿莫躊躇。

寅恪案，此首可與下錄臥子「乙亥除夕」七古（見陳忠裕全集壹叁平露堂集。）相參證。「何當臨玉鏡」句，用世說新語下假譎類「溫公喪婦」條並參徐孝穆編輯玉臺新詠所以命名之故。斯皆世人習知者。至臥子於此句，則指河東君而言也。「無計挽金瓠」句，用漢魏百三名家集陳思王集壹「金瓠哀詞」，臥子取以比其長女頎也。陳臥子先生安雅堂稿壹貳「瘞二女銘」云：

陳子長女名頎，生崇禎庚午之二月，殤於乙亥之七月，凡六歲。次女名穎，生辛未之八月，至十月死。二女皆陳子室張出也。

臥子甚珍愛此長女，其著述中涉及女頎者頗多。如臥子自撰年譜上崇禎八年乙亥條云：「秋女頎殤焉。」並陳忠裕全集壹壹平露堂集「乙亥除夕」七古一首，同書壹叁平露堂集「舟行雨中有憶亡女」，「除夕有懷亡女」五律二首及同書壹玖平露堂集「悼女頎詩」七絕七首等，可爲例證。臥子賦詩之際，女頎既逝，無計可以回生。河東君雖已離去，則猶冀其復返。情緒若此，所謂「不堪兒女氣」者也。第柒首云：

常作雲山夢，離羣不可招。遨遊犬子倦，賓從客兒嬌。（自注：「舒章招予遊橫雲，予病不往。」）楚橘明霜圃，江楓偃畫橋。刺船斜月下，何計慰飄颻。

寅恪案，陳忠裕全集貳玖「橫雲山石壁銘」（可參同集拾屬玉堂集「雨中過李子園亭」七古及所附考證並蓼齋集首石維崐序。）略云：

橫雲山者，松之屏蔽。環壁包池，則李氏之園在焉。既翦叢棘，遂有堂宇。濯窪以俟雨，植楓而綴秋。涉冬之陽，李氏攜客信宿。落葉零翠，寒山凍青。風消夕醉，月照宵遨。辨隔浦之歸魚，習空山之嘯鬼。橫覽淒惻，悲涼莫罄。

臥子此文雖不能確定爲何年所作，然可據以推知舒章別墅秋冬之際，景物最佳。斯舒章所以招邀名士名姝於秋日往遊之故歟？舒章是舉，殆於謝靈運擬魏太子鄴中集詩序所謂「天下良辰美景賞心樂事四者難并。」之旨，有所體會。（見文選叁拾。）但臥子是時則轉抱林黛玉過梨香院牆下，聽唱牡丹亭「良辰美景奈何天，賞心樂事誰家院。」及「則爲你如花美眷，似水流年。」之感恨矣。（見石頭記第貳叁回。）詩中「遨遊犬子倦」句，「犬子」司馬相如小名，臥子以之自比。「賓從客兒嬌」句，「客兒」謝靈運小名，臥子以之比李舒章。此時河東君即寓居橫雲山，豈謂河東君乃舒章之嬌艷賓從耶？臥子自注云：「舒章招予遊橫雲，予病不往。」不知是託病，抑或眞病？若託病者，則其故雖不能確知，但必有河東君複雜之關係在內。若眞病者，則崇禎八年首夏，臥子因河東君離去南園及南樓而發病，事後雖痊愈，然亦以有所感觸，時復臥疾。如「秋居雜詩」第壹首「藥餌日相謀」者，即是其證。實世所謂「心病」，而非「身病」也。

第玖首云：

明時慙遠志，安穩獨幽居。溟渤當秋壯，星河永夜虛。黃金誤子政，白璧恃相如。奇服吾寧愛，無勞擬上書。

寅恪案，「黃金誤子政，白璧恃相如。」上句用漢書叁陸楚元王傳附劉向傳，向作黃金不成事。下句用史記捌壹廉頗藺相如傳，相如完璧歸趙事。皆世所習知，無待贅釋。所可怪者，臥子舉此兩氏爲言，頗覺不倫，當必有其故。意者臥子自恨如劉更生之不能成黃金，遂難築金屋以貯阿雲。然終望河東君能似藺相如之完璧歸趙。苟明乎此旨，則臥子詩此聯之語，殊不足爲怪矣。「無勞擬上書」句，疑指臥子自撰年譜崇禎四年辛未條所云：

是時意氣甚盛，作書數萬言極論時政，擬上之。陳徵君（繼儒）怪其切直，深以居下之義相戒而止。

言也。

今所見河東君作品中有賦三篇，其男洛神賦及秋思賦，前已論述。男洛神賦旨趣詼詭，秋思賦文多脫誤，俱不及「別賦」之意深情摯，詞語高雅。取與同時名媛之能賦者，如黃媛介諸作品相參較，亦足見各具勝境，未易軒輊。故全錄其文，略考釋之，以待研治明季文學史者之論定。

戊寅草「別賦」云：

草弱朱靡，水夕沈鱗。又碧月兮河梁，秋風兮在林。指金閨于素壁，悶翠幔於琴心。於此言別，懷愁不禁。雲浤浤兮似浮，泉杳杳而始下。撫襜幄之霏涼，拂銀箏其孰寫。重以浤(浤？)花之早寒，玉臺之絳粉。既解佩而邅延，更留香之氤氳。攬紅蘂之夜明，悵青蘭而晨恨。會當遠去，瞻望孤雲。於是明河欲墜，玉勒半盼。化桃霞兮王孫馬，銜柳雪兮遊子衣。離遠皐之木葉，牽晴霧之遊絲。度疎林而去我，隔江水之微波。本平夷而起巇，更通達而成河。姸迹已往，遺恩在途。掩電母而不御，襍水業(？)而常孤。思美人兮江溆，觸鸞髮兮愁余。並瑶瑟之潺湲，共鳳吹而無娛。念衆族之皎皎，獨與予兮紛馳。誰逕逝而不顧，懷縹緲而奚知。誠自悲憂，不可言喻。至若玄圃詞人，洛濱才子。收車輪於博望，蕩雲物於龍池。嘉核甫陳，驪歌遽奏。折銀藥於隴上，驕簫管於池頭。之官京洛，遷斥羅浮。觀大旗之莫射，登金谷而不遊。歎木瓜之漬粉，聆悽響於清軵。或溯零陵之事，或念南皮之儔。咸辭成而琅琅，視工思而最愁。又若河朔少年，南陽乳虎。感烏馬兮庭階，擊蒼鷹兮殿上。風戔戔兮漸哀，築摵摵而欲變。上客斂魂，白衣數起。左驂殪兮更不還，黃塵合兮心所爲。忽日晝之晻曖，覩寒景之侵衣。愁莫愁兮衆不知，悲何爲兮悲壯士。迺有十年陷敵，一劍懷仇。將置身於廣柳，或髡鉗而伏匿。共衰草兮班荆，咽石瀨兮設食。逝汎濫於重淵，曠霅煜於窋室。酒未及濡，餐未及下。歌河上而霑裳，仰駟沫(？)而太息。若吳門之篪，意本臨歧。大梁之客，魂方逝北。當起舞而徘徊，更痛深其危戚。至若掩紈扇於炎州，却眞珠於玉漏。恩甚兮忽絶，守禮兮多尤。觀翡羽之拂壁，慨龍帷之鬱留。念膠固而獨明，惟銷鑠之莫任。垂楚組而猶倚，絙鳳綬而遣神。眄雉尾於俄頃，迥金螭之別深。日暮廣陵，憑闌水調。似殿臺之清虛，識宜春之朗曼。迺登舟而嗚咽，愁別去其漫漫。又若紅粉羽林，辟邪獨賜。同武帳之新寵，後灞岸之放歸。紫簫兮事遠，金縷兮淚滋。更若長積雪兮閉青塚，嫁絶域兮永烏孫。儼雲蟬於萬里，即烟霓之夕昏。雁山曉兮斷遼水，紅蕉澀兮辭嬋媛。至若靈娥九日兮將梳，苕蓉七夕兮微渡。月暎晳(晰？)而椒虹縷，露流澌兮開房河。披天衣之宵敍，忽雲旗之悵圖。亦有托纖阿於緇(淄)右，期玉鏡於邯鄲。甫珊瑚之照耀，親犀絡之纏綿。悼亭上之春風，嘆上巳於玉面。本獨孤之意邈，遶寶女之情娟。至有蝦蟆陵下之歌，燕子樓前之雨。白楊蕭蕭兮鶯塚灰，莓苔瑟瑟兮西陵土。愴虬膏之永訣，淡華燭而終古。顧騄驛之莫攀，止玉合之薦處。豈若西園無忌，南國莫愁，始承歡而不替，卒曠然而不違。君歌折柳於鄭風，妾詠蘼蕪於天外。異櫻桃之夜語，非洛水之朝來。自罘罳之雀暗，憐蘭麝之鴨衰。據青皐之如昨，看盤馬之可哀。招搖蹀躞，花落徘徊。結綬兮在平樂，言別兮登高臺。君有旨酒，妾有哀音，爲彈一再，徒傷人心。悲夫同在百年之内，共爲幽怨之人。事有參商，勢有難易。雖知己而必別，縱暫別其必深。冀白首而同歸，願心志之固貞。庶乎延平之劍，有時而合。平原之簪，永永其不失矣。

寅恪案，此賦之作成時間及地域並所別之人三事，茲綜合考證之。若所言不誤，則於賦中之辭義，賦主之文心，更能通解欣賞也。

此賦既以「別」爲題，自是摹擬文選壹伍哀傷類江文通「別賦」之作，無待贅論。昭明太子既列文通此賦於哀傷類中，而江賦開宗明義即云：「黯然銷魂者，唯別而已矣。」河東君以斯旨爲題，則其搆思下筆時之情感，三百年後猶可想見也。然則作此賦當爲何時耶？據賦中「秋風兮在林」，「撫襜幄之霏涼，拂銀箏其孰寫。」（寅恪案，王右丞集壹伍「秋夜曲」二首之二云：「桂魄初生秋露微」及「銀箏夜久殷勤弄。」故賦中「銀箏」之語，亦與秋有關。）「伭花之早寒」，（寅恪案，「伭」疑當作「泫」。文選貳貳謝靈運「從斤竹澗越嶺溪行」詩云：「花上露猶泫。」）「明河欲墜」等語，皆足徵此賦爲秋季所作。至於河東君此賦所別之人爲誰，則觀賦末自「悲夫」至「不失矣」之結語，其人之爲臥子，自不待言。蓋他人必無資格可以當河東君所言「雖知己而必別」之「知己」也。考河東君與臥子離別，雖不止一度，但最重要者實有二次。第壹次在崇禎八年首夏河東君離去南樓，別居橫雲之時。前論臥子滿庭芳「送別」詞等，已詳言之。姑不論此次首夏之節物，與賦中秋季所摹寫者不合，且「會當遠去，瞻望孤雲。」之語，與南樓橫雲尚同在松江，其距離極近者，地望亦不相符。第貳次在崇禎八年秋季河東君離去松江，遷往盛澤歸家院之時，此次乃眞爲楊陳二人生離死別最重要之關鍵，而此賦所言景物，皆與秋有關。故知此賦乃崇禎八年秋深河東君離去松江，遷往盛澤鎮，用以詶別臥子，抒寫離懷並訴衷情，希冀重好之文，可以斷定無疑者也。又賦云：「度疎林而去我，隔江水之微波。」更可與臥子此年歲除所賦「桃根渺渺江波隔」之句（見陳忠裕全集壹壹平露堂集「乙亥除夕」七古。）相證發也。

復次，臥子於崇禎十一年秋所賦「長相思」七古（全文及論釋見下引陳忠裕全集壹壹湘眞閣集。）略云：

美人今在秋風裏。碧雲迢迢隔江水。別時餘香在君袖。香若有情尚依舊。但令君心識故人，綺窗何必常相守。

疑取賦中之辭旨而爲之者。賦之「既解佩所𨗼延，更留香之氤氳。」即詩之「別時餘香在君袖。香若有情尚依舊。」賦之「雖知己而必別，縱暫別其必深。」即詩中之「但令君心識故人，綺窗何必常相守。」此賦此詩關係密切，讀者取以並讀，自能得其意旨所在也。至龔芝麓鼎孳定山堂集壹肆「輓河東君夫人」詩，「朱顏原獨立，白首果同歸。」一聯，（全詩見第伍章所引。）上句疑取臥子「上巳行」詩「垂柳無人臨古渡。娟娟獨立寒塘路。」（全詩及論釋見下引陳忠裕全集壹壹平露堂集。）下句疑取河東君「別賦」中「冀白首而同歸，願心志之固貞。」二句而爲之者，蓋臥子湘眞閣集及河東君戊寅草，龔氏當日必曾見及之。斯亦今典古典合用，世之讀定山堂集者，不可不知也。

又陳忠裕全集貳有「擬別賦」一篇。其前爲「擬恨賦」後爲「和漢武帝傷悼李夫人賦」及「妬婦賦」。此

「擬別賦」爲何年所作，今難考知。若作於距崇禎八年秋以前頗久之時間，則河東君必已早見臥子之作。其「別賦」情思辭語之相類似者，乃受臥子作品之影響，自無可疑。若陳楊二人之賦爲同時寫成者，則此兩篇乃唱和詶答之作品。其關涉類似之處頗多，更無足異。茲以陳集流播較廣，僅擇有關語句節錄之於下，以見一斑。臥子賦略云：

漫漫長道，悠悠我心。揚舲極浦，總轡荒林。與子言別，愴然哀吟。仰視浮雲，倏忽難尋。我有旨酒，慷慨酌斟。況秋風兮渡河，又落日兮在野。葉蕭蕭而羣飛，泉淙淙而始瀉。指寥廓於翔鴻，愬悲鳴於去馬。覩徒御之紛馳，傾芳樽而不下。含別緒兮孔多，欲陳辭而難寫。於是攬袪徙倚，執手踟躕。會當去我，頃刻相逾。聽車音而絕響，望襜幃而載徂。怳懷人之極目，愧送子之賤軀。掩金鏡而罕御，理瑤琴而常孤。仰明月之迅邁，恨重關之崎嶇。寄錦書於雁外，啼玉筯於煙途。聊側身而四望，豈離魂之盡誣。言念古昔，誰與爲比。至若廬江少婦，文園小姬。恩方膠固，義當乖離。痛寶玦之既賜，出金屋而長辭。豈若上宮麗質，邯鄲名倡。皎皎牕牖，盈盈道傍。解雜佩兮贈君子，折芳馨兮心內傷。則有烟林花墮，平皐草長。青驄蹀躞，紅袖徬徨。遠與君別，各天一方。飄搖分袂，杳若參商。嗟夫別何地而不愁，愁何年而能散。陋羣遊於麋鹿，壯遐征於羽翰。苟兩心之不移，雖萬里而如貫。又何必共衾幬以展歡，當河梁而長嘆哉？

河東君於崇禎八年秋深離松江赴盛澤鎭，此行踪跡見於戊寅草中者，共有詩三題四首，辭語頗晦澀，非集中佳作。以其爲關涉河東君與臥子之重要資料，故悉數迻錄，並擇取臥子詩有關河東君此行者，綜合論釋之於後。

「曉發舟至武塘」二首云：

木影固從混，水雲脱衆泠。魚波已相截，凫景信能冥。漠甚風聊出，滋深霧漸形。還思論異者，（自注：「時別臥子。」）何處有湘靈。

閒態眷新鮪，靡靡事廢洲。九秋悲射獵，萬里悵離憂。大澤豈終爾，荒交眞少謀。愧余徒邁發，丹鳥論翔浮。

寅恪案，光緒修嘉善縣志貳鄉鎭門「魏塘鎭」條略云：

明宣德四年巡撫胡槩奏分嘉興六鄉置縣於魏塘鎭。魏武帝窺江南，駐蹕。舊有五鳳樓，故一名武塘。

據河東君「還思論異者」句下自注，恐是臥子自松江親送河東君至嘉善，然後別去。假使所推測者不誤，則臥子由松江至嘉善一段水程，實與河東君同舟共載。及距盛澤鎭不遠之嘉善，不得不舍去河東君，一人獨遊。經歷蘇州無錫，然後還家也。蓋不僅己身不便與河東君同至盛澤鎭之歸家院，且此次之送別河東君，當向家人詭稱以亡女之故，出遊遣悶爲藉口。應與崇禎八年春間之遊憩南園南樓，雖暗與河東君同居，其向家人仍以讀書著述爲託辭者，正復相同。若取此次臥子送河東君由松江至嘉善，與後來崇禎十四年春間牧齋送河東君由虞山至鴛湖，兩者相比映，固可窺見當日名媛應付情人之一般伎倆。然楊陳之結局與柳錢迥異，而別賦或擬別賦及戊寅草，遂不能與有美詩及東山詶和集並傳天壤，流播人口矣。

陳忠裕全集壹叁平露堂集「秋居雜詩」十首之後「立春夜」之前共有三題，爲「夜泊滸墅」，「將抵無錫」及「舟行雨中有憶亡女」三首。又同書壹陸平露堂集七律「乙亥九日」「九日泊吳閶」及「薄暮舟發武邱，是日以淮警，中丞發師北行。」三首，疑皆此次臥子送河東君由松江至嘉善，然後還家，舟行所經之題詠。其「舟行雨中，有憶亡女。」(自注：「家以俗例，是日饗之。」)云：

　　猶是吳山路，回思便悄然。歸時開玉鎖，誰與索花鈿。綠蕙繁霜夜，丹楓夢雨天。未衰憐庾信，哀逝賦空傳。

寅恪案，陳臥子先生安雅堂稿壹貳「瘞二女銘」云：

　　陳子長女名頎。生崇禎庚午之二月。殤於乙亥之七月。凡六歲。

雖未言頎殤於七月何日，但如前所推測，臥子以秋深送河東君至嘉善，則此詩當作於崇禎八年十月。然則所謂俗例者，或是指逝後百日設祭而言也。

臥子「九日泊吳閶」云：

畫閣長堤暮水平。寒雲初卷闔閭城。楚天秋後花猶潤，吳苑人歸月正明。雁度西樓金管歇，霜飛南國玉衣輕。誰憐孤客多惆悵，耿耿千門永夜情。

又「薄暮舟發武邱，是日以淮警，中丞發師北行。」七律云：

橫塘此路轉孤舟。十里松杉接武邱。愁客捲簾隨暮雨，美人採菊薦寒流。檣帆氣壯關河夜，鼓角聲銜江海秋。聞道元戎初出鎮，可能寄語問神州。

寅恪案，「薄暮舟發武邱」詩「美人採菊薦寒流」句之「美人」，殆指河東君而言。觀「九日泊吳閶」詩「誰憐孤客多惆悵」及此詩「橫塘此路轉孤舟」等語，則崇禎八年重九臥子獨棹孤舟至蘇州，遙想新別之河東君，殆亦王摩詰「九月九日憶山東兄弟」詩意也。（見王右丞集壹肆。）河東君對諸名士，往往自稱爲弟，前已詳論之。然則臥子以弟目河東君，實非無因矣。一笑。

戊寅草「月夜舟中聽友人絃索」云：

雲塗秋物互飄縈。整月華桐變欲幷。石鏡辯烟悽愈顯，紅縂新炥鬱還成。通人戲羽嫣然落，嫋草澄波相背明。已近鵾絃第三撥，星河多是未崢嶸。（自注：「絃聲甚激。」）

又「秋深入山」云：

將黐蒼鳥迥然離。昃木丹峯見墜遲。清遠欲如光祿隱，深閒大抵仲弓知。（自注：「陳寔字仲弓。時惟臥子知余歸山。」）遙聞潺瀨當虛晛（幌），獨有庭筠翳暮姿。松閣華崗皆所務，紛紛柯石已前期。

寅恪案，以上二題疑皆河東君別臥子於嘉善後，至盛澤歸家院所作。舟中友人不知何指，恐是歸家院中之女伴來迎河東君者。「入山」之「山」，即指盛澤鎮之歸家院言。詳見後論河東君與汪然明尺牘第貳捌通。河東君此次之離松江橫雲山，遷居盛澤歸家院。其故蓋由與臥子之關係，格於形勢，不能完滿成就，松江一地不宜更有留滯。據前引沈虬河東君傳所載丙子年間張溥至盛澤鎮訪徐佛。佛於前一日適人，因而得遇河東君之事。夫丙子年爲崇禎九年，即河東君遷居盛澤之後一歲。時間相距甚近。徐雲翾之適人，當於崇禎八年已預有所決定。河東君本出於雲翾家，後來徙居松江，與幾社名士往還，聲名藉甚。雲翾所以欲迎之至歸家院，不僅可與盛澤諸名媛互相張大其豔幟，且更擬使之代己主持其門戶也。

觀仲廷機盛湖志拾列女名妓門明徐佛傳略云：

> 徐佛(原注：「原名翾。」)字雲翾，小字阿佛。嘉興人。性敏慧，能琴工詩善畫蘭。隨其母遷居盛澤歸家院，遂著聲於時。柳是嘗師之。每同當湖武原諸公遊，然心厭穠華，常與一士有所約，不果。後歸貴介周某。周卒，祝髮入空門。其時斜橋之北，舊名北書房，綺疏曲欄，歌姬並集。梁道釗張輕雲宋如姬皆翰墨名世。道釗淹通典籍，墨妙二王。輕雲詩詞筆札，並擅其長。如姬聰慧，姿色冠於一時。每當花晨月夕，諸姬鼓琴吹簫，吟詩作字以爲樂。又皆

> 殉節禦侮，不負所主，奇女子也。

可以推知。然則當明之季年，吳江盛澤區區一隅之地，其聲伎風流之盛，幾可比儗於金陵板橋。夫金陵乃明之陪都，爲南方政治之中心，士大夫所集萃，秦淮曲院諸姬，文采藝術超絕一時，紀載流傳，如余懷板橋雜記之類，即是例證。寅恪昔年嘗論唐代科舉進士詞科與都會聲伎之關係，列舉孫棨北里志及韓偓香奩集序等，以證實之。（見拙著唐代政治史述論稿中篇。）明季黨社諸人中多文學名流。其與當時聲妓之關係，亦有類似於唐代者。金陵固可比於長安，但盛澤何以亦與西京相儗？其故蓋非因政治，而實由經濟之關係有以致之。

盛湖志叁物產門略云：

> 吳綾見稱往昔，在唐充貢。今郡屬惟吳江有之。邑西南境，多業此。名品不一，往往以其所產地爲稱。其創於後代者，奇巧日增，不可殫紀。凡邑中所產，皆聚於盛澤鎮。天下衣被多賴之。富商大賈輦萬金來買者，摩肩連袂，如一都會焉。

又云：

> 綢綾羅紗絹不一其名，各有定式，而價之低昂隨之。其餘巾帶手帕，亦皆著名，京省外國，悉來市易。

又云：

畫絹闊而且長，畫家所用。織之者祇四五家。

據支仙所述，可知吳江盛澤實爲東南最精絲織品製造市易之所，京省外國商賈往來集會之處。且其地復是明季黨社文人出產地，即江浙兩省交界重要之市鎮。吳江盛澤諸名姬，所以可比美於金陵秦淮者，殆由地方絲織品之經濟性，亦更因當日黨社名流之政治性，兩者有以相互助成之歟？

以上論述楊陳兩人同在蘇州及松江地域之關係既竟，茲再續論崇禎八年秋深後兩人關係。此後蓋可視爲別一時期。前於總論陳楊兩人關係可分三期時，已言及之矣。

臥子於崇禎八年秋深別河東君後，是年除夕賦詩，離思猶縈懷抱。茲錄之於下，以見臥子當時心情之一斑，並了結崇禎八年楊陳二人文字因緣之一段公案也。

陳忠裕全集壹壹平露堂集「乙亥除夕」七古云：

憶昔兒童問除夕。百子屏風坐相索。西鄰羯鼓正參差，小苑梅花強攀摘。華年一去不可留，
依舊春風過東陌。每作尋常一布衣，坐看衰亂無長策。今年惆悵倍莫當。俯仰蕭條心內傷。
親交賦愴陸內史，知己人無虞仲翔。桃根渺渺江波隔，金瓠茫茫原草長。人生忘情苦不早。
羲皇以來迹如掃。惟有旂常照千載。不爾文章亦難老。崢嶸盛年能幾時，努力榮名以爲寶。
不見古人吐握忙，今人日月何草草。

寅恪案，此年臥子最不如意之事有二。一爲河東君離去松江至盛澤。一爲長女頎之殤。故除夕賦

詩，舉此二事爲言。「桃根」用王子敬妾事。見玉臺新詠拾王獻之「情人桃葉歌」，世所習知。「金瓠」用曹子建女事，見漢魏六朝百三名家集陳思王集壹「金瓠哀詞」，亦非僻典，故不詳引。綜觀臥子之作品，在此別一時期內，即河東君崇禎八年秋深離松江往盛澤後，其爲河東君而作者，尚有甚佳之詩兩篇，且於河東君之作品有甚鉅之影響，故錄其全文，詳論述之於下。

陳忠裕全集壹壹湘眞閣稾「長相思」七古云：

美人昔在春風前。嬌花欲語含輕烟，歡倚細腰欹繡枕，愁憑素手送哀絃。美人今在秋風裏。碧雲迢迢隔江水。寫盡紅霞不肯傳，紫鱗亦妒嬋娟子。勸君莫向夢中行。海天崎嶇最不平。縱使乘風到玉京。瓊樓羣仙口語輕。別時餘香在君袖。香若有情尚依舊。但令君心識故人，綺窗何必長相守。

寅恪案，臥子此篇爲河東君而作，自不待言。其以「長相思」爲題者，蓋取義於李太白「長相思」樂府之名。（見全唐詩第叁函李白貳。）太白此篇有「美人如花隔雲端」之句，內含河東君之名號，（可參第貳章所論。）用意雙關，讀者不可以通常擬古之作目之。茲特爲拈出，使知臥子精思高才殊非當時文士所能企及也。詩中「美人今在秋風裏」之句，足證其爲秋間所作。又此首後第叁首爲「上巳行」，第肆首爲「悲濟南」。據「悲濟南」詩後附考證云：「崇禎十二年大兵克濟南。」則「上巳行」爲崇禎十二年春間所作，而「長相思」爲十一年秋間所作也。此詩後段自「勸君莫向夢中行」至篇末，皆美人所寫紅霞之文。「紅霞」者，即溫飛卿「偶題」詩中「欲將紅錦段，因夢寄江淹。」之「紅錦段」。（可參第叁章論宋徵璧秋塘曲「因夢向愁紅錦段」句及臥子吳閶口號第拾首「枉恨明珠入夢遲」句。）而接受河東君所寄「紅錦段」之「江淹」，非他人，乃臥子也。「紫鱗」者，傳遞此紅霞之人。此人未知何故，不肯作寄書郵。豈有所顧忌，不欲預人家事耶？臥子「乘風到玉京」及「海天」「瓊樓」之語，實本之東坡水調歌頭「丙辰中秋作兼懷子由」詞，「明月幾時有，把酒問青天。」一闋。故臥子詩中「但令」以下之意，即東坡詞中「但願」以下之旨。然則蘇陳詞詩之構思用語，亦無不相同也。前論幾社名士雖薄宋詩，却喜宋詞。觀臥子此詩全從蘇詞轉出，可爲一證。細玩「美人」一辭，即指河東君。「勸君」之「君」，即指臥子。書中之意，蓋勸臥子，不必汲汲仕進，假使得臻高位，亦不爲諸權要所容。「海天崎嶇」殊切合崇禎朝宦途險巇之情勢。觀明思宗一朝，宰相得罪者之多可知矣。最後四句意謂「人之相知，貴相知心。」臥子既是其知己，則自不必相守而不去也。至「故人」二語，實用玉臺新詠壹「上山采蘼蕪」詩中「故人工織素」之界說，乃指女性而言，即河東君書中取以自況者。此可與前引臥子滿庭芳詞「故人」之語相參較也。河東君此書，其用意遣辭，甚爲奇妙。若「何必長相守」之旨，則願其離，而不願其合，雖似反乎常情，而深愛至痛，尤有出人意表者。取較崔鶯鶯致張生書，止作「始亂終棄」，兒女恩怨尋常之語者，更進入一新境界。非河東君之書，不能有此奇意。非臥子之詩，不能傳此奇情。由此言之，陳楊之關係，與錢柳之因緣，一離一合，甚不相同。而臥子「長相思」一篇，更有深於牧齋之「有美詩」者矣。今日吾人雖得見臥子此詩，但不得見河東君此書，斯誠天壤間一大憾事。惜哉！惜哉！

更有可論者，臥子「長相思」之詩，乃間接用東坡水調歌頭「丙辰中秋」之詞意。東坡此詞實寄懷其弟子由之作。後來牧齋被逮金陵，「次東坡御史臺寄妻詩」（見有學集壹秋槐詩集「和東坡西臺詩韻」六首序。）則又以河東君爲子由。河東君自稱女弟之問題，上文已詳，茲不復贅。今據陳錢兩詩，可知河東君對諸名士，固以「弟」自居，而諸名士亦視之與弟相同也。河東君之文采自不愧子由，臥子牧齋作詩，以情人或妻與弟牽混，雖文人故作狡獪，其實亦大有理由在也。一笑！

復次，王應奎柳南隨筆壹「論牧翁次東坡御史臺寄妻詩」條（參董潮東皋雜鈔叁。）云：

夫寄弟詩也，而謬曰寄妻。東坡集具在，不可證乎？（寅恪案，此點可參初學集壹叁試拈詩集上「苕上吳子德輿次東坡獄中寄子由韻，感而和之。」七律六首。是牧齋絕不致誤記。其謬以寄弟詩爲寄妻詩，乃故作狡獪，可爲明證矣。）且伊原配陳夫人此時尚無恙也，而竟以河東君爲妻，「並后匹嫡」，古人所戒，即此一端，其不惜行檢可知矣。

寅恪案，王氏之論固正，然亦過泥。蓋於當日情事猶有未達一間者矣。關於牧齋獄中寄河東君詩其餘之問題，俟後第伍章詳論之，暫不涉及。茲唯舉出此重以妻爲弟之公案，以供參究。庶幾曹洞宗風之詩翁禪伯不致拈放皆成死句也。

陳忠裕全集壹壹「上巳行」七古云：

春堤十里曉雲生。春江一曲暮潮平。紅蘭綠芷遥相對，油壁青驄次第行。洛水橋邊閉春殿。碧山翠靄迴芳甸。陌上綺羅人若雲，城隅桃李花如霰。少年躍馬珊瑚鞭。道逢落花驕不前。已教步障圍烟霧，更取東風送管絃。垂柳無人臨古渡。娟娟獨立寒塘路。公子空貽芍藥花，佳人自愛櫻桃樹。又有青樓大道旁。樓中紅粉不成妝。萬里黃龍誰出戍，三年紫燕獨歸梁。晚下珠簾垂玉筯，盡日凝眸芳草處。無限雕鞍逐艷陽，誰識郎從此中去。

寅恪案，「垂柳無人臨古渡，娟娟獨立寒塘路。」即指河東君而言。蓋其最初之名爲雲娟也。（可參第貳章「河東君最初姓氏名字之推測」及本章首論宋讓木秋塘曲節。）頗疑臥子以此詩寄示河東君，其時河東君已改易姓名爲「柳隱」矣。（今所見河東君戊寅草及湖上草皆署「柳隱如是。」戊寅草諸作，迄於崇禎十一年晚秋。湖上草則爲崇禎十二年之作品，更在戊寅草之後。據此可證河東君至遲在崇禎十一年秋間已改易姓名爲柳隱。又汪然明汝謙春星堂集叁遊草有「柳如是過訪」七律。依汪氏此草自序，知柳訪汪之時爲崇禎十一年戊寅秋間。亦是此時河東君已改易姓字之一旁證也。）光緒重刊浙江通志叁叁關梁壹「西陵橋」條云：

西湖百詠：「在孤山西，即古之西村喚渡處。」武林舊事：「又名西林，又名西泠，又名西村。」

則「古渡」一辭，即指西泠而言。（可參西湖志纂叁孤山勝蹟門「西泠橋」條。）又溫飛卿「雪夜與友生同宿，曉寄近鄰」五律末二句（見全唐詩第玖函溫庭筠捌。）云：

寂寞寒塘路，憐君獨阻尋。

臥子「寒塘路」之語本此。（並可參西湖志纂叁孤山勝蹟門「白沙堤」條。）「獨阻尋」者，即河東君湖上草「西泠」十首之一「一樹紅梨更惆悵，分明遮向畫樓中。」及同書「西湖」八絕句之五「移得傷心上楊柳，西泠杜宇不曾遮。」等句之意。更證以河東君致汪然明尺牘第肆通「某翁願作交甫，正恐弟仍是濯纓人耳。」及第伍通「今弟所汲汲者，亡過於避跡一事，望先生速擇一靜地爲進退，最切，最感！」等語。可見河東君遊寓西湖時，急欲逃避謝三賓之訪尋干擾。此種情況，臥子必已知之，故「上巳行」詩「垂柳無人臨古渡。娟娟獨立寒塘路。」兩句，不僅用古典，實有當時之本事。若非詳悉稽求，則河東君與臥子之關係，藕斷絲連之微妙處，不能明瞭矣。

又河東君金明池「詠寒柳」之詞，即因臥子「上巳行」之語意而作者也。檢今存河東君諸詞之著錄先後，不知金明池一闋，最先見於何本？就寅恪得見者言之，以錢曾初學集詩注壹捌「有美」詩「疎影新詞麗」句注，所引河東君原詞爲最早。但嘉慶七年王昶所選國朝詞綜，雖時間較後，而傳播最廣。至王氏之所依據，究爲何本，則未能考知也。前論牧齋我聞室詩「今夕梅魂共誰語」句下原注時，謂此詞必非贋作，其作成之時間，最後限斷在崇禎十三年冬季。最前限斷，未敢決定。若河東君作此詞，果受臥子「上巳行」之影響者，則最前限斷，當在崇禎十二年春季，或秋季矣。綜合今日所見之材料考之，金明池一闋，作成之時期，當在崇禎十二年，或十三年。此假設乃依牧齋「我聞室落成」及臥子「上巳行」兩詩而成立者。然此外尚有二理由。其一理由，就今得見陳臥子所刻之戊寅草及汪然明所刻之湖上草兩種河東君著作推之，湖上草乃崇禎十二年河東君之詩。其賦詩之時日至是年季秋止，未載有詞。戊寅草乃崇禎十一年冬季以前之作品，詩賦而外，共載詞凡十一調三十一闋，並無金明池「詠寒柳」一詞。然則金明池「詠寒柳」之詞，絕不能作於崇禎十一年，而當在十二年或十三年也。其二理由，即就詠寒柳詞中身世遲暮之感，可以推知。蓋當日社會女子婚嫁之期，大約逾二十歲，即謂之晚。顧云美「河東君傳」云：「定情之夕，在辛巳六月七日。君年二十四矣。」是顧氏之意河東君年二十四始歸於牧齋，已嫌過晚。故今日據顧氏之語意，即可證知當時社會一斑之觀念也。若寒柳詞作於崇禎十二三年間者，則河東君之年爲二十二三歲。「美人遲暮」之感，正是此時之謂矣。然則河東君寒柳詞作於崇禎十二三年間之說，雖不中亦不遠也。

關於河東君金明池「詠寒柳」詞之原文，今依錢曾初學集「有美詩」注所引，並以王昶國朝詞綜肆柒所選及傳抄本柳如是集相參校，附錄於下，以俟治史論文之君子考定焉。其詞云：

有悵寒潮，（「悵」王本及傳抄本均作「恨」。是。）無情殘照，正是蕭蕭南浦。（「是」字可注意。）更吹起，霜條孤影，（「影」字可注意。）還記得，舊時飛絮。況晚來，烟浪斜陽，（「斜陽」傳鈔本同。非。王本作「迷離」。是。）見行客，特地瘦腰如舞。（「如」字可注意。）總一種淒涼，十分憔悴，尚有燕臺佳句。　春日釀成秋日雨。念疇昔風流，暗傷如許。（「如」字可注意。）縱饒有，繞堤畫舸，（「舸」傳鈔本同。王本作「舫」。俱可通。但以作「舸」爲是，説見下。）冷落盡，水雲猶故。（「雲」字可注意。）憶從前，（「憶」傳鈔本同。是。王本作「念」。非。）一點東風，（「東」傳鈔本同。是。王本作「春」。非。）幾隔着重簾，眉兒愁苦。待約箇梅魂，黄昏月淡，與伊深憐低語。（「憐」字可注意。）

寅恪案，河東君此詞爲世所傳誦。前於論牧齋永遇樂詞與衆香詞中河東君詞時，已略及之矣。夫牧齋平生不喜作詞，亦不善作詞。然忽於崇禎十三年秋間，連作永遇樂詞四首者，豈當時已見及河東君此詞，遂受其影響，破例爲此，以與之競勝耶？茲更有欲言者，即此詞爲陳楊關係及錢柳因緣轉捩點，而世之傳誦者，或未措意及之也。寅恪頗疑「寒柳」之題，即受臥子「上巳行」之影響，前已論及。臥子平生作詩，宗法漢魏六朝及唐人，深鄙趙宋作者，河東君尚未完全脱離臥子以前，其作詩當亦屬於幾社一派。然臥子之詞，則摹擬唐五代之外，亦甚喜宋賢。其長調多學淮海。滿庭芳送別詞即和少游，尤可爲例證。河東君作詞，自必深受臥子影響。故金明池一闋，亦是和淮海金明池之作，所以與少游詞同一韻也。（見萬紅友樹詞律貳拾秦觀金明池詞。）寒柳詞之「有恨寒潮，無情殘照，正是蕭蕭南浦。」及「縱饒有，繞堤畫舸，」等句，蓋取自湯玉茗紫釵記第貳伍齣「折柳陽關」之「解三酲」中「也不管鴛鴦隔南浦」，並「落照關西妾有夫。河橋路，見了些無情畫舸，有恨香車。」等句。河東君妙解音律，善歌此曲，遂用茲曲中成語，固無可疑。更檢紫釵記第捌齣「佳期議允」云：

〔薄倖〕〔旦上〕薄妝凝態。試煖弄寒天色，是誰向殘燈淡月，仔細端詳無奈。憑墜釵飛燕徘徊，恨重簾，礙約何時再。〔浣〕似中酒心情，羞花意緒，誰人會。懨懨睡起，兀自梅梢月在。

同書第伍叁齣「節鎮宣恩」云：

〔催拍〕〔生〕是當年天街上元。絳籠紗燈前一面，兩下留連。兩下留連。幸好淡月梅花，拾取釵鈿。將去納采牽紅，成就良緣。〔合〕今日紫誥皇宣。夫和婦永團圓。

寒柳詞之「憶從前，一點東風，幾隔着重簾，眉兒愁苦。待約箇梅魂，黃昏月淡，與伊深憐低語。」與玉茗之曲，其詞語有關，尤爲明顯。「還記得，舊時飛絮。」者，用劉夢得「楊柳枝詞」九首之九「春盡絮飛留不得，隨風好去落誰家。」之意，（見全唐詩第陸函劉禹錫壹貳。）暗指崇禎八年首夏之離去臥子，實爲高安人張孺人所遣出。故臥子和少游滿庭芳詞亦云：「念飄零何處，烟水相聞。」也。「尚有燕臺佳句」之語，用李義山詩集下「柳枝五首」幷序及「燕臺四首」之古典。又陸游放翁詞釵頭鳳上半闋云：

紅酥手。黃縢酒。滿城春色宮牆柳。東風惡。歡情薄。一懷愁緒，幾年離索。錯。錯。錯。

或謂寒柳詞當與務觀此詞有關。「宮牆柳」之「柳」，借指己身之姓，亦即「寒柳」之「柳」。「東風惡，歡情薄。」即寒柳詞「一點東風」及「眉兒愁苦」之出處。「東風」借指臥子之姓，「幾隔着重簾」，意謂臥子家庭中高安人以至張孺人之重重壓迫，環境甚惡，致令兩人歡情淡薄，所以「眉兒愁苦」也。「幾年離索」借指崇禎八年己身離去臥子，至十二年賦寒柳詞，已歷數年之時間也。斯說自亦可通，附記於此，以備一解。「約箇梅魂，黄昏月淡」除用湯曲外，原出朱淑眞斷腸詞生查子：「月上柳梢頭，人約黄昏後。」之典。（寅恪案，此詞見楊愼詞品貳「朱淑眞元夕詞」條。至其作者是否爲幽棲居士，抑或歐陽永叔秦少游之問題，於此姑不置論。然就河東君身分言之，自宜認爲斷腸詞也。）此固易解，不必多論。但別有可注意者，「東風」「梅魂」之語，則從東坡集壹叁「（元豐）六年正月二十日復出東門，仍用前韻。」七律，「長與東風約今日，暗香先返玉梅魂。」兩句而來。（寅恪案，東坡此詩用意遣辭，實出韓致光「湖南梅花一冬再發，偶題於花援。」七律。見馮應榴蘇文忠詩合注貳貳引何焯語。河東君詞固與冬郎詩無涉，但義門所論甚精，故附記於此，以供讀蘇詩者之一助。又關於用典之問題，可參第壹章論錢遵王注牧齋詩條。）與臥子平生鄙薄宋詩者，大異其趣矣。意者，河東君自兩遊嘉定，與程孟陽唐叔達李茂初輩往來以後，始知詩學別有意境，並間接得見牧齋論詩之文字，遂漸受錢程一派之薰染，而脫去幾社深惡宋詩之成見耶？今就東山訓和集所錄河東君詩觀之，實足證明鄙說。由是言之，河東君學問嬗蛻，身世變遷之痕跡，即可於金明池一闋，約略窺見。斯殆爲昔人所未注意及之者，故附論之如此。至「約箇梅魂」之語，「梅魂」雖本出東坡詩，而約箇之「約」，則兼用世傳朱氏「元夕」詞原語。且元夕觀燈，與紫釵記之玉燕釵有關。可知河東君實以霍小玉自比也。寅恪更疑河東君詞中「約箇梅魂」句之微旨，復由玉茗堂還魂記中「柳夢梅」之名啓悟而來。然則河東君之作品，襲取昔人語句，皆能靈巧運用，絕無生呑活剝之病。其天才超越，學問淵博，於此益足證明矣。今讀寒柳詞者，但謂與玉谿生詩相干涉，而不知與紫釵記關係最密切，特標出之，以告論文治史之君子。

又「梅魂」之語，既出於蘇集「復出東門」詩，東坡此題後第肆題爲「二月三日點燈會客」詩。其結語云：「冷煙溼雪梅花在，留得新春作上元。」或者河東君讀蘇集時，連續披覽，因感紫釵記中上元觀燈，小玉十郎相遇之事，遂糅合蘇詩湯曲，削去「上元」之語，以符寒柳之節候，惟梅花之魂，尙留痕跡耳。昔年箋證香山新樂府，詳言七德舞，二王後，海漫漫，捕蝗諸詩之取材，與貞觀政要中，篇章次第之關係。今論河東君此詞，猶前旨也。

復次，昔時讀河東君此詞下闋「春日釀成秋日雨，念疇昔風流，暗傷如許。」諸句，深賞其語意之新，情感之摯。但尙未能確指其出處所在。近年見黃周星有「雲間宋徵輿李雯共拈春閨風雨諸什。」之說，（見前引沈雄江尙質編輯古今詞話「詞話」類下。）及陳忠裕全集貳拾菩薩鬘「春雨」詞。（見前引。）始恍然悟河東君之意，乃謂當昔年與幾社勝流交好之時，陳宋李諸人爲己身所作春閨風雨之艷詞，遂成今日飄零秋柳之預兆。故「暗傷如許」也。必作如是解釋，然後語意方有著落，不致空泛。且「念疇昔風流」，與上闋末句「尚有燕臺佳句」之語，前後思想通貫。「釀成」者，事理所必致之意。實悲劇中主人翁結局之原則。古代希臘亞力斯多德論悲劇，近年海甯王國維論紅樓夢，皆略同此旨。然自河東君本身言之，一爲前不知之古人，一爲後不見之來者，竟相符會，可謂奇矣！至若瀛海之遠，鄉里之近，地域同異，又可不論矣。其餘可參前論宋讓木秋塘曲「雨雨風風能痛哭」句，茲不復贅。

綜合上述與河東君最有關係之周道登李待問宋徵輿及陳子龍四人言之，河東君之入周念西家，尚爲幼小不自由之身，可置不論。李存我則以忠義藝術標名於一代，自是豪傑之士。宋轅文雖後來進仕新朝，人品不足取。然當崇禎中葉，與河東君交好之時，就其年少清才而論，固翩翩濁世之佳公子也。至於陳臥子，則以文雄烈士，結束明季東南吳越黨社之局，尤爲曠世之奇才。後世論者，往往以此推河東君知人擇壻之卓識，而不知實由於河東君之風流文采，乃不世出之奇女子，有以致之也。語云，「物以類聚」，豈不誠然乎哉？